Das Kapital

Karl Marx

新 版

資本論 11

第三巻　第四分冊

カール・マルクス

日本共産党中央委員会社会科学研究所　監修

新日本出版社

凡　例

一　本書は、カール・マルクス著『資本論』第一部―第三部の全訳である。本訳書は、一九八二年一一月から八九年九月にかけて新書版として刊行された訳書（一三分冊）を改訂したもので、一二分冊の新版『資本論』として刊行される。

二　翻訳にあたっての主たる底本には、ドイツ語エンゲルス版（第一部第四版、第二部第二版、第三部第一版）を用いた。

三　新版では、『資本論』諸草稿の刊行と研究の発展をふまえ、エンゲルスによる編集上の問題点も検討し、訳文、訳語、訳注の全体にわたる改訂を行なった。

第一部では、マルクスが校閲した初版、第二版との異同、フランス語版にもとづく第三版、第四版の主な改訂個所を訳注で示し、「独自の資本主義的生産様式」、「全体労働者」など、マルクス独自の重要概念について、訳語を統一した（第一―第四分冊）。

第二部では、初版と第二版との異同、エンゲルスによる文章の追加、加筆個所、および編集上の問題点を訳注で示し、必要な場合には、マルクスの草稿を訳出した。第三篇第二一章については、訳注で独自の節区分を示し、拡大再生産の表式化に到達するまでのマルクスの研究の経過をつかめるようにした。また、マルクスが第二部第三篇の最後の部分を恐慌理論の解明に充てていたことを考慮し、第二部第一草稿（一八六五年）に書きこまれた新しい恐慌論の全文を訳注として収録した（第五―第七分冊）。

第三部の草稿は、『資本論』諸草稿のなかでもっとも早い時期に準備されたもので、執筆時期の異なる二つの部分（第一篇―第三篇、第四篇―第七篇）からなっている。さらに、研究の進展のなかでマルクスの到達点が前進し、第三篇の論点には、利潤率低下法則の意義づけ、およびそのもとでの資本主義的生産の必然的没落の展望など、マルクスにとって克服ずみの見解であることの指摘を要する部分も生まれた。第三部では、こうした点に留意し、マルクスの研究の発展とその到達点、エンゲルス版の編集上の弱点、草稿との異同、エンゲルスによる文章の混入個所を訳注で示した。とくに第五篇では、本来『資本論』の草稿ではなかった諸章の混入個所を指摘した。また、必要な場合には、マルクスの草稿を訳出した。第七篇第四八章では、エンゲルスによる原稿配列をマルクスの草稿の順序に組み替えた（第八―第一二分冊）。

全三部を通して、マルクス自身の研究の発展史と歴史的事項にかんする訳注を大幅に拡充した。

改訂にあたっては、新『マルクス・エンゲルス全集』（新メガ Marx-Engels-Gesamtausgabe）の諸巻を参照した。

四　注については、マルクス、エンゲルスによる原注は（　）に漢数字を用いてそれを示し、各段落のあとに訳出した。訳文中や、＊印によって訳文のあとに、〔　〕を用いて挿入されたものは、すべて訳者、監修者による注ないし補足である。

五　訳注のなかで、〔邦訳『全集』第○巻、○○ページ〕とあるのは、ディーツ社（現カール・ディーツ社、ベルリン）発行の『マルクス・エンゲルス著作集《ヴエルケ》』を底本とした邦訳『マルクス・エンゲルス全集』（大月書店）の巻数とページ数を指している。

六　『資本論』のドイツ語原文にあたろうとする読者の便宜のために、ヴェルケ版『資本論』の原書ページ数を、訳文の欄外上に（　）で算用数字を用いて付記した。ただし、ヴェルケ版では、マルクスが引用した著作などについて、本来一つの段落文中に含まれているものを改行し、その引用文のみを独立した段落にしているため、本訳書とは改行の位置に相違がある。

七　訳文中の〝　〟でくくられた語、句、文は、すべて、マルクス（またはエンゲルス）によってドイツ語以外の言語（ラテン語などを含む）が単独で使用されている個所である。専門用語の場合、〝　〟でくくらず、必要に応じて、綴りないしルビによって示したものもある。なお、それらドイツ語以外の言語による語、句、文が、同じ意味のドイツ語と併記されていて、相互の言い換えとして使用されている場合には、それらにニュアンスの相違がある場合をのぞき、訳出や明示を省略した。

八　訳文で、傍点を付した部分は原文の隔字体またはイタリック体の部分を表わしている。

九　マルクス（またはエンゲルス）が引用した文章について、必要な場合、原文との異同を訳注で示した。また、固有名詞、数値などの明白な誤記、誤植はとくに注記せずに訂正した。

一〇　引用文献のうち邦訳のあるものは、入手の便宜なども考慮し、邦訳書を掲げた。これは、新書版での記載を改訂し、新たに追加したものである。

一一　第一二分冊の巻末に、人名索引を付した。

一二　新版『資本論』の改訂作業は、日本共産党中央委員会社会科学研究所によって行なわれた。研究所からは、不破哲三、山口富男、卜部学、小島良一が、監修と改訂の作業にあたった。本訳書のもとになった新書版の刊行にあたっては、研究所の委嘱により翻訳のための委員会が組織され、多くの研究者の参加と協力を得た。新書版および一九九七年一二月に刊行された上製版（五分冊）の訳出・編集体制については、それぞれの版の「凡例」を参照いただきたい。

目次

第三巻分冊目次

第一分冊

第二分冊

第三分冊

第四分冊

第五分冊

第六篇　超過利潤の地代への転化*

*〔草稿では「第六章　超過利潤の地代への転化」となっている。

この篇は、一八六五年後半に執筆された草稿で、エンゲルスにあてたマルクス自身の手紙が示すように、第三部の草稿のなかでも完成度の低い部分である。

「この『呪われた』本はと言えば、それはこうなっている。それは〔一八六五年〕一二月末にでき上がった。地代にかんする論述、つまり最後から二番目の章だけでも、今の稿では、ほとんど一冊の本をなしている。昼は博物館に行き、晩に書いた。ドイツにおける新しい農芸化学、ことにリービヒ〔一八〇三―七三年、ドイツの化学者。有機化学の多くの分野を開拓。農芸化学の創始者の一人〕やシェーンバイン〔一七九九―一八六八年。スイスの化学者。地球化学の創始者〕は、この問題にかんしてはすべての経済学者をひっくるめてもそれ以上に重要だし、他方には、僕が近ごろこの点を取り扱い始めてからこのかたフランス人によってこれについて提供された大量の材料があって、これらのものが読破されなければならなかった。僕は地代にかんする僕の理論的な研究を二年前に終えた〔『一八六一―一八六三年草稿』での研究。絶対地代の理論的解明に成功した一八六二年の研究が重要な位置を占める〕。そして、ちょうどこの間にたくさんのことが、しかもまったく僕の理論を確証しつつ、なしとげられた。日本についての解明も（平素は僕は、職業上強制されないかぎり、旅行記を読むようなことは概してないのだが）この点では重要だった。そのために、イギリスの工場主のやつらが一八四八―五〇年に同一人に適用したような『交替制』が、僕自身によって僕に適用されたのだ。

でき上がったとはいえ、原稿は、その現在の形では途方もないもので、僕以外のだれのためにも、君のためにさえも、出版できるものではない」（一八六六年二月一三日。古典選書『マルクス、エンゲルス書簡選集』上、新日本出版社、二〇一二年、二七七ページ、邦訳『全集』第三一巻、一四八―一四九ページ）。

第三七章　緒　論*

*〔草稿では、「a) 緒論」となっている。草稿の執筆は、「緒論」のあと、「絶対地代」（現行版第四五―四七章）、「差額地代」（同第三八―四四章）の順序で行なわれた。「差額地代」の執筆の途中に、マルクスは、第六篇の諸項目の順序のプランを書きつけた（本訳書、第三巻、一二九八ページ）。そこで、「差額地代」から「絶対地代」へ、という執筆とは逆の順序が明示された〕

土地所有をそのさまざまな歴史的形態において分析することは、本書の限界外にある。*1 われわれがこの土地所有に取り組むのは、資本によって生み出された剰余価値の一部分が土地所有者の手に帰する限りでのことである。したがって、われわれが想定するのは、農業が製造業とまったく同様に資本主義的生産様式によって支配されるということ、すなわち、農業が資本家たちによって経営され、この資本家たちが他の資本家たちと区別されるのは、さしあたりはただ、*2 彼らの資本とこの資本によって運動させられる賃労働とが投下されている本来の活動領域によってにすぎないということ、である。われわれにとっては、借地農場経営者が小麦などを生産するのは、製造業者が糸または機械を生産するのと同じである。資本主義的生産様式が農業を占領したという想定は、資本主義的生産様式が生産およびブルジョア社会のすべての部面を支配するということ、したがってまた、資本主義的生産様式の諸条件——諸資本の自由な競争、一生産部面から他の生産部面への諸資本の移転可能性、平均利潤の均等な水準、などのような諸条件——が完全に成熟して現存するということを含んでいる。われわれが考察する土地所有形態は、それの一つの独自な、歴史的な形態である。これは、封建的土地所有なり、生業部門として営まれる小農民的農業[*3]なりが資本および資本主義的生産様式の作用によって転化された形態である。小農民的農業[*4]においては、直接的生産者にとって土地の占有[*5]は生産諸条件の一つとして現われ、また彼の土地所有[*6]は彼の生産様式のもっとも有利な条件、その生産様式の繁栄の条件として現われる。資本主義的生産様式が一般には労働者たちから労働諸条件を収奪することを前提するとすれば、農業における資本主義的生産様式は、農村労働者たちから土地を収奪し、彼らを利潤(628)のために農業を経営する資本家のもとに従属させることを前提する。したがって、これと異なる土地所有諸形態と農耕諸形態とが存在してきたとか、いまなお存在するとかいうことがもちだされても、それは、われわれの展開にとってはまったくどうでもよい異論である。このような異論がぴったりあてはまりうるのは、農業における資本主義的生産様式およびこれに照応する土地所有形態を歴史的カテゴリーとしてでなく、永遠のカテゴリーとして取り扱う経済学者たちだけである。

＊1〔マルクスの最初の構想は、著作の前半部分を「資本、土地所有、賃労働」の三項目とし、「近代ブルジョア社会が分かれている三大階級の経済的生活諸条件を研究する」（『経済学批判』への「序言」、一八五九年〔邦訳、宮川彰訳、古典選書『「経済学批判」への序言・序説』、新日本出版社、二〇〇一年、一一ページ、邦訳『全集』第一三巻、五ページ〕）というものであり、「土地所有」の問題は『資本論』に続く著作の主題となる予定であった。この構想は、『一八六一―六三年草稿』のなかで地代論研究での発見をして、地代論を一般的利潤率の「例解」として第三部に入れ込む計画（一八六二年）がたてられたあとも基本的に変わらなかった。しかし、第一部完成稿執筆の時点では、この構想が変更され、「賃労働」はその項目の全体を、「土地所有」論は地代論の部分を、剰余価値の分割の諸形態の研究として、『資本論』に合体させることになった。

さらにマルクスは、最終的に、「土地所有」の歴史的研究もふくめて、「三大階級の経済的生活諸条件」の全体を『資本論』の研究対象とするところに、構想を発展させ、一八七〇年代に、第二部草稿の執筆と並行して、土地所有の歴史的研究を含む第三部の準備をすすめたが、その部分の執筆にいたらないまま、一八八三年にその生涯を閉じた。本訳書、第一巻、一二三九ページの訳注＊3、第三巻、四―五ページの訳注＊参照〕

＊2〔草稿では「さしあたりは」は「素材的に見れば」となっている〕

＊3・4〔草稿では「小農民的農業」は「農業」となっている〕

＊5〔草稿では「占有」は「所有」となっている〕

＊6〔草稿には「また彼の土地所有は」という主語はなく、「あるいは少なくとも」となっている〕

われわれに必要なのは、近代的土地所有形態の考察である。なぜなら、農業における資本の投下から発生する特定の生産―および交易諸関係を考察することが、一般に、重要だからである。この考察がなければ、この資本の分析は完全なものではないであろう。そこでわれわれは、本来の農耕における、すなわち、住民が生活するための主要栽培作物の生産における資本投下に、もっぱら考察を限定する。それは小麦でもよい。なぜなら、小麦は、資本主義的に発展した近代的諸国民の主要食糧だからである。〔または農耕の代わりに鉱山をとってもよい。なぜなら、法則は同じだからである。〕

他の農産物、たとえば亜麻、染料用植物、[*1]独立した畜産などの生産に用いられた資本の地代が、主要食糧の生産に投下された資本のもたらす地代によってどのように規定されているかを展開したことは、A・スミスの偉大な功績の一つである。[*2]事実、この点では彼以来、なんらの前進もなされていない。〔彼の展開について〕われわれがその限定または追加として言うべきことがあるとしても、それは、土地所有論で独立して扱うべきことであって、ここで取り上げるべきことではない。それゆえ、土地所有と言っても、小麦の生産に充てられる土地と関連がない場合は、われわれはこの土地所有について、〝専門的に〟言及することはせずに、ところどころで例証のためにのみこれに立ちもどるであろう。

*1〔草稿では「他の農産物」以下は「一般的な食糧ではなく、商業用栽培作物（産業素材）」となっている〕
*2〔アダム・スミス『諸国民の富』、邦訳、大内兵衛・松川七郎訳、岩波文庫、㈡、一九六〇年、一一―一四ページ。なお、『資本論草稿集』6、大月書店、一九八一年、四七五、四九四―五〇〇ページ、または邦訳『全集』第二六巻、第二分冊、四五一、四六九―四七六ページ参照〕

完全を期すために注意しておかなければならないのは、水なども、それに所有者があり、それが土地の付属物として現われる限りは、ここでは土地と解されるということである。

　土地所有は特定の個人による独占、すなわち、地球の一定諸部分を自分の私的意志の専属領分として、他人をすべて排除しながら、自由に利用するという独占を前提とする。（二六）このことを前提にすれば、(629) 問題となるのは、資本主義的生産[*1]の基盤の上でのこの独占の経済的価値、すなわちそれの利用を解明することである。地球の諸部分を使用する、また乱用するという、これらの個人の法律的権能だけではなにもかたづかない。この権能の使用は、彼らの意志にかかわりのない経済的諸条件に完全に依存する。法律的観念そのものは、すべての商品所有者が自分の商品を扱うやり方と同じように、土地所有者は土地を扱うことができるということ以外には、なにも意味しない。そして、この観念――自由な私的土地所有という法律的観念――は、古代世界では有機的社会秩序が分解する時代にのみ現われ、(630) 近代世界では資本主義的生産[*2]の発展につれてのみ現われる。アジアではそれは、ヨーロッパ人によって、ところどころで輸入されたにすぎない。本源的蓄積にかんする個所（第一部〔第七篇〕第二四章）で見たように、この生産様式は、一方では、直接的生産者たちが土地の単なる付属物（隷農[*3]、農奴[*4]、奴隷などの形態での）の地位から解放されていることを前提とし、他方では、人民大衆から土地が収奪されていることを前提とする。その限りでは、土地所有の独占は、資本主義的生産様式の、また、なんらかの形態での大衆の搾取にもとづいている従来のすべての生産様式の歴史的前提であり、また引き続きその恒常的基礎である。しかし、始まったばかりの資本主義的生産様式が見いだす土地所有の形態は、資本主義的生産様式には照応していない。資本主義的生産様式に照応する土地所有形態は、資本主義的生産様式そのものによって、農業を資本に従属させることを通じて、はじめてつくりだされる。このようにして、事実また、封建的土地所有、氏族的所有、あるいはマルク共同体[*5]をともなう小[*6]さな農民所有は、それらの法律的諸形態がどんなに相違しているとしても、資本主義的生産様式に照応する経済的形態に転化される。資本主義的生産様式の偉大な成果の一つは、次のことである。すなわち、この生産様式が一方では、農業を社会のもっとも未発展な部分の単に経験的な、機械的に伝承されている[*7]やり方から、農学の意識的で科学的な応用に転化する――それは一般に、私的所有にともなう諸関係の内部で可能な限りでのことではあるが（二七）――ということであり、資本主義的生産様式が、一方では、土地所有を支配‐および隷属諸関係からすっかり解放し、他方では、労働条件としての土地を土地所有および土地所有者から完全に分離して、土地所有者にとっては、土地はもはや、(631) 彼がその土地独占を媒介として産業資本家である借地農場経営者から徴収する一定の貨幣税以外のなにものも表わさないようにするということであり、〔土地所有者と土地所有の〕結びつきをすっかり解き放す結果、土地所有者[*8]が自分の所有地はスコットランドにあるのにコンスタンティノープル〔現在のイスタンブール〕でその全生涯を送れるほどになるということである。こうして土地所有は、その従来のすべての政治的および社会的な縁飾りと混ざり物を振り捨てることによって、要するにあのすべての伝統的な付加物――われわれがのちに見るであろうように、産業資本家たち自身により、また彼らの理論的代弁者たちにより、土地所有との闘争のまっただ中において無用なばかばかしい〝複受胎[*9]〟

であると非難される付加物――を振り捨てることによって、その純経済的な形態を受け取る。一方では、農業の社会的経営をはじめて可能にする農業の合理化、他方では、土地所有の〝不合理さ〟の証明――これらは、資本主義的生産様式の偉大な功績である。資本主義的生産様式は、それがもたらした他のすべての歴史的進歩と同じように、右の進歩をも、なによりもまず直接的生産者たちの完全な窮乏化という犠牲を払って手に入れた。

（二六）　私的土地所有にかんするヘーゲルの展開ほどこっけいなものはありえない。人格〔個人〕としての人間は、外的自然の魂としての自分の意志に現実性を与えなければならず、したがってこの自然を自分の私的所有として占有取得しなければならない。これが「人格というもの」――人格としての人間――の規定であるとすれば、どの人間も、みずからを人格として現実化するためには土地所有者でなければならない、ということになるであろう。土地の自由な私的所有――非常に近代的な産物[*10]――は、ヘーゲルによれば、一定の社会的関係ではなく、「自然」にたいする人格としての人間の関係であり、「いっさいの物件にたいする人間の絶対的な、自分のものにする権利」である（ヘーゲル『法の哲学』、ベルリン、一八四〇年、七九ページ〔第四四節。藤野渉・赤沢正敏訳、『世界の名著』35、中央公論社、一九六七年、二三九ページ〕）。さしあたりはっきりしているのは、個々の人格は、みずからの「意志」によっては、同じ地片に同じようにみずからを体現しようとしている他人の意志に対抗して、みずからを所有者であると主張することはできない、ということである。そのためには、よき意志とはまったく別の物が必要である。さらに「人格」が、どこに彼の意志の現実化の制限をおくのか、すなわち、彼の意志の定在は一国全体においてみずからを実現するのか、それとも、人格は多数の国々を必要とし、これらの国を自分のものにすることによって「物件にたいするわが至高の意志を表明する」〔八〇ページ。同前訳、二四〇ページ〕のか、ということは絶対に見きわめられない。ここでヘーゲルは、事実また、すっかり破綻をきたす。「占有取得はまったく個別化された性質のものである。私は、自分の肉体でふれる以上のものを占有取得しないが、しかしすぐに第二の問題が生じる。外的な諸物は私がつかむことができるよりもさらに広大な広がりをもつということが、それである。こうして私がなにものかを占有するときには、それにはまた別のあるものが結びついている。私は手によって占有取得を行なうが、占有取得の領域は拡大されうる」〔九〇〔、九二〕ページ〔第五五節。前出訳、二五二ページ〕〕。しかし、この別のある物にはふたたび別のある物が結びついており、こうして、魂としての私の意志がどの程度まで土地にそそぎ込まれるべきかという限界は消滅する。「私があるものを占有するならば、悟性はただちに、直接に占有されたものばかりでなく、これと連関するものも私のものであると考えるようになる。この場合には実定法がそれを確定しなければならない。というのは、概念からはそれ以上なにも導き出されないからである」〔九一ページ〔同前〕〕。これは「概念」の並外れて素朴な告白であって、この概念は、もともと、土地所有にかんするまったく限定された、しかもブルジョア社会に属する、法律的観念を絶対的なものとみなす過ち[*11]をおかしているのであり、この土地所有の現実の姿態については「なにも」概念化していない[*12]、ということを証明する。同時に、これには、社会的すなわち経済的な発展の要求が変わるにつれて「実定法」はその確定を変えうるし、また変えなければならない、という告白が含まれている。

（二七）　たとえばジョンストン[*13]のようなまったく保守的な農芸化学者でさえも、現実に合理的な農業が、いたるところで、私的所有に克服しがたい諸制限を見いだしていることを認める。地球の私的所有の独占の〝職業的〟弁護者である著述家たち、たとえばシャルル・コント氏[*14]も、私的所有の弁護を特別の目的とする二巻本で同じことを認めている。彼は言う――「一国民を養う土地の各部分が、一般的利益ともっともよく合致する用途を与えられるのでなければ、一国民は、その本性から帰結する〔原文は「その本性が許す」〕ほどの裕福および国力に達することはできない。一国民の富を大きく発展させるためには、可能であれば、唯一の、とりわけ啓蒙された意志が一国民の領土のどの個々の部分をも自由に処分する力をその手に収め、これらの部分のそれぞれが他の部分すべての繁栄に寄与するようにしなければならないであろう。しかし、こうした意志の存在は……土地の私有地への分割とは両立しないであろうし……また、自分の財産をほとんど絶対的な仕方で自由に処分するという、どの所有者にも保証された能力とも両立しないであろう」〔シャルル・コント『所有論』、第一巻、パリ、一八三四年、二二八ページ〕。――ジョンストンやコントなどは、所有と合理的農学との矛盾に当面して、ただ、一国の土地を一つの全体として耕作する必要だけを念頭においている。しかし、特殊な土地諸生産物の栽培が市場価格の諸変動に依存すること、また、この栽培はこれらの価格変動につれてつねに変化すること、資本主義的生産の全精神は目の前の直接の金儲けをめあてとしていること――こうしたことは、連綿とつながる何世代もの人間の恒常的な生活諸条件全体を賄うべき農業とは矛盾する。その適切な一例は森林であり、森林は、それが私的所有でなく国家管理を受けている場合に、時として全体の利益にいくらか沿うように経営されるだけである。

＊1・2〔草稿では「資本主義的生産様式」となっている〕

＊3・4〔一般的には、農奴は領主に人身的に隷属し、領主のために夫役労働に従事するが、中世の農奴解放とともに人身隷属が相対的に緩和され、生産物や貨幣で地代を納入する隷農に転化した。いずれも「付属物としての土地への緊縛、本来の意味での隷属」（本訳書、第三巻、一四一〇ページ参照）状態におかれている〕

＊5〔土地の共有と共同耕作を行なう共同体。原始共産体から芽生えた地縁共同体で、マルクは共有地の境界

を意味する。マルクについては、エンゲルスの論文「マルク」（邦訳『全集』第一九巻、三〇九―三二六ページ）参照〕

＊6〔「マルク共同体をともなう」はエンゲルスによる〕

＊7〔「機械的に伝承されている」はエンゲルスによる〕

＊8〔草稿では「土地所有者」は「イギリスの土地所有者」となっている〕

＊9〔重複妊娠を意味する生理学・医学用語。異なる排卵期に二個以上の卵が受精すること（人類にはない）。ここでは「余計なつけ足し」の意〕

＊10〔草稿では「近代的な産物」は「近代的な歴史的な産物」となっている〕

＊11〔草稿では「過ち」は「〝取り違え〟」となっている〕

＊12〔草稿では「『なにも』概念化していない」は「なにも『概念化して』いない」となっている〕

＊13〔J・F・W・ジョンストン『北アメリカの農業・経済・社会にかんする覚え書き』、第一巻、エディンバラおよびロンドン、一八五一年〕

＊14〔フランソワ－シャルル－ルイ・コント（一七八二―一八三七年）。フランスの自由主義的な政論家・経済学者。本訳書、第一巻、一三二二ページの原注二四一をも参照〕

われわれが対象そのものに移るまえに、誤解を防ぐために、なおいくつかの前おきが必要である。資本主義的生産様式の場合、その前提は、次のようなことである――現実の耕作農民たちは、資本家である借地農場経営者に雇われている賃銀労働者であって、この借地農場経営者は、農業を、資本の一つの特殊な搾取場面としてのみ、一つの特殊な生産部面における自分の資本の投下としてのみ経

（632）

営する。この借地農場資本家は、土地所有者にたいし、すなわち、自分が利用する土地の所有者にたいし、この特殊な生産場面で自分の資本を使用することを許された代償として、契約にもとづいた貨幣額を（貨幣資本の借り手が一定の利子を支払うのとまったく同じように）一定の期限ごとに、たとえば年々、支払う。この貨幣額は、耕作地、建築地、鉱山、漁場、森林などのいずれによって支払われるかを問わず、地代と呼ばれる。これは、契約によって土地所有者が土地を借地人に貸し付けた、すなわち賃貸しした期間全体にたいして支払われる。したがって地代は、この場合、土地所有が経済的に実現される、すなわち収益をもたらす形態である。さらに、ここには、近代社会の骨組みをなす三つの階級が、全部そろって、互いに対立し合いながら登場する――賃労働者、産業資本家*、土地所有者。

＊〔草稿では「機能資本家」となっている。本訳書、第三巻、五七六―五七七ページの訳注＊２参照〕

資本は、土地に固定され、土地に合体されうる――一部は化学的な土質の改良、施肥などの場合のように比較的一時的に、一部は排水溝、潅漑施設、地ならし、農場用建物などの場合のように比較的恒久的に。このように土地に合体された資本を、私は他の個所で土地資本《ラ・テル・カピタル》と名づけたことがある。（二八）これは、固定資本のカテゴリーに属する。土地に合体された資本にたいする、および土地がこのように生産用具として受け取る諸改良にたいする利子は、借地農場経営者が土地所有者に支払う地代の一部分をなすことがありうるが、（二九）しかしそれは、自然状態のままの土地であろうと耕作されている土地であろうと、土地そのものの使用に支払われる本来の地代を構成するものではない。土地所有者の所得のこの部分は、土地所有にかんして体系的に論究するさいに[*1]——このような論究は、われわれの計画の範囲外にあるが——詳しく叙述されるべきであろう。この点にかんしては、ここでは数言述べておけば足りる。農業の通常の生産過程にともなう、比較的一時的な資本投下は、すべて例外なしに、借地農場経営者によってなされる。これらの資本投下は、単なる耕作一般と同じように、それがある程度まで合理的に営まれ、したがって、たとえばかつてのアメリカの奴隷所有者のもとでとは違って、地味《ちみ》の乱暴な収奪に帰着しないのであれば——といっても、土地所有者諸氏は契約によってそのよう(633)なことはさせないのであるが——、土地を改良し[(三〇)]、その生産物を増加させ、土地を単なる物質から土地資本に転化させる。耕作された農地は、同じ自然的な質の未耕の原野よりも、価値が大きい。土地に合体された、比較的恒久的で、比較的長い期間かけて利用され尽くす固定諸資本も、その大部分が、特定の諸部面では往々にしてその全部が、借地人によって投下される。しかし、契約で決められた借地期間が過ぎれば——そしてこれが、資本主義的生産の発展につれて、土地所有者が借地期間をできるだけ短縮しようとする理由の一つであるが——、土地に合体された諸改良は、実体である土地の不可分な偶有的属性として、所有物として、地主のものとなる。土地所有者は、新たな借地契約を結ぶにあたって、土地に合体された資本にたいする利子を本来の地代につけ加えるのであり、こんど彼が土地を賃貸する相手が、右の諸改良をした当の借地人であるか、それとも別の借地人であるかを問わない。こうして彼の地代がふくれ上がる。または、彼がその土地を売ろうとすれば——土地の価格がどのように規定されるかは間もなく明らかにするであろう——いまやその価値は増大している。彼は、単に土地を売るのではなく、改良された土地を、すなわち、土地に合体され、彼にはなんの費用もかからなかった資本を売るのである。これこそは――本来の地代の運動はまったく別として――、経済的発展が進むにつれて、土地所有者たちの富がますます増大し、彼らの地代が絶えず膨脹し、彼らの地所の貨幣価値が増大する、秘密の一つである。こうして彼らは、自分たちがなにも手を貸さずに生み出された社会的発展の成果を、彼ら個人のポケットにしまい込む――〝天の賜物を浪費するために生まれた〟[*2]者たちである。しかしこれこそは、同時に、合理的農業の最大の障害の一つでもある。というのは、借地農場経営者は、借地期間中にそれらの完全な還流を期待できないようなあらゆる改良や支出を避けるからである。われわれは、これらの事情がこのような障害として、前世紀にはジェイムズ・アンダースン――彼は現代の地代理論[*3]の真の発見者であると同時に、実際に借地農場経営者であり、また当時の著名な農学者であった――によって、またこんにちではイギリスにおける現行土地所有制度の反対者によって、引き続き非難されているのを見いだす。

（二八）『哲学の貧困』、一六五ページ〔邦訳『全集』第四巻、一八一―一八二ページ〕。私はそこで、土地物質《テル・マテイエール》と土地資本《テル・カピタル》とを区別している。「すでに生産手段に転化されている土地に第二次投資をするだけで、土地物質すなわち土地面積になにもつけ加えることなしに、土地資本を増加させることができる。……土地資本は、他のあらゆる資本と同じように永久的なものではない。……土地資本は一つの固定資本であるが、しかし固定資本も流動資本と同じように損耗する」。

（二九）私が「ありうる」と言うのは、特定の諸事情のもとでは、この利子は地代法則によって規制され、したがって、たとえば大きな自然的豊度をもつ新たな地所の競争によって消滅しうるからである。

（三〇）　ジェイムズ・アンダースン[*4]およびケアリ[*5]を見よ。

*1〔草稿では「体系的に」は「専門的に」となっている〕

*2〔ホラティウス『書簡詩』、第一巻、詩Ⅱ、第二七行、高橋宏幸訳、講談社学術文庫、二〇一七年、二三ページ。「穀つぶし」の意〕

*3・4〔アンダースン『イギリスにおける現在の穀物不足を招いた諸事情の冷静な研究』、ロンドン、一八〇一年、三五、三六、三八ページ。なお彼の地代論については、『資本論草稿集』6、大月書店、一九八一年、一五五―一五九、一六六―一七二、二〇三―二一〇、三三七―三四一ページ、または、邦訳『全集』第二六巻（『剰余価値学説史』）、第二分冊、一三八―一四一、一四八―一五三、一八一―一八七、三一〇―三一三ページ参照〕

*5〔ケアリ『過去、現在、および未来』、フィラデルフィア、一八四八年、一二九―一三一ページ。なお、『資本論草稿集』6、同前、八一八―八一九ページ、または邦訳『全集』第二六巻、第二分冊、八〇一―八〇二ページ参照〕

（634）　A・A・ウォールトン[*1]『大ブリテンおよびアイルランドの土地保有の歴史』、ロンドン、一八六五年は、この点について、九六、九七ページで次のように言う――「わが国にある数多くの農業協会のあらゆる努力も、農業の改良が借地農場経営者または農村労働者の状態を改善するよりもはるかに高い程度に、所有地の価値および地主の地代収入額を増加させるあいだは、農業改良の現実的進歩における顕著な結果または現実に注目を集める結果をなにももたらすことはできない。借地農場経営者たちは一般に、地主、その差配人とまったく同様に、または農業協会会長とさえまったく同じように、よい排水、十分な施肥、よい管理が、土地を徹底的に浄化しつくり変えるための労働の使用の増加と結びつけば、土地の改良においても、生産の増加においても、おどろくべき結果を生み出すであろう、ということをよく知っている。しかし、これらすべてのことは多大の出費を要するのであり、また、借地農場経営者たちがやはり非常によく知っているように、たとえどんなに彼らが土地を改良し、または土地の価値を高めようとも、地主が、地代の引き上げおよび土地の価値の増加によって長期的にはその主たる利益を刈り取ってしまうであろう。……彼らは、かの雄弁家たち」〔農業関係の宴席での地主たちおよびその差配人たち〕「が奇妙なことに彼らに語るのをいつも忘れること――すなわち、借地農場経営者たちの行なうすべての改良の獅子の分け前[*2]はいつでも結局は地主たちのポケットにはいるに違いないこと――に気づくぐらいの賢さをもっている。……以前の借地農場経営者がたとえ借地をどんなに改良したとしても、その後継者がつねに見いだすのは、以前の諸改良によって高められた土地価値に比例して地主が地代を引き上げるであろうということであろう」。

＊1〔アルフリド・A・ウォールトン。イギリスの社会主義者、建築家、国際労働者協会総評議会評議員〕

＊2〔本訳書、第一巻、一二三六ページ訳注＊1参照〕

本来の農業においては、この過程はまだ、土地が建築地として利用される場合のように明白には現われない。イギリスで建築用に使用される土地の圧倒的大部分は、しかし〝自由保有地[*1]〟として売られるのでなく、土地所有者たちによって、九九年間、または、できればもっと短期間について、賃貸される。この期間が過ぎると、土地そのものとともに建物は地主の手に帰する。「彼ら」〔借地人たち〕「は、賃貸契約が満了すれば、そのときまで法外な地代を支払ってきたあと、家屋を住みよい状態で大地主に引き渡す義務がある。賃貸契約が満了するかしないうちに、地主の代理人または検査人がきて諸君の家を点検し、諸君がそれをよく手入れしておくように手配し、そのあとで家の所有権を取り上げて、これを彼の地主の領分に合併する。〔……〕この制度がさらに長期間にわたって、完全に有効なものとして認められるならば、王国における家屋所有権の全部が、農村における土地所有権とまったく同じように、大地主の手に帰するであろう。これが事実である。ロンドンのウェストエンド[*2]、テンプル・バー[*3]の北と南とは、全部が、ほとんどもっぱら〔原文にはこの句はない〕約半ダースの大地主のものであると言ってもよく、法外な地代で賃貸されていて、賃貸契約はまだ完全に期限切れとなってはいない所でも、急速につぎつぎに満了しつつある。大なり小なり同じことが王国のどの都市についても言える。しかし、この貪欲な排他・独占の制度はそこで立ち止まりさえしない。わが海港都市の埠頭設備は、ほとんどすべてが、同じ収奪過程によって巨大な土地リヴァイアサン[*4]どもの手に帰している」（同前、〔九二、〕九三ページ）。こうした状態のもとでは明白なことであるが、一八六一年(635)のイングランドおよびウェイルズの国勢調査によれば、総人口二〇〇六万六二二四人のうち家屋所有者数が三万六〇三二人となっているが、大所有者たちと小所有者たちとに区分してみれば、家屋総数および人口総数にたいする所有者たちの比率はすっかり様相を変えるであろう。

＊1〔隷農保有地などにたいする、自由人の完全な独立の所有地のこと〕

＊2〔ロンドン中枢部で貴族、ブルジョアジーの大邸宅が集まっている地区〕
＊3〔ロンドン西区のフリート街とストランド（街）とのあいだにあった石の門。金融・商業の中心地シティへの入口。一六七〇年に設けられ、一八七八年に撤去〕
＊4〔旧約聖書、ヨブ記、三・八、四一・一以下、詩篇、一〇四・二六、イザヤ書、二七・一などに出てくる水棲の大怪獣。レビヤタンとも言う〕

建物の所有にかんするこの実例〔ウォールトンの〕が重要なのは、次の理由からである。すなわち、（一）この実例は、本来の地代と、土地に合体された固定資本の利子――地代への一追加分になりうるもの――との区別を明瞭に示すからである。建物の利子は、農耕のさいに借地農場経営者によって土地に合体された資本の利子と同じように、賃貸契約期間中は、産業資本家である建築投機師または借地農場経営者のものとなるのであり、これは、年々一定の期限ごとに土地の利用料として支払われなければならない地代とは、それ自体としては、なんの関係もない。（二）この実例は、土地とともに、土地に合体された他人の資本も結局は土地所有者のものとなり、この資本にたいする利子が彼の地代を膨脹させることを示すからである。

若干の著述家たちは、一部は、ブルジョア経済学者の攻撃に立ち向かう土地所有の代弁者として、一部は、たとえばケアリのように、資本主義的生産制度を、対立の制度ではなく「調和」の制度に転化させようとして、土地所有の独特な経済的表現である地代を利子と同一のものとして叙述しようとした。すなわち、そうすれば土地所有者と資本家との対立は解消するであろう、というのである。資本主義的生産の初期には、逆の方法が用いられた。当時、通俗的な観念では、土地所有はまだ私的所有の原初的な、まともな形態とみなされたが、資本の利子のほうは高利として誹謗されていた。それだから、ダッドリー・ノース、ロックなどは、チュルゴが利子の正当化を地代の存在から導き出したのとまったく同じように、資本利子を地代に類似する一形態として叙述したのである。これらの新しい著述家たちが忘れているのは[*1]——地代は、土地に合体された資本にたいするどんな利子の追加もなしに、純粋に存在できるし、また存在するということをまったく度外視しても——、土地所有者はこのようにして、自分にはなんの費用もかからない他人の資本から利子を受け取るばかりでなく、そのうえさらに他人の資本を無償の買い取りの形で受け取るということである。土地所有を正当化する根拠は、一定の生産様式の他のあらゆる所有形態と同じように、生産様式そのものが歴史的、一時的な必然性を有し、したがって、それから発生する生産‐および交換関係も[*2]、歴史的、一時的な必然性を有するということである。ただし、あとで述べるように[*3]、土地所有は、特定の発展水準に達すると、資本主義的生産様式の立場から見てさえ、余計で、有害なものとして現われることによって、その他の種類の所有と区別されるのであるが。(636)

＊1〔草稿には「新しい」はない〕
＊2〔草稿では「生産および交換関係」は「生産関係と所有形態」となっている〕
＊3〔本訳書、第三巻、一四四〇—一四四二ページ、および一四五〇—一四五三ページ参照〕

地代は別の形態でも利子と混同されることがあり、そのため地代独特の性格が誤って理解される。

地代は、土地所有者が地球の一片を賃貸することによって年々手に入れる一定額の貨幣として現われる。すでに見たように、一定の貨幣所得はいずれも資本還元されうる、すなわち、ある想像上の資本の利子とみなされうる。したがって、たとえば中位の利子率が五％であるとすれば、二〇〇ポンドの年々の地代も、四〇〇〇ポンドの資本の利子とみなされうる。こうして資本還元された地代こそは、土地の購買価格または価値をなすものであるが、これは、〝明らかに〟、労働の価格とまったく同じように不合理なカテゴリーである。というのは、土地は労働の生産物ではなく、したがってどんな価値ももたないからである。しかし他方では、この不合理な形態の背後には、一つの現実的な生産関係が隠されている。ある資本家が、二〇〇ポンドの年々の地代をもたらす土地を四〇〇〇ポンドで買うとすれば、彼は四〇〇〇ポンドの五％にあたる年平均利子を受け取るが、これは、彼がこの資本を利子生み証券に投下した場合、または、これを直接に五％の利子で貸し出した場合とまったく同じである。これは、四〇〇〇ポンドの資本を五％で利殖することである。この前提のもとでは、彼は二〇年間で、自分の土地の購入価格を、その土地からの収入で取りもどしてしまうであろう。だからイギリスでは、地所の購買価格は何〝年買い〟*ということを基準にして計算されるのであるが、これは、地代の資本還元を表わす別の表現にほかならない。これは、実際は、土地の購買価格ではなく、土地がもたらす地代の――通常の利子率を基準にして計算された――購買価格である。しかし、地代のこうした資本還元は地代を前提するのであって、その逆に、地代が、地代自身の資本還元から導き出され説明されることはできない。販売とかかわりなく地代が存在することこそ、むしろここでは出発点となる前提なのである。

＊〔土地や家屋の売買価格が、年々の地代や家賃の何年分にあたるかを示す語。二〇年買いといえば、地代や家賃の二〇年分の価格を意味する〕

したがって、地代が不変の大きさであると前提すれば、土地価格は、利子率の上昇または低下に反比例して低下または騰貴しうる、ということになる。通常の利子率が五％から四％に低下すれば、二〇〇ポンドの年地代は、四〇〇〇ポンドでなく五〇〇〇ポンドの資本の年々の利殖を表わし、こうして、同じ地片の価格が、四〇〇〇ポンドから五〇〇〇ポンドに――または、〝二〇年買い〟から〝二五年買い〟に――騰貴するであろう。逆に通常の利子率が四％から五％に上昇する場合には、その逆になる。これは、地代そのものの運動からは独立し、利子率によってのみ規制される土地価格の運動である。(637) ところが、すでに見たように、社会的発展が進むにつれて利潤率は低下する傾向があり、したがって利子率も、それが利潤率によって規制される限りでは、そうした傾向があるから、さらにまた、利潤率を度外視しても、利子率は貸付可能な貨幣資本の増大の結果として低下する傾向があるから、土地価格は、地代の運動および土地諸生産物の価格――地代はこの価格の一部分をなす――の運動とかかわりなしにも騰貴する傾向がある、ということになる。

地代そのものを、土地購買者にとって地代が帯びる利子形態と混同することは――地代の本性にかんするまったくの無知にもとづく混同であるが――奇妙きわまる誤った結論に行き着かざるをえない。すべての古い国では、土地所有はとくに所有の高貴な形態とみなされ、そのうえ、その購入はとくに確実な投資とみなされているので、地代が買われるさいに基準となる利子率は、比較的長期にわたる他の投資の場合よりもたいてい低く、その結果、たとえば土地の購買者は、ほかの場合には同じ資本で五％受け取るであろうのに、購買価格にたいして四％しか受け取らないということになる。または、同じことに帰着するが、彼は、ほかの投資で同じ年々の貨幣所得にたいして支払うであろうよりも多くの資本を地代にたいして支払うのである。このことから、ティエール氏は〝所有権〟にかんする彼のおよそ最悪の論策（一八四八年にフランス国民議会でプルードンに反対してなされた彼の演説を印刷したもの）[*]のなかで地代が低いと結論づけているが、それはただ、地代の購買価格の高いことを証明するにすぎない。

＊〔一八四八年七月二六日に、当時国民議会議員であったプルードンが財務委員会に提出した提案に反対して行なったティエールの演説をさす。この演説は、ベルギーの新聞に連載後、『所有について』（パリ、一八四八年）として刊行、また『国民会議議事録』、第二巻、パリ、一八四九年、六六六―六七一ページに収録された。同年七月三一日のプルードンの反論については、マルクス「プルードンの反ティエール演説」（邦訳『全集』第五巻、三〇二―三〇六ページ）、およびマルクス「Ｐ－Ｊ・プルードンについて」（邦訳『全集』第一六巻、とくに二八ページ）参照〕

資本還元された地代が土地価格または土地価値として現われ、したがって土地が他のどの商品とも同じように売買されるという事情は、若干の弁護論者にとっては土地所有を正当化する理由とみなされる。というのは、買い手は土地所有にたいし、ほかのどの商品にたいしてもと同様に、等価物を支払ったからであり、また土地所有の大部分は、このようなやり方で持ち手を替えてきたからである。そうであるとすれば、同じ正当化の理由は奴隷制にもあてはまるであろう。というのは、奴隷を買うために現金を支払った奴隷所有者にとって、奴隷の労働からの収益は、奴隷の購入に支出された資本の利子を現わすにすぎないからである。地代の売買から地代の存在の正当化を引き出すことは、結局、地代の存在を地代の存在から正当化することを意味する。

(638)

地代——すなわち、資本主義的生産様式の基盤の上での土地所有の自立的で独自の経済的形態——を科学的に分析するためには、地代を不純にし曖昧にするいっさいの添え物を取り払ってこれを純粋に考察することが非常に重要であるが、同様に、他方では、土地所有の実際上の諸作用を理解するためには、また、地代の概念および本性とは矛盾しながらも地代の存在様式として現われる大量の事実を理論的に洞察するためにさえ、理論のこれらの混濁を生み出す諸要素を知ることが重要である。

実際には、もちろん、土地を耕作する許可と引き換えに、借地料の形態で借地人によって土地所有者に支払われるいっさいのものが、地代として現われる。この貢物は、それがどのような構成諸部分から成り立ち、どのような諸源泉から生じようとも、地球の一片にたいする独占が、いわゆる土地所有者に、貢物を徴収し、その査定をする権能を与えるという点は、本来の地代と共通である。この貢物は、それが、土地価格——これは、さきに明らかにしたように、土地の賃貸から生じる所得を資本還元したものにほかならない——を規定する点も、本来の地代と共通である。

すでに明らかにしたように、土地に合体された資本にたいする利子は、地代のこのような異種的構成部分をなしうるのであって、この構成部分は、経済的発展が進むにつれて、絶えず増大しながら一国の総地代収入額に追加されるに違いない。しかし、この利子を別としても、平均利潤なり標準的労賃なりからの控除分、または同時にこの両者なりからの控除分が、借地料のなかに部分的に、また一定の場合には――すなわち、本来の地代がまったく存在しない場合、したがって土地が現実に無価値である場合には――全体として、潜んでいるということはありうることである。この部分は、利潤の一部であれ、労賃の一部であれ、ここでは、地代の姿態で現われる。なぜなら、この部分は、正常な場合であれば産業資本家または賃労働者の手にはいるのに、そうはならないで、借地料の形態で土地所有者に支払われるからである。経済学的に言えば、一方の部分も他方の部分も地代を形成しない。しかし、この部分は、実際上は、現実の地代とまったく同じように、土地所有者の所得をなし、彼の独占の経済的価値増殖をなすのであり、土地価格にたいしても、現実の地代と同じように規定的に作用する。

ここでは、資本主義的生産様式そのものが存在せず、借地農場経営者自身が産業資本家ではなく、または、彼の経営方式が資本主義的なものではないのに、地代――資本主義的生産様式に照応する土地所有の様式――が形式的に存在しているという諸関係は問題にしない。たとえばアイルランドの場合がそれである。ここでは、借地人は平均して小農民である。彼が借地料として土地所有者に支払う
(639) ものは、しばしば、彼の利潤すなわち彼自身の剰余労働――彼は自分自身の労働用具の保有者として
この剰余労働にたいする権利を有する――の一部分を吸収するだけでなく、標準的労賃の一部分――

別の諸関係のもとであれば彼が同じ労働量にたいして受け取るであろう標準的労賃の一部分――をも吸収する。そのうえ、ここでは土地改良のためにはまったくなにもしない土地所有者が、借地人の小資本――借地人が大部分自己労働によって土地に合体させる小資本――を収奪しており、それは高利貸しが類似の諸関係のもとでするであろうこととまったく同じである。ただ高利貸しは、この操作のさいに少なくとも彼自身の資本を賭けるということが違うだけである。この絶え間ない強奪こそは、アイルランドの土地立法[*1]にかんする争いの対象となっているものであり、この立法は、本質的には、借地人と解約しようとする土地所有者は、借地人によってなされた土地改良、すなわち土地に合体された資本を借地人に補償するよう強制されるべきだ、ということに帰着する。[*2]パーマストンはこの問題についてて恥知らずにこう答えるのを常とした――「下院は土地所有者の議院である」、と。

*1 〔草稿では「土地立法」は「〃借地権法案〃」となっている〕

*2 〔一八五三年六月に提出された「アイルランド借地権法案」には、借地契約の解約のさいには、借地人にその土地改良分を補償せよという規定が含まれていた。その後、あれこれの形で提出されたこの法案が、一八六二―一八六三年の下院会期で討議されたとき、一八六三年六月二三日、首相パーマストンはその演説で、この法案を「共産主義的原理」「社会秩序の破壊」として攻撃し、次出の言葉を述べた。一八五三年の法案（下院は通過した）については、マルクス「インド問題――アイルランドの借地権」（邦訳『全集』第九巻、一五〇―一五六ページ）、また次のパーマストンの言葉については、マルクス「国際労働者協会創立宣言」（古典選書『インタナショナル』、新日本出版社、二〇一〇年、二〇ページ、邦訳『全集』第一六巻、一〇ページ）参照〕

われわれはまた、資本主義的生産の諸国においてさえ、土地所有者が、土地の生産物とはまったくなんの連関もない高い借地料をしぼり取ることのできる例外的な諸関係――たとえば、イギリスの工業諸地域で、小菜園のためであれ、余暇のしろうと耕作のためであれ、工場労働者に土地の小さな断片を賃貸しする場合のように――のことも問題にしない（『工場監督官報告書』[*]）。

*〔これは『公衆衛生第七次報告書』、ロンドン、一八六五年、のことだと思われる。本訳書、第一巻、一二五六ページで、同報告書から、労働者に小地片を賃貸しする例が紹介されている〕

われわれが問題にするのは、資本主義的生産の発展した諸国における農業地代である。たとえば、イギリスの借地農場経営者のうちには多数の小資本家がいるが、彼らは、教育、教養、伝統、競争、その他の諸事情によって、借地農場経営者として自分の資本を農業に投下するように運命づけられ、そうすることを余儀なくされている。彼らは、平均利潤よりも少ない利潤に甘んじ、しかもその一部を地代の形態で土地所有者に引き渡すことを余儀なくされている。これこそが、彼らに、自分の資本を土地に、農業に、投下することを許される唯一の条件である。どこでも土地所有者たちは立法に大きな影響をおよぼすから、ましてイギリスでは圧倒的な影響をおよぼすのだから、この影響力は、全借地農場経営者階級をあざむくために利用されうる。たとえば一八一五年の穀物法[*1]――これは、言うまでもなく、反ジャコバン戦争[*2]中に異常に増大した地代収入を引き続き無為の徒である土地所有者たちに確保するためにこの国に課されたパン税である――は、確かに、若干の例外的な豊作年を別とすれば、農業諸生産物の価格を、自由な穀物輸入が認められていればそこまで低下したであろう水準よ

(640)

りも高く維持する効果はあった。しかし、この穀物法は、立法者である土地所有者たちが標準価格として――それが外国産穀物の輸入にとって法的限界をなすという仕方で――命令した高さに価格を維持する結果をもたらさなかった。しかし、この標準価格の影響のもとに借地契約が結ばれた。その幻想が破れ去ると、新たな標準価格を定めた新たな法律がつくられたが、この新たな標準価格も、旧標準価格と同じように、貪欲な土地所有者たちの幻想の無力な表現に過ぎなかった。このようなやり方で、借地農場経営者たちは一八一五年から一八三〇年代にいたるまであざむかれたのである。それだからこそ、この全期間を通じて、〃農業の窮境〃がいつも話題となった。こうして、この時代を通じて、借地農場経営者たちの一世代全体が収奪されて破滅し、資本家たちの新しい階級がそれに取って代わった。(三二)

(三二)「穀物法反対懸賞論文」[*3]を見よ。ともかく、穀物法はいつも、人為的に高めた水準に価格を維持した。裕福な借地農場経営者たちにとってはこれは有利であった。彼らは、大多数の借地農場経営者が保護関税〔輸入禁止関税〕によってとどめておかれた停滞状態から利益を得たが、大多数の借地農場経営者は、根拠のあるなしにかかわらず、例外的な平均価格をたよりにしたのである。

＊1〔本訳書、第三巻、一八七―一八八ページの訳注＊参照〕

＊2〔革命フランスおよびナポレオンの時代のフランスにたいして、イギリス、オーストリア、プロイセン、ロシアなどが同盟して行なった戦争（一七九二―一八一五年）。本訳書、第一巻、九六八ページの訳注＊参照〕

＊3〔『農業および穀物法にかんする三つの懸賞論文』、全国穀物法反対同盟刊、マンチェスター、ロンドン、

一八四二年、をさす。G・ホープ、A・モース、W・R・グレグの受賞論文を収める〕

しかし、はるかに一般的でより重要な事実は、本来の農業労働者たちの労賃がその標準的な平均水準よりも下に押し下げられ、その結果、労賃の一部分が労働者から取り上げられて借地料の一構成部分となり、こうして地代の仮面のもとに、土地所有者のもとに——労働者のもとにではなく——流れていくということである。たとえばイングランドとスコットランドでは、有利な状態にある二、三の州をのぞけば、一般的にそうである。イギリスで穀物法の実施前に設けられた労賃の水準にかんする議会の諸調査委員会の報告書[*1]——これらはこんにちまでのところ、一九世紀における労賃の歴史へのもっとも価値ある、それでいてほとんどまったく利用されていない寄与であると同時に、イギリスの貴族およびブルジョアジー自身がみずからのために建てた恥ずべき記念碑である——は、次のことを、はっきりと、いかなる疑問の余地もないほどに証明した。それは、反ジャコバン戦争中の高い地代率およびこれに照応する土地価格の騰貴は、部分的には労賃からの控除のせいであり、また労賃が肉体的最低限度よりも低く押し下げられたせいにほかならなかったこと、すなわち、標準的労賃の一部分が土地所有者たちに支払われたせいにほかならなかったということである。さまざまな事情、とりわけ、(641)貨幣の価値減少、農業地方における救貧法の運用[*2]などが右のような操作を可能にしたのであり、しかもそれは、借地農場経営者たちの収入がいちじるしく増加し、土地所有者たちがおとぎ話のように富裕になったまさにその時期でのことであった。確かに、借地農場経営者たちならびに土地所有者たちの側の穀物関税の実施を求める主要な論拠の一つは、農業日雇い労働者たちの労賃をさらに引き下げることは肉体的に不可能である、ということであった。この状態は本質的には変化していないのであり、イギリスでも、すべてのヨーロッパ諸国と同じように、相変わらず標準的労賃の一部分が地代にはいり込んでいる。博愛主義者的貴族の一人シャーフツバリー伯爵――当時のアシュリー卿――が、イギリスの工場労働者たちの状態に異常に心を動かされ、一〇時間労働の運動のさいに議会における彼らの代弁者を気取ったとき、工業家の代弁者たちは、その仕返しに、彼の所領である諸村落の農業日雇い労働者たちの賃銀にかんする統計を公表したが（第一部、第二三章、第五節e、大ブリテンの農業プロレタリアートを見よ〔本訳書、第一巻、一一七七ページ、および一一七九ページの表参照〕）、この統計は、この博愛主義者の地代の一部分が強奪――彼の借地農場経営者たちが彼のために農業労働者たちの労賃から行なった強奪――のみから成り立つことを明白に示した。この公表が興味深いのは、また、それに含まれている諸事実が、一八一四年および一八一五年の委員会[*3]によって暴露された最悪の事実に優に匹敵しうるほどだからである。諸事情が農業日雇い労働者の労賃の一時的騰貴を余儀なくするたびに、借地農場経営者たちの叫び声が響きわたる――労賃をほかの産業諸部門で通用しているような標準的水準に引き上げることは不可能であり、地代の同時的な引き下げがなければそれは自分たちを破滅させるに違いない、と。つまり、この叫びには、地代という名のもとに借地農場経営者たちによって行われる労賃からの控除が土地所有者に支払われる、という告白が含まれている。たとえば一八四九年から一八五九年までに、イギリスでは、圧倒的力をもつ諸事情が合流した結果、農業労働者の労賃が騰貴した――たとえば、アイルランドからの大量の海外移住による農業労働者たちの

（642）
供給切断、製造工業による農業人口の異常な吸収、戦争のための兵士需要、オーストラリアと合衆国（カリフォルニア）への異常な移住、およびここで詳しく述べることはできない諸原因である。それと同時に、一八五四―一八五六年の不作を別とすれば、穀物の平均価格は、この期間中に一六％よりもさらに低下した。借地農場経営者たちは地代の引き下げを大声で要求した。個々には彼らが成功した場合もあった。平均してみれば、彼らはこの要求に失敗した。彼らは、とりわけ、蒸気機関および新機械類の大量採用による生産費の引き下げに救いの道を求めた。この機械類は、部分的には馬に取って代わってこれを経営から駆逐したが、部分的にはまた農業日雇い労働者たちを遊離させることによって、人為的な過剰人口を、したがってまた労賃の新たな低下を生じさせた。しかも、このことは、この一〇年間に総人口の増大に比べて農業人口の一般的な相対的減少があったにもかかわらず、また、二、三の純農業地方では農業人口の絶対的減少があったにもかかわらず、生じたのである（三三）。当時ケンブリッジの経済学教授であり、一八八四年に郵政長官として死去したフォーシット[*4]も、一八六五年一〇月一二日に社会科学大会[*5]で次のように語った――「農業日雇い労働者たちは移住しはじめた。そして借地農場経営者たちは、こう訴えはじめた。すなわち、この移住の結果労働が高価になっているから、われわれは、これまで支払ってきたような高い地代を支払うことはできないであろう、と」。したがってここでは、高い地代が低い労賃と直接に同一視されている。そして、土地価格の高さが、地代を増加させるこの事情に条件づけられている限りで、土地の価値の騰貴は労働の価値減少と同じことであり、土地価格の高水準は労働の価格の低水準と同じことである。

（三）　ジョン・C・モートン「農業で利用される諸力」〔『技能協会雑誌』、一八五九年一二月九日、第三六八号〕。これは、一八六〇年〔正しくは一八五九年一二月七日〕のロンドンの技能協会[*6]での報告であり、スコットランドの一二州とイングランドの三五州との約一〇〇人の借地農場経営者から収集された信頼できる文書を根拠としている〔マルクスは、実際には『エコノミスト』一八六〇年一月二一日号に掲載された論文「農業の進歩と賃銀」から引用している〕。

*1〔『わが王国の穀物法にかんする請願についての特別委員会報告書。付、証言記録および供述付録。ロンドン、一八一四年七月二六日、下院の命により印刷』、『穀物および穀物法についての諸報告書。すなわち、穀物の生育、取り引き、および消費の状態を調査するために任命された上院委員会の第一次および第二次報告書、ならびにいっさいの関係法律。……一八一四年一一月二三日、下院の命により印刷』。本訳書、第一巻、九六七ページ参照〕

*2〔本訳書、第一巻、一一七四―一一七五ページ参照〕

*3〔一八一四―一八一五年議会会期の「穀物の生育、取引、および消費の状態を調査するために任命された上院委員会」を指す。前出、訳注＊1参照〕

*4〔ヘンリー・フォーシットは、一八六三年秋からケンブリッジ大学経済学教授（終身）、一八八〇年以後、グラッドストン内閣の郵政長官（閣外）。「一八八四年に郵政長官として死去した」は、エンゲルスの追記〕

*5〔一八五七年に設立された「社会科学振興国民協会」の全国大会をさす。社会科学の発展と実用化との促進を目的とする博愛主義的ブルジョア啓蒙団体で、議員の加入者が多かった〕

*6〔一七五四年、ロンドンに設立された博愛主義的ブルジョア啓蒙団体。マルクスは、労働者と企業家の仲介役をつとめようとしたこの団体（「技能および商工業協会」Society of Arts and Trades）を「策略とぺて

んの協会」Society of Arts and Tricks と皮肉った〔邦訳『全集』第一〇巻、六五ページ参照〕〕

フランスについても同じことが言える。「借地料が騰貴するのは、一方でパンやワインや肉や野菜や果物の価格が騰貴し、他方で労働の価格が変わらないままだからである。高齢の人々が、その父たちの帳簿を対照してみるなら——それはわれわれを約一〇〇年も昔につれもどすであろう——、彼らは、当時の農村フランスにおける一労働日の価格がこんにちのそれとまったく同じであったことを見いだすであろう。肉の価格はその後三倍になった。……この変化の犠牲者はだれなのか？　それは借地の所有者である富者なのか、それとも借地を耕作する貧民なのか？……借地料の騰貴は公衆の不幸の証拠である」（『フランスおよびイギリスにおける社会機構について』、M・リュビション著、第二版、パリ、一八三七年、一〇一ページ）。

一方では平均利潤からの、他方では平均労賃からの、控除の結果である地代の諸実例——

土地の差配人で農業技師である、前に引用したモートン[*1]は言う。多くの地方で大規模借地の地代のほうが小規模借地の地代よりも低いことが指摘されてきたが、それは、「通例は、小規模借地を求める競争のほうが大規模借地を求める競争よりも大きいからであり、また、農業以外のなんらかの事業に身を投じる〔原文は「注意を向ける」〕ことのできる小借地農業者たちはほとんどいないので、もっと(643)適当な職業を見つける必要にせまられて、高すぎるとみずからわかっている地代をすすんで支払うことがしばしばだからである」[*2]（ジョン・L・モートン『地所《エステイト》の資源』、ロンドン、一八五八年、一一六ページ）。

＊1〔次の引用文の著者は、ジョン・ロッカート・モートンであり、前に引用されたモートンは、その息子、ジョン・チャーマズ・モートンである（二人ともイギリスの農学者）〕

＊2〔英語原文では「もっと適当な」以下は、「適当な職業につくことにたいする不安が、多くの場合、彼らの判断が認めるより多くの地代を彼らに支払わせるからである」となっている〕

けれども、この区別はイギリスではしだいになくなるはずであり、これには、彼の意見では、ほかならぬ小借地農業者階級のなかでの移住がおおいに関係している。同じモートンがあげている一例では、明らかに借地農業者自身の——したがって、より確実には、その使用する人々の——労賃からの控除が地代にはいり込んでいる。すなわち、七〇—八〇エーカー（三〇—三四ヘクタール）＊よりも小さな借地で二頭立ての犂《すき》をもつことのできない場合がそうである。「この借地農業者は、どんな労働者とも同じように勤勉に自分自身の手で働かなければ、自分の借地では生きていけない。作業の遂行を使用人たちにまかせて、監督だけしかしないとすれば、まずまちがいなく彼は、たちまち、自分の地代を支払えないようになるであろう」（同前、一一八ページ）。それゆえモートンは、もしこの地方の借地農業者たちがそれほど貧乏でないとすれば、借地の大きさは七〇エーカーよりも小さくはないはずであり、したがって、借地農場経営者は二頭ないし三頭の馬をもつことができる、と結論している〔一一九ページ〕。

＊〔一エーカーは約四〇四七平方メートル、一ヘクタールは一万平方メートルなので、正確には約二八—三二ヘクタールである〕

フランス		イギリス	
	(100万ポンド)		(100万ポンド)
ミルク	4	ミルク	16
牛　肉	16	牛　肉	20
労　働	8	労　働	—
〔生産高〕	28	〔生産高〕	36

フランス学士院および農業中央会の会員であるレオーンス・ド・ラヴェルニュ氏のなみはずれた見識のほど。彼は、その著『イングランド……の農村経済』(その英訳、ロンドン、一八五五年に従って引用)で、牛——牛はフランスでは労働するが、イギリスでは馬に取って代わられているので労働しない——から得られる年々の利益を上のように比較している(四二ページ〔フランス語版、四七ページ〕)。

ところで、上の表で、イギリスの生産高のほうが高くなっているのは、彼自身の言によれば、ミルクがイギリスではフランスよりも二倍高いからであり、他方で、彼は、牛肉は両国とも同じ価格であると仮定する*(三五ページ〔フランス語版、四〇ページ〕)。したがってイギリスのミルク生産高は八〇〇万ポンドに減らされ、総生産高はフランスと同じ二八〇〇万ポンドになるわけである。ラヴェルニュ氏が生産物総量と価格差とを同時にその計算にはいり込ませ、その結果、イギリスが特定品〔ミルク〕をフランスよりも高価に生産するとすれば、それはせいぜい借地農場経営者たちと土地所有者たちとの利潤がより大きいことを意味するにすぎないのに、これがイギリス農業の長所として現われるというのは、実のところ、少々ひどい話である。

＊〔ラヴェルニュによれば、イギリスのミルクは価格がフランスの二倍であるだけでなく、生産量もフランスの二倍になっている。そのため、表ではイギリスのミルク生産高はフランスの四倍になっている〕

（644）

ラヴェルニュ氏はイギリス農業の経済的諸結果を知っているばかりでなく、イギリスの借地農場経営者たちや土地所有者たちの偏見を信じてもいるのであり、このことを、彼は四八ページ〔フランス語版、五四ページ〕で証明している――「穀物作物には通例大きな不利益が結びついている。……穀物作物はそれを栽培する土地を消耗させる」と。ラヴェルニュ氏は、ほかの作物が土地を消耗させないと信じるだけではない。彼は、飼料作物や根菜類は土壌を肥沃にすると信じている――「飼料作物はその成長のおもな要素を大気中からとるのであって、そのさい土壌にたいし、それから取り上げるよりも多くのものを返す。こうして飼料作物は、直接にも、また動物の糞尿となることによっても、すなわち二重の仕方で、穀物作物やそのほかの地力を疲弊させる諸作物が引き起こした損害をつぐなうのに役立つ。だから、飼料作物を少なくともこれらの作物と交替させなければならないというのが原則である。ノーフォーク式輪作[*]とはこれである」（五〇、五一〔フランス語版、五七〕ページ）。

＊〔一八世紀にイングランド東部ノーフォーク州で普及した農法。小麦など穀物栽培のあいだにカブやクローバーを輪作することで家畜の飼料とし、その堆肥を含め地力を維持した〕

イギリスの農民の心情に沿ったこのおとぎ話[*1]を信じているラヴェルニュ氏が、さらに、穀物関税の廃止以来イギリスの農村日雇い労働者の賃銀は従来の異常性を失ったと信じていても、なにも不思議ではない。これについてわれわれが以前に第一部、第二三章、第五節、七〇一―七二九ページ〔本訳書、第一巻、一一七二―一二一四ページ〕で述べたところを参照せよ。しかし、なお、一八六五年一二月一三日[*2]にバーミンガムで行なったジョン・ブライト氏の演説も聞いてみよう。彼は議会にまったく代表されていない五〇〇万家族のことを語ったのち、続けて言う――「連合王国では、これらの家族のうち一〇〇万が、というよりはむしろ一〇〇万以上が、不幸な受救貧民の名簿に載せられている。もう一〇〇万は、かろうじて受救貧民的貧困よりは上のところにいるが、つねに受救貧民となる危険に瀕している。彼らの状態や彼らの前途は、受救貧民よりもめぐまれているわけではない。さて、一度、社会のこの部分の無学な下層のことを考えてみたまえ。彼らのおちぶれた状態、彼らの貧困、彼らの苦悩、彼らのまったく絶望的な状態を考えてみたまえ。合衆国においてさえ、奴隷制が支配していたころの南部諸州においてさえ、どの黒人も、いつかヨベルの年[*3]〔原文は「ヨベルの日」〕が来ると信じていた。しかし、これらの人々にとっては、わが国におけるこの最下層の大衆にとっては――私はこのことについて発言するためにここに来ているのであるが――なんらかの改善にたいする信念も、改善を求める熱望さえも、ない。諸君は先ごろ新聞で、ドーシットシャー〔イングランド南部の州〕の農業日雇い労働者ジョン・クロスにかんする記事を読まれたか？　彼は一週間に六日労働し、その雇い主から優秀人物証明書をもらっていた。この雇い主のために彼は二四年間、週賃銀八シリングで労働してきたのである。ジョン・クロスはこの賃銀で、七人の子供からなる家族を自分の小屋で養わなければならなかった。病妻と乳呑児とに暖を与えるために、彼は――法律的に言えば盗んだのだと思うが――六ペンスの価値をもつ木の枝で編んだ柵を取った。この犯行のために、彼は治安判事によって一

(645)

四日または二〇日の拘禁刑の判決を言い渡された。〔……〕私は諸君に向かってこう言うことができる。すなわち、ジョン・クロスの場合のような事例は、全国で、ことに南部で、何千となく見いだせるのであり、また彼らの状態は、もっとも誠実な〔原文は「熱心な」〕研究者でさえ、彼らがどうやって肉体と精魂を維持しているのかという秘密をこれまで解くことができなかったほどのものである、と。さて諸君は、全国に目を向けて、この五〇〇万家族と、そのうちのこうした層の絶望状態とを見つめてみたまえ。選挙権から閉め出された国民大衆は、苦役を重ね、ほとんど休むことも知らないと実際言えるのではないだろうか？　彼らと支配階級とを比較してみたまえ——もっとも、私がそんなことをすれば、私は共産主義だと非難されるであろう。……しかし、この苦役している、選挙権をもたない多数の国民と、支配階級とみなされうる部分とを比較してみたまえ。彼らの富を、彼らの豪奢を、彼らの奢侈《しゃし》を見てみたまえ。彼らの無気力——彼らのあいだにも無気力はあるが、それは飽満からくる無気力である——を見てみたまえ、また彼らが、新しい楽しみの発見だけがかんじんなことであるかのようにあちこちと飛び回っているさまを見てみたまえ」（『モーニング・スター』、一八六五年一二月一四日付）[*4]。

＊1〔豆類などを栽培すると、根瘤バクテリアの活動により空中から窒素が摂取されて地味が肥沃になるが、根瘤バクテリアの発見は、マルクスの死後、一八八八年のことであった〕

＊2〔初版では「一二月一四日」となっていた。ヴェルケ版で訂正〕

＊3〔「ヨベルの年」は、旧約聖書、レビ記、二五・一〇以下の「五〇年目の自由と安息の年」にちなむ。「ヨ

ベルの日」はその言い換え〕

＊4〔初版および草稿では「一二月一五日付」となっていた。カウツキー版で訂正〕

以下においては、剰余労働したがってまた剰余生産物一般が、地代――この、剰余生産物のうち少なくとも資本主義的生産様式の基盤の上では量的および質的に独自に規定される部分――と、どのように混同されるかが、示される。剰余労働一般の自然発生的な土台、すなわち、それを満たさなければ剰余労働が可能とならない自然条件は、ある労働時間を使用すれば、自然が――土地の生産物である植物性または動物性生産物においてであれ、漁業〔産物〕などにおいてであれ――必要生活維持手段を与えてくれて、その労働時間が労働日の全部をのみ尽くしはしないということである。農業労働（ここでは簡単にするために、採集・狩猟・漁労・畜産労働を含む）のこの自然発生的生産性は、すべての剰余労働の土台である。すべての労働は、なによりもまず、またもともと食糧の取得および生産に向けられるからである。（寒冷地では動物は同時にまた保温用の毛皮を与える。ほかに洞穴の住居など。）

剰余生産物と地代とのあいだのこの同じ混同が、ダヴ氏の場合には別の形で表現されている。[*1]もともとは、農耕労働と工業労働とは分離されておらず、後者は前者に付属している。農耕を営む部族、世帯共同体、または家族[*2]の剰余労働および剰余生産物は、農業労働も工業労働も含んでいる。両者は手をたずさえて進む。狩猟・漁労・農耕は、それに適した用具なしには不可能である。機織りや糸績ぎなどは、最初には農業の副業として営まれる。

＊1〔P・E・ダヴ『政治学原理』、エディンバラ、ロンドン、一八五四年、二六四、二七三ページ〕
＊2〔草稿では、「農耕を営む部族、世帯共同体、または家族」は「農業家族、部族、共同体など」となっている〕

(646)
先に明らかにしたことであるが、個々の労働者の労働が必要労働と剰余労働とに分かれるのと同じように、労働者階級の総労働を次のように分割することができる――労働者階級のための総生活諸手段（それに必要な生産諸手段を含む）を生産する部分は、社会全体のための必要労働を行なう。労働者階級の残りの部分全体によって行なわれる労働は、剰余労働とみなすことができる。しかし必要労働は、決して農業労働だけを含んでいるのではなく、労働者の平均的消費に必ずはいり込むその他のいっさいの生産物を生産する労働をも含む。また社会的に言えば、一方の者たちが必要労働だけを行なうのは、他方の者たちが剰余労働だけを行なうからであり、また、一方の者たちが剰余労働だけを行なうのは、他方の者たちが必要労働だけを行なうからである。これは彼らのあいだの分業にすぎない。農業労働者たちと工業労働者たちとのあいだの分業一般についても事情は同じである。一方の側の労働の純工業的性格には、他方の側の労働の純農業的性格が照応する。この純農業的労働は決して自然発生的なものではなく、それ自身、社会的発展の産物であり、しかも非常に近代的な、どこでも達成されているわけでは決してない産物であって、まったく特定の一生産段階に照応するものである。農業労働の一部分は、奢侈にしか用いられないか、そうでなければ工業用原料にはなるが決して食糧にはいっていかない、まして大衆の食糧にはいっていかない諸生産物に対象化されるが、それと同様に他方では、工業労働の一部分は、農業労働者たちの必要消費諸手段にも非農業労働者たちの必要消費諸手段にも用いられる諸生産物に対象化される。この工業労働を――社会的立場から――剰余労働と解するのは誤りである。それの一部分は、農業労働の必要部分と同じく必要労働である。それはまた、以前には農業労働と自然発生的に結びついていた工業労働の一部分が自立化した形態であり、いまでは工業労働から分離された純粋な農業労働の不可欠な相互補完物であるにすぎない。〔純粋に物質的に見れば、たとえば五〇〇人の機械織布工は、はるかに多くの剰余織物を生産する。すなわち彼ら自身の衣服に必要であるよりも多くの織物を生産する。〕

最後に、[*]地代の現象諸形態、すなわち、土地の利用――生産的目的での利用であれ、消費的目的での利用であれ――にたいして地代という名称で地主に支払われる借地料を考察するさいには、土地のような、それ自体としてはなにも価値をもたない物、すなわち労働の生産物ではない物の価格、または、骨董品、特定の巨匠の芸術品などのような、少なくとも労働によっては再生産されえない物の価格は、非常に偶然的な〔事情の〕組み合わせによって規定されうるということを忘れてはならない。ある物を売るためには、それが独占可能であり、また譲渡可能であるということ以外には、なにも必要ではない。

＊〔草稿では、このパラグラフ全体が、本訳書、第三巻、一一三八ページの「土地価格の高水準は労働の価格の低水準と同じことである」で終わるパラグラフの次に書かれていた。エンゲルスによってここに移されたさい、「さらに」とあったものが「最後に」と変更された〕

————————*

＊〔草稿にはこの区分線はない〕

（647）

地代を取り扱うさいに避けるべき、そしてその分析をくもらせる、主要な誤りは、次の三つである。

（一）社会的生産過程のそれぞれ異なる発展段階に照応する、さまざまな地代形態を混同すること。

地代の特殊な形態がどのようなものであれ、すべての型の地代に共通するのは、地代の取得は土地所有が実現される経済的形態であるということ、および、地代は地代で土地所有、すなわち地球の一定部分にたいする特定の個人の所有を前提するということである。この場合、その所有者がアジアやエジプトなどでのように共同体を代表する個人であるか、あるいは、この土地所有が奴隷制度または農奴制度の場合のように、直接的生産者である個人にたいする特定の諸個人の所有の単なる偶有的属性であるか、あるいは、自然にたいする非生産者の純粋な私的所有、土地にたいする単なる所有権原であるか、あるいは最後に、植民地移住者たちや小農民的土地占有者たちの場合のように、孤立していて社会的に未発展な労働のもとで、直接的生産者たちによる一定諸地片の諸生産物の取得および生産に直接含まれているように見える、土地にたいする一関係であるかはどうでもよい。

さまざまな地代諸形態のこの共通性——地代は、土地所有の、すなわち、さまざまな個人がそれにもとづいて地球の一定部分を排他的に占有する法的擬制の経済的実現であるということ——は、もろもろの区別を見逃させる。

（一二）すべての地代は剰余価値であり、剰余労働の生産物である。[*1] 地代は、現物地代というその未発展な形態ではまだ直接に剰余生産物である。この点から次のような誤りが生じる。すなわち、資本主義的生産様式に照応する地代――これはつねに、利潤を超える超過分、すなわち商品の価値のうちそれ自体が剰余価値（剰余労働）から成り立つ部分を超える超過分である――、すなわち、剰余価値のこの特殊で独特な構成部分は、剰余価値および利潤一般[*2]の一般的存在諸条件を説明することによって説明されるとする誤りである。この諸条件とは、次のようなものである。すなわち、直接的生産者たちが彼ら自身の労働力の再生産、つまり彼ら自身の再生産に必要な時間を超えて労働しなければならないということである。彼らは剰余労働一般を行なわなければならない。これは主観的条件である。それにたいして、客観的条件は、彼らがまた剰余労働を行ないうるということ――すなわち、生産者としての彼らの再生産および自己維持には、彼らの自由に利用できる労働時間の一部分だけで十分であるような、彼らの必要生活諸手段の生産だけで彼らの全労働力が消費されないような自然諸条件が
（648）存在するということである。ここでは、自然の豊度が一つの限界、一つの出発点、一つの土台[*3]をなす。他方では、彼らの労働の社会的生産力の発展が、もう一つの限界、出発点、土台をなす。もっと立ち入って考察すれば、食糧の生産は彼らの生活の、およびあらゆる生産一般のまず第一の条件なのだから、この生産に費やされる労働、したがって、もっとも広い経済学的意味での農業労働は、自由に利用できる労働時間の全部が直接的生産者たちのための食糧の生産に吸収されないように、すなわち、農業の剰余労働、したがって農業の剰余生産物が可能であるように、十分に多産的でなければならな

い。さらに展開すれば、社会の一部分による農業総労働——必要労働および剰余労働——が、社会全体のための、したがってまた非農業労働者たちのための必要食糧を生産するのに十分であるということ、したがって、農耕者たちと工業者たちとのこの大分業が可能であり、また、農耕者たちのうち食糧を生産する者たちと原料を生産する者たちとの分業も可能であるということである。直接的な食糧生産者たちの労働は彼ら自身にとっては必要労働と剰余労働とに分かれるとはいえ、この労働は、社会との関連で見れば、食糧の生産だけに必要とされる必要労働を表わす。さらに、これと同じことが、個々の作業場内の分業とは区別される社会全体の内部ですべての分業においても生じる。それは、特殊な物品を生産するために——特殊な物品にたいする社会の特殊な欲求を満足させるために必要な労働である。この配分が比例を保っていれば、異なるグループの生産物がそれらの価値どおりに（さらに展開した場合には、それらの生産価格で）、あるいはまたこれらの価値もしくは生産価格の、一般的諸法則によって規定される修正であるところの価格で、販売される。[*4]これこそが、実は、個々の諸商品または諸物品にかんしてではなく、分業によって自立した特殊な社会的生産諸部面のそのときどきの総生産物にかんしてはっきり現われる価値の法則である。こうして、単に個々の商品についてのみ必要な労働時間だけが費やされているのではなく、社会的総労働時間のうち必要な比例的分量だけがさまざまなグループに費やされているのである。というのは、依然として使用価値が条件だからである。しかし使用価値は、個々の商品の場合には、その商品がそれ自体としてある欲求を満たすかどうかにかかっているとすれば、社会的生産物総量の場合には、その生産物総量がそれぞれの特殊な種

(649)
類の生産物にたいする量的に規定された社会的欲求に適合しているかどうか、したがって、労働がこれら量的に限定されている社会的欲求に比例して、さまざまな生産諸部面に比例的に配分されているかどうかにかかっている。（この点は、さまざまな生産諸部面への資本の配分のさいに論じるべきである。）社会的欲求、すなわち社会的規模での使用価値は、ここでは、社会的総労働時間のうちさまざまな特殊な生産諸部面に帰属する割り当て分を規定するものとして現われる。しかしこれは、すでに個々の商品の場合に現われるのと同じ法則にほかならない。すなわち、個々の商品の使用価値はその商品の交換価値の、したがって商品の価値の前提であるということである。この点が必要労働と剰余労働との関係にかかわるのは、この〔右の〕比例が破れると、商品の価値が、したがってまた、その価値に潜んでいる剰余価値が実現されることができないという限りにおいてのみである。たとえば、比例から見て多すぎる綿織物が生産されているとしよう――といっても、この織物の総生産物の中には、与えられた諸条件のもとで、その生産のために必要な労働時間だけが実現されているとする。ところが、そもそも、この特殊な部門では多すぎる社会的労働が支出されているのである。すなわち、生産物の一部分は無用である。だから、その全体は、あたかもそれが必要な比例で生産されたかのようにしか売れないのである。社会的労働時間のうち異なる特殊な生産諸部面に費やされうる割り当て分のこの量的制限は、価値法則一般のいっそう展開された表現にほかならない――ただし、必要労働時間はこの場合には別の意味を含んでいるのであるが。それは、社会的欲求を満たすには社会的労働時間のうちただこれこれの時間が必要であるということである。この場合、制限は、使用価値によって生じる。社会は、与えられた生産諸条件のもとでは、その総労働時間のうちただこれこれの時間をこの個々の生産物種類に費やすことができるだけである。しかし、剰余労働および剰余価値一般の主観的および客観的諸条件は、利潤とか地代とかいった特定の形態とはなんのかかわりもない。これらの諸条件は、剰余価値がどのような特殊な形態をとろうとも、剰余価値そのものに妥当する。だから、これらの諸条件は地代を説明するものではないのである。

＊1〔草稿では、「剰余労働の生産物である」は「剰余労働である」となっている〕
＊2〔草稿では「利潤一般」は「超過利潤一般」となっている〕
＊3〔草稿では、「一つの限界」以下は「一つの限界、あるいは土台（出発点）」となっている〕
＊4〔草稿では、「（さらに展開した場合には」以下は「（のちには生産価格で）販売される、あるいは一般的諸法則によって規定される価値の修正」となっている。このことから考えると、本文は、「あるいはまたこれらの価値の、一般的法則によって規定される修正であるところの価格もしくは生産価格で、販売される」であるべきものと思われる〕

（三）まさに土地所有の経済的利用では、つまり地代の発展では、地代の額は、決してその受領者の関与によっては規定されず、受領者の参加しない社会的労働の、彼の関与とはかかわりのない発展によって規定される、ということがとりわけ独自なこととして立ち現われる。それだから、商品生産の基盤の上で、より厳密に言えば、その全範囲にわたって商品生産である資本主義的生産の基盤の上で、全生産部門およびその全生産物に共通なことが、ややもすれば、地代（また農業生産物一般）の

（650）

独自性と解されがちである。

地代の高さ[*1]（また、それとともに土地の価値）は、社会的発展が進むにつれて、社会的総労働の結果として発展する。それにつれて、一方では、土地諸生産物にたいする市場および需要が増大し、他方では直接に、非農業部門をも含めてありとあらゆる事業部門にとって競合しあう生産条件である、土地そのものへの需要が増大する。詳しく言えば、地代、それとともに土地の価値は、本来の農耕地代だけについて述べれば[*2]、土地生産物の市場とともに、したがってまた非農業人口の増大とともに——一部は食糧にたいする、一部は原料にたいする彼らの欲求および彼らの需要とともに——発展する。資本主義的生産様式が農耕人口を非農耕人口に比べて絶えず減少させるということは、資本主義的生産様式の本性に根ざすことである。なぜなら、工業（狭義の Industrie〔広義の「産業」にたいする〕）においては、可変資本に比べての不変資本の増大は、可変資本の——相対的には減少するとはいえ——絶対的増大と結びついているからである。これにたいして、農業においては、一定の地片を利用するために必要な可変資本は絶対的に減少するのであり、したがって可変資本は、新たな土地が耕作される限りでのみ増大しうるのであるが、このことがまた、非農業人口のさらに大きな増大を前提するのである。

＊1〔草稿では「高さ」は「価値」となっている〕
＊2〔初版では「農耕収穫」となっていた。草稿により訂正。カウツキー版以後各版でも訂正〕

事実、ここでは、農耕およびその諸生産物に固有な現象は存在しない。むしろ、商品生産およびその完全な形態である資本主義的生産の基盤の上では、他のすべての生産部門および生産物についても同じことが言える。

これらの生産物が諸商品、すなわち、交換価値をもち、しかも実現可能で、貨幣に転化可能な交換価値をもつ諸使用価値であるのは、ほかの諸商品がこれらの生産物の等価物となっており、これらの生産物にたいしてほかの諸生産物が商品として、価値として相対している、その限りにおいてのみである。言い換えれば、これらの生産物がその生産者たち自身の直接的な生活維持諸手段として生産されるのではなく、諸商品として、交換価値（貨幣）に転化され譲渡されることによってのみ使用価値となる諸生産物として生産される、その限りにおいてである。これらの商品のための市場は、社会的分業によって発展する。生産的諸労働の分割は、これらの労働のそれぞれの生産物を相互に諸商品に、互いにとっての等価物に転化させ、それらを相互に市場として役立たせる。これは決して、農業諸生産物に独自なことではない。

(651) 地代は、商品生産の、より厳密に言えば資本主義的生産の基盤の上でのみ、貨幣地代として発展しうるのであり、貨幣地代は、農業生産が商品生産となるのと同じ程度で、したがって、非農業生産が農業生産にたいして自立して発展するのと同じ程度で発展する。というのは、それと同じ程度で農耕生産物が商品となり、交換価値となり、価値となるからである。資本主義的生産とともに商品生産が発展し、したがって価値の生産が発展するのと同じ程度で、剰余価値および剰余生産物の生産が発展する。しかし、後者〔剰余価値および剰余生産物の生産〕が発展するのと同じ程度で、土地所有の能力、すなわち土地にたいする自己の独占を媒介としてこの剰余価値のますます増大する部分を横取りする能力、したがって自己の地代の価値および土地そのものの価格を高める能力が発展する。この剰余価値および剰余生産物の発展においては、やはり資本家が自発的な機能者である。土地所有者は、彼の関与なしにあのように増大する剰余生産物および剰余価値の分け前を横取りするだけでよい。これは土地所有者の地位の独自性である。しかし、土地諸生産物の価値、したがって土地の価値は、つねに、それらのための市場が拡大し、需要が増加し、それとともに土地生産物に対峙する商品世界が拡大するのと同じ程度で増大する、すなわち言い換えれば、非農業的商品生産者の総数と非農業的商品生産の総量が増加するのと同じ程度で増大するということは、土地所有者の地位の独自性ではない。しかし、このことは土地所有者の関与なしに起こるから、価値の総量、剰余価値の総量、およびこの剰余価値の一部分の地代への転化は、社会的生産過程に依存し、商品生産一般の発展に依存するということが、土地所有者の場合には、なにか特殊なこととして現われる。だから、たとえばダヴは、この点から地代を展開しようとする。彼は言う――地代は農業生産物の総量には依存せず、価値に依存するが、しかしこの価値は、非農業人口の総数とその生産性とに依存する、と。[*1] しかし、これはほかのどの生産物にもあてはまるのであって、生産物は、その等価物をなす他の商品系列の、一部は総量とともに、一部は多様性とともにのみ、商品として発展する。このことはすでに価値の一般的叙述のところで明らかにされた。[*2] 一方で、一生産物の交換能力は、一般に、その生産物の外に存在する諸商品の多様性に依存する。他方で、その生産物自身が商品として生産されうる総量は、とくにこの多様性に依存する。

＊1〔ダヴ『政治学原理』、エディンバラ、ロンドン、一八五四年、二七九ページ〕

＊2〔『経済学批判』、邦訳『全集』第一三巻、二三―二四ページ。本訳書、第一巻、一五八―一五九ページ参照〕

どの生産者も、工業者であれ、農耕者であれ、切り離して考察すれば、価値または商品を生産することはない。彼の生産物は、一定の社会的連関においてのみ、価値となり、商品となる。第一に、そうなるのは、彼の生産物が社会的労働を表現するものとして現われ、したがって、彼自身の労働時間が社会的労働時間一般の部分として現われる限りにおいてである。第二に、彼の労働のこの社会的性(652)格は、彼の生産物に刻印された社会的性格として、その生産物の貨幣性格のうちに、また価格によって規定されたその生産物の一般的な交換可能性のうちに、現われる。

したがって、一方で、地代を説明する代わりに、剰余価値が、または、さらにいっそう狭いとらえ方で剰余生産物一般が説明されるとすれば、このとき、他方で、商品および価値としてあらゆる生産物に帰属する性格をもっぱら農耕諸生産物に帰属させる誤りがおかされる。＊こうしたことは、価値の一般的規定から一定の商品価値の実現にさかのぼる場合には、さらにいっそう浅薄化される。どの商品も流通過程でのみその価値を実現できるのであり、商品がその価値を実現するかしないか、またどの程度まで実現するかは、そのときどきの市場の諸条件に左右される。

＊〔草稿では「誤りがおかされる」は「〝取り違え〟が行なわれる」となっている〕

したがって、農業生産物が価値に発展し、また価値として発展するということ、すなわち、農業生産物が商品として他の諸商品に相対し、また非農業生産物が商品として農業生産物に相対するということ、または、農業生産物が社会的労働の特殊な表現として発展するということは、地代の独自性ではない。その独自性は、農業生産物が価値（商品）として発展する諸条件とともに、また農業生産物の価値が実現される諸条件とともに、土地所有の権能、すなわち、土地所有の関与なしに創造されるこれらの価値のますます増大する部分を取得する権能もまた発展し、剰余価値のうちますます増大する部分が地代に転化するということである。*

＊〔草稿では、このあとに「C）絶対地代」（第四五―四七章に相当）が続いている〕

（653）

第三八章　差額地代。概説*

＊〔現行版では、第三八章―第四四章が差額地代の考察にあてられているが、草稿では、章の区分はなく、全体の表題として「2)　差額地代」と書かれている。各章の区分と表題はエンゲルスによる。そのさい、マルクスが書きつけた第六篇の諸項目の順序のプラン（本訳書、第三巻、一二九八ページ）の名称が利用されたものもある〕

地代の分析にさいして、われわれはまず第一に、次の前提から出発しよう。それは、このような地代を支払う諸生産物、すなわちそれに含まれる剰余価値の一部分したがってまた総価格の一部分が地代に分解する諸生産物――われわれの目的のためには農耕諸生産物または鉱業諸生産物を考慮すれば足りる――が、したがって土地諸生産物または鉱業諸生産物が、他のすべての商品と同じように、それらの生産価格で販売される、ということである。すなわち、これらの生産物の販売価格は、その費用諸要素（消費された不変資本および可変資本の価値）に、一般的利潤率によって規定され、前貸しされた総資本――消費された資本、およびまだ消費されていない資本――について計算される、ある利潤を加えたものに等しい。すなわち、われわれは、これらの生産物の平均的な販売価格がその生産価格に等しいと仮定する。そこで、この前提のもとで、どのようにして、地代というものが発生しうるか、すなわち利潤の一部分が地代に転化しうるか、したがって商品価格の一部分が土地所有者のものになりうるか、ということが問題となる。

地代というこの形態の一般的性格を明らかにするために、われわれは、ある国の工場の圧倒的多数は蒸気機関によって動かされているが、ある少数のものは自然の落流によって動かされているものと想定する。この産業部門では、生産価格は、一〇〇の資本が消費されているある量の商品について一一五であると想定しよう。この一五％の利潤は、消費された資本一〇〇についてだけ計算されるのではなく、この商品価値の生産に使用されている総資本について計算されている。この生産価格は[*1]、前に説明されたように[*2]、生産に従事する産業家各個人の個別的費用価格によって規定されるのではなく、その生産部面全体における資本の平均的諸条件[*3]のもとでその商品に平均的に費やされる費用価格によって規定されている[*4]。これは実際には市場生産価格、すなわち市場価格の諸変動と区別される平均的市場価格である。(654) 商品の価値の本性は、この価値が、一定分量の商品または個々の商品を生産するために、個別的に、一定の個々の生産者にとって必要な労働時間によって規定されるのではなく、社会的に必要な労働時間によって、すなわち、市場に出ている商品諸種類の社会的に必要な総分量を生産するために、与えられた平均的な社会的生産諸条件のもとで必要とされる労働時間によって規定されているということにあるが、価値のこの本性が現われるのは、一般に市場価格の姿態においてであり、詳しく言えば規制的な市場価格または市場生産価格の姿態においてである。

＊1〔初版では「生産過程」となっていた。草稿により訂正。カウツキー版以後各版でも訂正〕

＊2〔本訳書、第三巻、二六八―二九六ページ参照〕

*3〔草稿では「生産に従事する産業家」は「生産者（工場主）」となっている〕
*4〔草稿では「その商品に」は「一定量の商品を市場に出すために」となっている〕

特定の数量関係はここではまったくどうでもよいことであるから、われわれはさらに、水力によって動かされる諸工場での費用価格が一〇〇ではなく九〇にしかならないと仮定しよう。この商品の総量の市場規制的生産価格は、一五％の利潤を含めて一一五であるから、自分の機械を水力で動かす工場主たちも、やはり一一五で、すなわち市場価格を規制する平均価格で、売るであろう。したがって、彼らの利潤は一五ではなく二五となるであろう。規制的生産価格は彼らに一〇％*の超過利潤をあげることを許すであろうが、それは、彼らがその商品を生産価格以上に売るからではなく、生産価格どおりに売るからであり、彼らの諸商品が生産され、または彼らの資本が機能するのが例外的に有利な諸条件、すなわち、この部面で支配的な諸条件の平均水準を超える諸条件のもとでのことだからである。

*〔後述のように、水力によって動かされる工場の場合、費用価格は九〇であるから、一五％の平均利潤を含む個別的生産価格は一〇三・五になる。それが一一五で売れるのだから、一五％の平均利潤（一三・五）のほか、一一・五の超過利潤を得ることになる。これは、費用価格九〇にたいして一二$\frac{7}{9}$％にあたる〕

二通りのことが、ただちに明らかになる——

第一に——自然の落流を動力として使用する生産者たちの超過利潤は、さしあたり、流通過程における諸取り引きの、すなわち市場価格の偶然的変動の、偶然的結果ではないすべての超過利潤（このカテゴリーはすでに生産価格の叙述のところで展開した*1）と同じ事情にある。したがって、この超過

（655）

利潤もまた、このめぐまれた生産者たちの個別的生産価格と、この生産部面全体の一般的社会的な、市場規制的な生産価格との差額に等しい。この差額は、商品の個別的生産価格を超えるその一般的生産価格の超過分に等しい。この超過分を規制する二つの限界は、一方は個別的費用価格したがって個別的生産価格であり、他方は一般的生産価格である。落流を用いて生産される商品の価値は、より小さい。なぜなら、その生産のために必要とされる労働総分量がより少ないからである。すなわち、対象化された形態で、不変資本の部分としてはいり込む労働がより少ないからである。ここで使用される労働は、同種類の多数の工場で使用される労働よりも、さらに生産的であり、その個別的な生産力はより大きい。労働の生産力がより大きいということは、同じ総量の商品を生産するのに必要な不変資本の分量、対象化された労働の分量が、他の労働よりも少ないという点に現われる。そのほかに、水車は加熱される必要がないから、より少ない分量の生きた労働しか必要としないということもくわわる[*2]。使用される労働の個別的な生産力がこのようにより大きいことは、商品の価値を減少させるが、しかしまた、商品の費用価格、したがって生産価格をも低下させる。産業家にとって、このことは、商品の費用価格が彼にとってはより低いというふうに現われる。彼が支払わなければならないのは、より少ない対象化された労働であり、また、使用されたより少ない生きた労働力にたいするより少ない労賃である。彼の商品の費用価格がより低いのだから、彼の個別的生産価格もより低い。彼にとっては、費用価格は、一〇〇でなく九〇である。したがって彼の個別的生産価格も、一一五でなく一〇三½にすぎないであろう（$100:115=90:103\frac{1}{2}$）。彼の個別的生産価格と一般的生産価格との差額は、彼の個別的費用価格と一般的費用価格との差額によって限界を画されている。一方〔個別的生産価格〕は、彼の超過利潤にとっての諸限界を形成する大きさの一つである。もう一方は、一般的生産価格の大きさであり、これには一般的利潤率が規制的な諸要因の一つとしてはいり込む。石炭が安くなれば、彼の個別的費用価格と一般的費用価格との差額が減少し、したがって、彼の超過利潤は減少するであろう。彼が商品を、その個別的価値どおりに、または、その個別的価値によって規定される生産価格で売らなければならないとすれば、差額はなくなるであろう。この差額は、一方では、商品がその一般的市場価格で、すなわち個別的諸価格が競争によって均等化される価格で販売されるということの結果であり、他方では、彼によって運動させられる労働のより大きな個別的生産力が労働者たちの利益とならないで、労働のあらゆる生産力と同じようにその使用者の利益となるということ、その生産力が資本の生産力として現われるということ、の結果である。

＊1〔本訳書、第三巻、三〇六―三〇九ページ参照〕

＊2〔この一文は草稿にはない〕

＊3〔初版では「彼の超過生産物」となっていた。草稿により訂正。アドラツキー版、ヴェルケ版でも訂正されている〕

(656)
この超過利潤の一方の限度は、一般的利潤率の高さを要因の一つとする一般的生産価格の高さであるから、この超過利潤は、一般的生産価格と個別的生産価格との差額からのみ、したがって個別的利潤率と一般的利潤率との差額からのみ発生しうる。この差額を超える超過分は、生産物が、市場によって規制される生産価格どおりで販売されるのではなく、それを超えて販売されることを想定している。

第二に——これまでのところでは、蒸気の代わりに自然の落流を動力として使用する工場主の超過利潤が、他のすべての超過利潤とまったく区別されていない。正常な超過利潤、すなわち、偶然的な販売取引または市場価格の諸変動によってもたらされるのでない超過利潤はすべて、この特殊な資本の諸商品の個別的生産価格と、一般的生産価格——すなわち、この生産部面一般の資本の諸商品の市場価格、またはこの生産部面で投下された総資本の諸商品の市場価格を規制する一般的生産価格——との差額によって規定されている。

しかし、いまや区別が現われる。

ここに取り上げている事例で、工場主が、彼の超過利潤、すなわち、*一般的利潤率によって規制される生産価格が彼個人にもたらす超過分を手に入れるのは、どんな事情のおかげなのか？

＊〔草稿では、このあとに「彼の個別的利潤率と一般的利潤率との差額」と書かれている〕

まず第一に、自然力、すなわち落流という動力のおかげであるが、この落流は自然に存在するのであって、水を蒸気に転化させる石炭——それ自身労働の生産物であり、したがって価値をもち、等価物によって支払われなければならない石炭——とは違って、費用はかからない。それは生産の自然的な作用因子であり、その生成にはなにも労働ははいり込まない。

しかし、それがすべてではない。蒸気機関を用いて仕事をする工場主も、もろもろの自然力を使用するのであり、これらの自然力は彼にとってはなんの費用もかからず、しかし労働をいっそう生産的にするのであり、また、それによって、労働者たちに必要な生活諸手段の生産をいっそう低廉にする限りでは、剰余価値を、したがって利潤を増加させる。だから、これらの自然力は、協業や分業などから生じる労働のもろもろの社会的自然力とまったく同じように、資本によって独占される。工場主は、石炭には支払うが、しかし、水がその凝集状態を変えて蒸気になる能力や蒸気の弾性〔膨脹力〕などには支払わない。もろもろの自然力――すなわち、それらによってもたらされる労働力の増大*――のこの独占化は、蒸気機関を用いて仕事をするすべての資本に共通である。この独占化は、労働生産物のうち、剰余価値を表わす部分を、労賃に転化する部分に比べて増加させるかもしれない。そのような働きをする限りで、この独占化は一般的利潤率を高めるが、しかしそれは、平均利潤を超える個別的利潤の超過分にほかならない超過利潤を創造しはしない。したがって、落流という自然力の使用がこの場合に超過利潤を創造するということは、労働の生産力の増大がこの場合には自然力の使用のおかげであるという事実だけから生じうるものではない。それには修正を加える他の諸事情がはいり込まなければならない。

＊〔草稿では「それらによって高められた、自然諸力を通じた労働力」となっている〕

(657)　逆に、産業で単に自然諸力を使用するだけでも、一般的利潤率の高さに影響を与えるかもしれない。なぜなら、この使用が、必要生活諸手段の生産に必要な労働の総量に影響を与えるかもしれないからである。しかしそれは、それ自体としては、一般利潤率からの背離を生み出すものではなく、そしてここで問題なのは、まさにそのような背離である。さらに、[*]普通、個別資本がある特殊な生産部面のなかで実現する超過利潤は――というのは、特殊な生産諸部面間の利潤率の諸背離は絶えず平均利潤率に均等化されるからである――、単に偶然的な諸背離を度外視すれば、費用価格すなわち生産費の減少から発生するのであり、この減少は、次の事情のどちらかのおかげである。すなわち、資本が平均よりも多量に使用され、したがって、生産の〝空費〟が減少するとともに、労働の生産力増大の一般的な諸原因（協業、分業など）が、より大きな労働場面において、程度を高め強度を増して作用しうるという事情のおかげであるか、そうでなければ、機能資本の大きさを別として、よりすぐれた労働諸方法、新たな諸発明、改良された諸機械、もろもろの化学的な工場秘密など、要するに、新たな、改良された、平均水準を超える生産諸手段および生産諸方法が使用されるという事情のおかげである。費用価格の減少と、そのことから生じる超過利潤とは、この場合には、機能資本が投下される仕方から発生する。それらは、機能資本が例外的に大量に一人の手に集中されていることから発生するか、そうではなく、一定の大きさの資本がとくに生産的な様式で機能することから発生するか、いずれかであるが、前者の事情は、同じ大きさの資本量が平均的に使用されるようになるとすぐに解消され、後者の事情は、その例外的な生産様式が一般化されるか、もしくは、さらにいっそう発達した生産様式によって追い越されるようになるとすぐに存在しなくなる。

＊〔草稿では、ここで改行されている〕

したがって超過利潤の原因は、この場合には、資本そのもの（資本によって運動させられる労働も含めて）から――使用される資本の大きさの相違からであれ、資本のより合目的的な使用からであれ――生じるのであって、それ自体としては、同じ生産部面のすべての資本が同じ様式で投下されることをさまたげるものはなにもない。反対に、諸資本間の競争は、これらの相違をますます均等化しようとする。社会的に必要な労働時間による価値の規定は、商品の低廉化と、同じ有利な諸関係のもとで商品を生産することの強制とのなかで貫徹される。[*1]ところが、落流を使用する工場主の超過利潤の(658)場合には事情は異なる。彼によって使用される労働の生産力の増大は、資本および労働そのものから発生するのでもなければ、また、資本および労働とは別ものではあるが資本に合体された自然力の単なる使用から発生するのでもない。それは、自然力の利用と結びついた、より大きな、自然発生的な労働の生産力から発生する。ただし、ここに言う自然力とは、たとえば蒸気の弾性のように、同じ生産部面のすべての資本が自由に使用できる自然力、すなわち、およそ資本がこの部面で投下されれば当然に使用されるような自然力のことではない。そうではなく、落流のように、特別な地片とそれに所属する物とを自由に使用することのできる人々にのみ、自由に使用することができる、独占可能な自然力のことである。どの資本も、水を蒸気に転化することはできるが、それと同じようにより大きな労働の生産力のこの自然条件〔落流〕を生み出すことは、決して資本があれこれできることではない。この自然条件は自然のうちに局地的にしか見いだされないものであり、それが見いだされない所では、一定の資本支出によってつくり出すことができるものではない。それは、機械や石炭などのような、労働によってつくり出すことのできる諸生産物に結びついているのではなく、土地の特定部分の特定の自然的諸関係に結びついている。工場主たちのうち落流を占有する人々は、これを占有していない人々を、この自然力の使用から排除する。なぜなら、土地は、まして水力にめぐまれている土地は、限られているからである。このことは、一国における自然の落流の総量は限られているとはいえ、産業に利用可能な水力の総量はふやすことができる、ということを排除するものではない。落流は、人為的に他に誘導して、その動力を完全に利用し尽くすことができる。落流を所与のものとすれば、水車を改良して、水力をできるだけ利用することができる。普通の水車が水の供給にたいして適さない場合には、タービンを使用することができる、等々。*2 この自然力の占有は、その占有者がその手に握る一つの独占を、すなわち、資本そのものの生産過程によってはつくり出すことのできない、投下資本の高い生産力の一条件を形成する。（三三）このように独占することのできるこの自然力は、つねに土地に固着している。こうした自然力は、当該の生産部面の一般的諸条件には属さず、また、当該の生産部面の、一般的につくり出すことのできる諸条件にも属さない。

（三三）　特別利潤については、〔S・ベイリー〕『近時マルサス氏の主張する需要の性質および消費の必要にかんする諸原理の研究』（マルサスに反論する）〔ロンドン、一八二一年〕参照〔なお、『資本論草稿集』7、大月書店、一九八二年、八二―八四、一七一―一八二ページ、邦訳『全集』第二六巻（『剰余価値学説史』）、第三分冊、六八―七一、一四九―一五八ページをも参照〕。

*1〔草稿では、ここで改行されている〕

*2〔草稿では、「このことは」以下ここまでの文が角括弧でくくられている〕

(659)
さて、落流が、それの属している土地とともに、地球のこの部分の保有者、すなわち土地所有者とみなされる人々の手にあるものと考えれば、それらの人々は、落流への〔他人の〕資本の投下、および〔他人の〕資本による落流の利用を排除する。彼らは、その利用を許すことも、拒否することもできる。しかし資本は、それ自身から落流を創造することはできない。だから、落流のこの利用から発生する超過利潤は、資本から発生するのではなく、独占することができるし、また独占されている自然力の、資本による使用から発生するのである。このような事情のもとで、超過利潤は地代に転化する。すなわち、それは落流の所有者の手にはいる。工場主が、この所有者に彼の落流への代償として年々一〇ポンド[*1]を支払うとすれば、彼の利潤は一五ポンド[*2]となり、この場合の彼の生産費の合計にあたる一〇〇ポンド[*3]にたいして一五%となる。そして彼は、自分と同じ生産部面で蒸気を用いて仕事をしている他のすべての資本家とまったく同じか、場合によっては多少よい立場にある。資本家自身が落流を所有するとしても、事態はなにも変わらないであろう。彼は相変わらず、一〇ポンド[*4]の超過利潤を、資本家としてではなく、落流の所有者として受け取るであろう。そして、この超過分は彼の資本そのものから発生するのではなく、彼の資本から分離することのできる、独占可能な、範囲の限られた自然力の自由な使用から発生するのであり、それだからこそ、この超過分は地代に転化するのである。

＊1〔本訳書、第三巻、一一六一ページの訳注＊の計算に従えば、「一一・五ポンド」〕
＊2〔同前。「一三・五ポンド」〕

＊3〔同前。「九〇ポンド」〕
＊4〔同前。「一一・五ポンド」〕

第一に――この地代がつねに差額地代であることは明白である。というのは、これは、商品の一般的生産価格の中に、それを規定するものとしてはいり込むのではなく、一般的生産価格を前提とするからである。この地代は、いつも、独占された自然力を自由に使用している個別資本の個別的生産価格と、およそこの生産部面に投下された資本の一般的生産価格との差額から発生する。

第二に――この地代は、使用資本の、または使用資本によってわがものにされる労働の、生産力の絶対的増大から発生するのではない。この増大は、一般に、諸商品の価値を減少させることができるだけである。そうではなくて、ある生産部面に投下された特定の個別諸資本のより大きな相対的豊度――生産力のこれら例外的な、自然のつくり出した有利な諸条件から排除されている諸資本投下に比べて、より大きな相対的豊度――から発生する。たとえば、石炭は価値をもち水力は価値をもたないとはいえ、もし蒸気の利用が、水力の利用では決してありえないような、水力の利用をつぐなって余りがある圧倒的な諸利益をもたらすとすれば、水力は使用されないであろうし、どんな超過利潤も、したがってどんな地代も生み出すことはできないであろう。

第三に――自然力は、労働の例外的に高い生産力の自然的基盤なのであるから、超過利潤の源泉で(660)はなくて、超過利潤の自然的基盤であるにすぎない。つまり、使用価値は一般に交換価値の担い手ではあるが、交換価値の原因でないということである。同じ使用価値でも、労働なしで手に入れることができるのであれば、なにも交換価値をもたないであろうが、しかしやはり、使用価値としてのその自然的有用性をもち続けるであろう。しかし他方では、どんな物も、使用価値をもたなければ、すなわち労働のこのような自然的担い手でなければ、なにも交換価値をもたない。異なる価値が生産価格に均等化されなければ、また、異なる個別的生産価格が一つの一般的な、市場を規制する生産価格に均等化されなければ、落流の使用による労働生産力の単なる増大は、落流を用いて生産される諸商品の価格を低下させるだけで、この諸商品に潜む利潤部分を増加させないであろう。それは、他方で、資本がその使用する労働の自然的および社会的生産力を自分自身のものとして取得しなければ、この増大した労働生産力は決して剰余価値には転化しないであろうということと、まったく同様である。

第四に――落流のある土地の所有は、それ自体としては、剰余価値（利潤）の一部分の創造、したがって落流の助けを借りて生産される商品の価格一般の一部分の創造とはなにも関係がない。この超過利潤は、土地所有が存在しない場合でも、たとえば、落流のある土地が工場主により無主地として利用される場合でも、やはり存在するであろう。したがって土地所有は、超過利潤に転化する価値部分を創造するのではなく、ただ土地所有者すなわち落流の所有者に、この超過利潤を工場主のポケットから自分自身のポケットに引き寄せることを可能にするだけである。土地所有は、この超過利潤の創造の原因ではなく、この超過利潤の地代形態への転化の原因であり、したがって土地または落流の所有者による利潤または商品価格のこの部分の取得の原因である。

第五に――落流の価格、すなわち、土地所有者が落流を第三者または工場主自身に売るとすれば受け取るであろう価格は、さしあたり、商品の生産価格にははいり込まない――工場主の個別的費用価格にははいり込むとはいえ――ということは明らかである。というのは、地代はこの場合、蒸気機関を用いて生産される同種の諸商品の、落流とはかかわりなく規制される生産価格から発生するからである。しかしまた、*この落流の価格なるものは、そもそもその背後に真実の経済的関係が隠れている不合理な表現である。落流は、土地一般と同じように、あらゆる自然力と同じように、そのなかに対象化されたなんの労働も表わしていないから、なんの価値ももたず、したがって、なんの価格――価
(661)
格は通常は貨幣で表現された価値にほかならない――ももたない。価値がないところには、〝したがってまた〟貨幣で表わされうるものもなにもない。この価格は、資本還元された地代以外のなにものでもない。土地所有は所有者に、個別的利潤と平均利潤との差額を横取りすることを可能にする。年々更新される、このようにして横取りされる利潤は、資本還元されうるのであって、そうなると、この利潤は自然力そのものの価格として現われる。落流の利用が工場主にもたらす超過利潤が年額一〇ポンドで、平均利子が五％であるとすれば、この年額一〇ポンドは、二〇〇ポンドという資本の利子を表わす。そして、落流がその所有者に工場主から横取りすることを可能にするこの年額一〇ポンドを資本還元したものは、この場合には落流そのものの資本価値として現われる。〔しかし〕落流そのものは価値をもたず、落流の価格は横取りされる超過利潤の資本家的に計算された単なる反射であるということは、次のことを見ればすぐわかる。すなわち、二〇〇ポンドという価格は超過利潤一〇ポンドに二〇年を乗じた積を表わすにすぎないが、他の事情に変わりがないあいだは、その同じ落流は

三〇年、一〇〇年、x年というような不定の期間にわたり、その所有者に年々この一〇ポンドを横取りすることを可能にするのにたいして、他方で、水力には応用不可能な新しい生産方法が、蒸気機関を用いて生産される諸商品の費用価格を一〇〇ポンドから九〇ポンドに引き下げれば、超過利潤は、それとともに地代も、それとともに落流の価格も、消えうせるであろうということである。

＊〔草稿では「しかしまた」は「第二にしかし」となっている〕

われわれは、以上のように差額地代の一般的概念を確定したので、こんどは、本来的農業における差額地代の考察に移ろう。本来的農業について述べることは、全体としてみれば鉱山業にも妥当する。＊

＊〔草稿では、この一文が丸括弧でくくられている〕

（662）

第三九章　差額地代の第一形態（差額地代Ⅰ）*

*〔草稿では、ここには章区分も表題も書かれていない〕

リカードウが次の諸命題で言っていることはまったく正しい――

「地代」〔すなわち、差額地代。彼は、差額地代以外にはおよそ地代は存在しないものと想定している〕「は、いつでも二つの等しい分量の資本と労働との使用によって得られる生産物間の差額である」（『原理』〔第三版、ロンドン、一八二一年〕、五九ページ〔『経済学および課税の原理』、堀経夫訳『リカードウ全集』Ⅰ、雄松堂書店、一九七二年、八四ページ〕）。超過利潤一般ではなく、地代が問題となる限り、彼は「同じ面積の土地で」とつけ加えるべきであったろう。

言い換えれば、超過利潤は、それが正常に、そして流通過程での偶然の事情によらずに生み出されるのであれば、いつでも、二つの等しい分量の資本および労働の生産物間の差額として生産されるのであり、そして、二つの等しい分量の資本および労働が同じ面積の土地で使用され、それらの成果が等しくない場合に、この超過利潤が地代に転化するのである。もっとも、この超過利潤が等しい分量の使用資本の不等な成果から発生するということは、決して無条件に必要なことではない。* さまざまな投資では、大きさの不等な諸資本が使用されることもありうる。むしろ、こうしたことは、たいていの場合、前提である。しかし、等しい比例諸部分、たとえば各資本の一〇〇ポンドが、等しくない成果をもたらす。すなわち利潤率が相違する。このことが、一般に任意の資本投下部面における超過利潤の定在の一般的前提である。第二は、この超過利潤の地代（一般に、利潤と区別される一形態としての賃料）の形態への転化である。いつ、いかにして、どのような事情のもとで、この転化が生じるかということが、つねに研究されなければならない。

＊〔草稿では、「決して」以下は「地代を考察する場合には十分ではない」となっている〕

(663) 次の命題にかんしても、それが差額地代に限定される限りでは、リカードウの言うことはやはり正しい——

「同じ土地または新たな土地で〔……〕得られる生産物の不等を減少させるものは、すべて、地代を引き下げる傾向があり、また、この不等を増加させるものは、すべて、必然的に反対の効果を生み、地代を引き上げる傾向がある」（七四ページ〔同前訳、九七ページ〕）。

しかし、これらの原因のうちには、一般的なもの（豊度および位置〔立地〕）ばかりでなく、さらに次のようなものもある。すなわち、（一）課税が均等に作用するかしないかの相違。イギリスでのようには課税が中央集権化されていない場合、および、租税が土地にはかけられて、地代にはかけられない場合には、いつでも均等ではない。（二）さまざまな地方における農業の発展の相違から生じる不等性。というのは、この産業部門は、その伝統的性格のせいで、製造業よりも平準化が困難だからである。また（三）[*1] 借地農場経営者間の資本配分の不等性。資本主義的生産様式による農業の占領、自営農民の賃労働者への転化は、実際上一般にこの生産様式の行なう最後の征服であるから、[*2] これらの不等性は、この産業部門では他のどの産業部門でよりも大きい。

＊1〔草稿では、「(一)」「(二)」は書かれているが、この「(三)」は書かれていない〕

＊2〔草稿では、「資本主義的生産様式による」以下が、「農業における資本主義的生産様式は、実際上一般に、資本主義的生産の最後の一歩なので（農民の賃労働者への転化と同様に）、」となっている〕

前おきはこれくらいにして、まずリカードウなどの展開とは異なる私の展開の独自性を、ごく簡単に要約しておこう。

＊われわれはまず、同じ面積の異なる地所に使用された、等しい分量の資本の不等な諸収穫を考察しよう。または、面積が不等な場合には、同じ大きさの地片について計算された諸収穫を考察しよう。

＊〔草稿では、このパラグラフの冒頭に「I)」と書かれており、前にある区分線はない。この「I)」に対応する「II)」は第四〇章の文章の冒頭に書かれている「II)」であろう〕

これらの不等な諸収穫をもたらす一般的で資本とはかかわりのない二つの原因は、次のものである。すなわち、(一)豊度。(この第一項については、地所の自然的豊度にはおよそどのようなものが含まれているのか、また、どのような異なる諸契機が含まれているのかが解明されるべきである)。(二)
(664) 地所の位置。この後者〔位置〕は、植民地では決定的であり、また一般に、もろもろの地所がつぎつぎに耕作に引き入れられうる順序にとって決定的である。さらに、差額地代のこの二つの異なる根拠、豊度と位置とが反対の方向に作用しうることは明らかである。ある土地は、位置は非常によいが、豊度は非常に低いこともありうるし、またその逆に位置は非常に悪いが、豊度は非常に高いこともありうる。この事情は重要である。というのは、この事情は、ある所与の国の土地を開墾する場合に優良地から劣等地へ進むこともありうるし、同様に、逆に劣等地から優良地へ進むこともありうるのはなぜかということを説明してくれるからである。最後に、*一般に社会的生産の進歩は、一方では、地方的諸市場をつくり出し、また交通輸送諸手段の創設によって位置を新たにつくり出すことにより、差額地代の根拠としての位置を平準化するように作用し、他方では、農業を製造業から分離することにより、また、一方の側に生産の諸大中心地を形成し、他方の側に農村の相対的孤立化をもたらすことによって、地所の地方的位置の相違を増大させる、ということは明らかである。

＊〔草稿では「最後に」は「(三)」と書かれている〕

しかしわれわれは、さしあたり、位置というこの点を考慮しないで、自然的豊度の点だけを考察しよう。気候などの諸要因を問わないとすれば、自然的豊度の相違は、表土の化学的組成の相違、すなわちこの表土に含まれている植物の栄養素の成分の相違にある。とはいえ、二つの地面の化学的成分が等しく、その意味で、自然的豊度も等しいと前提しても、現実の有効な豊度は、これらの栄養素が植物の養分として同化されやすく、直接に利用されやすい形態をとっているか、されにくい形態をとっているかによって、相違するであろう。したがって、自然的に豊度の等しい地所において、同じ自然的豊度がどの程度まで自由に利用できるものとなるかは、一部は農業の化学的発展に依存し、一部

（665）はその機械的発展に依存するであろう。それだから、豊度は、土地の客観的属性であるとはいえ、経済的にはいつでも、関係を、すなわち、農業における与えられた化学的および機械的発展状態にたいする関係を含んでおり、したがって、この発展状態につれて変化する。化学的諸手段（たとえば、ねばりの強い粘土質土壌に一定の液状肥料をほどこすこと、もしくはまた重い粘土質土壌を焼くこと）によってであれ、機械的手段（たとえば重い土壌の耕作に特殊な犂《すき》を用いること）によってであれ、同じ豊度の土地を実際により実りの少ないものにする諸障害は取りのぞくことができる（排水もこれに属する）。または、さまざまな土地種類の耕作順序さえもこれによって変わりうるのであり、たとえば、イギリス農業のある発展期には、軽い砂質土壌と重い粘土質土壌とのあいだにそのようなことが見られた。このことはまた、歴史的に――耕作の順序において――より豊度の高い土地からより豊度の低い土地へ移行する場合もありうるし、同様に、逆により豊度の低い土地からより豊度の高い土地へ移行する場合もありうるのはどうしてか、ということを明らかにする。これと同じことは、人為的になされた土壌組成の改良によっても、または単なる農法の変化によっても、生じうる。最後に、これと同じ結果は底土〔耕土の下層にあって、通常はすき返されない土壌〕が同様に耕作圏内に引き入れられ、耕土にすき込まれることになれば、底土の状態の相違によって土地種類の順位が変化することからも、生じうる。こうしたことは、一部は新たなもろもろの農法の採用（たとえば飼料作物〔の栽培〕）によって、一部は底土を表土に天地返ししたり、あるいは、底土を表土と混合したり、底土を掘り上げはしないがそれを深耕したりするような機械的諸手段によって、引き起こされる。

異なる地所の豊度格差にたいするこれらの影響はすべて、次のことに帰着する。すなわち、経済的豊度の点では、労働の生産力の状態が、つまりここでは土地の自然的豊度をただちに利用しうる農業の能力――それはさまざまな発展段階で異なる一能力である――が、土壌の化学的組成やその他の自然的諸属性と同程度に、*土地のいわゆる自然的豊度の一契機であるということである。

*〔草稿では、「土壌の化学的組成やその他の自然的諸属性と同程度に」は「土壌の化学的組成（他の自然的諸契機は別として）と同程度に」となっている〕

したがって、われわれは、農業のある一定の発展段階を前提する。さらにわれわれは、土地種類の順位がこの発展段階に関連して算定されているものと前提する――異なる地所で同時に資本が投下される場合については、もちろんつねにそうである。その場合には、差額地代は上昇順序または下降順序をとって現われうる。というのは、現実に耕作されている地所の全体については順序は与えられているとはいえ、絶えず連続的運動が起こって、この順序が形成されたからである。*

*〔マルクスは、以下の説明のさいに、「なんの地代も生まない最劣等地の生産価格が、いつも規制的市場価格である」（本訳書、第三巻、一一八九ページ）という地代形成の原理を前提にしている〕

四種類の土地、A、B、C、Dを想定しよう。さらに、一クォーターの小麦の価格を三ポンドすなわち六〇シリングと想定しよう。地代は単なる差額地代なのであるから、クォーターあたり六〇シリングというこの価格は、最劣等地にとっては、生産費に、*すなわち資本プラス平均利潤に、等しい。

*〔マルクスは、ここおよび以下では、「生産費」を「生産価格」の意味で用いていると思われる〕

表　I

土地種類	生産物		資本前貸額	利潤		地代	
	クォーター	シリング		クォーター	シリング	クォーター	シリング
A	1	60	50	1/6	10	—	—
B	2	120	50	1 1/6	70	1	60
C	3	180	50	2 1/6	130	2	120
D	4	240	50	3 1/6	190	3	180
合計	10	600				6	360

Aは、この最劣等地であり、五〇シリングの支出で、一クォーター＝六〇シリングを生産するとしよう。したがって一〇シリングまたは二〇％の利潤である。

Bは、同じ支出で、二クォーター＝一二〇シリングを生産するとしよう。これは七〇シリングの利潤、すなわち六〇シリングの超過利潤となるであろう。

Cは、同額の支出で、三クォーター＝一八〇シリングを生産するとしよう。総利潤＝一三〇シリング、超過利潤＝一二〇シリング。

Dは、四クォーター＝二四〇シリングを生産するとしよう。一八〇シリングの超過利潤。

(666)

この場合、上〔表I〕のような順序になるであろう。

それぞれの地代は、Dでは 190シリング－10シリング すなわちDとAとの〔利潤間の〕差額であり、Cでは 130シリング－10シリング すなわちCとAとの差額であり、Bでは 70シリング－10シリング すなわちBとAとの差額であった。そしてB、C、Dの総地代は、6クォーター＝360シリング であり、DとA、CとA、Bと

A、との各差額の合計に等しい。
　ある所与の状態におけるある所与の生産物が示すこの順序は、抽象的に考察すれば〔現実にもそうでありうるという諸根拠はすでに述べた〕、下降順序（DからAまで、豊度の高い土地から、つねにより豊度の低い土地へと下降する順序）としても、同じくまた上昇順序（AからDへ、相対的に豊度の低い土地から、つねにより豊度の高い土地へと上昇する順序）としても生じうるし、また最後に、交互に、ときには下降し、ときには上昇する――たとえばDからCへ、CからAへ、AからBへの――順序でも生じうる。

　下降順序の場合の過程は、こうであった。一クォーターの価格が、たとえば一五シリング*から六〇シリングにしだいに騰貴する。Dによって生産された四クォーター（これは一〇〇万単位と考えてもよい）ではもはや足りなくなると、供給の不足分がCによって調達されうるところまで小麦の価格が騰貴した。すなわち、価格は一クォーターあたり二〇シリングに騰貴しなければならなかった。小麦の価格が一クォーターあたり三〇シリングに騰貴するとBが、また、六〇シリングに騰貴するとAが、しかも、それに使用された資本が二〇％未満の利潤率で満足しなければならないというようなことなしに、耕作されうるようになった。こうして、Dにたいする地代は、最初〔Cが耕作に引き入れられた段階〕は一クォーターあたり五シリング、その生産する四クォーターでは二〇シリングとなり、次〔Bが耕作に引き入れられた段階〕には一クォーターあたり一五シリング、四クォーターでは六〇シリングとなり、次〔Aが耕作に引き入れられた段階〕には一クォーターあたり四五シリング、四クォーターでは一

（667）

八〇シリングとなった。

＊〔下降順序の場合、最初、土地種類Ｄで五〇シリングの前貸資本で四クォーターが生産され、それが一〇シリングの利潤を含む六〇シリングで販売されるから、一クォーターの価格は一五シリングである〕

Ｄの利潤率がもともとやはり二〇％であったとすれば、四クォーターにたいするＤの総利潤も一〇シリングにすぎなかったが、しかしそれは、穀物〔小麦〕価格が一五シリングであった場合のほうが、六〇シリングである場合よりも多量の穀物を表わした。しかし、穀物は労働力の再生産にはいり込むから、また、各クォーターのうち一部分は労賃を補填し、他の一部分は不変資本を補填しなければならないから、この前提のもとでは剰余価値はより大きくなり、したがって、他の事情に変わりがなければ利潤率もより大きくなったのである。（利潤率にかんする問題は、もっと特別に、より詳細に、研究すべきである。）

これに反し、順序が逆に、過程がＡから始まったとすれば、新しい耕地が耕作されなければならなくなるとすぐに、まず、一クォーターの価格が六〇シリングを超えて騰貴した。しかし、必要な供給、必要な二クォーターの供給がＢによって提供されたので、価格はふたたび六〇シリングに低下した。というのは、Ｂは、確かに一クォーターを三〇シリングで生産したが、しかし、Ｂの供給は需要を満たすのにちょうど足りるだけであったので、これを六〇シリングで売ったからである。こうして、まずＢにたいして六〇シリングの地代が生じ、同じようにしてＣおよびＤにたいしても地代が生じた。ただし、ＣおよびＤはそれぞれ一クォーターを現実の価値二〇シリングおよび一五シリングで提供したが、市場価格*は六〇シリングのままであるということがつねに前提されている――なぜなら、Aの提供する一クォーターの供給が総需要を満たすために相変わらず必要だからである。この場合では、最初はAによって満たされ、次にはAおよびBによって満たされた必要量を超えて需要が増大したことが、B、C、Dがつぎつぎに耕作されうるという結果をもたらしたのではなく、一般に開墾地が拡大され、たまたま、より豊度の高い地所がやっとあとになってその圏内にはいったのである。

＊〔草稿では「市場価格」は「市場価値」となっている〕

第一の順序〔下降順序〕では、価格の騰貴につれて地代は増加し、利潤率は低下するであろう。この低下は、反対に作用する諸事情によって、全部または部分的に無効化されるかもしれない。この点についてはあとでもっと立ち入って論じられなければならない。忘れてはならないことは、一般的利潤率はすべての生産部面における剰余価値によって均等に規定されているのではない、ということである。農業の利潤が工業の利潤を規定するのではなくて、その逆に工業の利潤が農業の利潤を規定するのである。しかし、この点についてはあとで述べる。*

＊〔本訳書、第三巻、一三五八―一三六三ページ参照〕

第二の順序〔上昇順序〕では、支出資本にたいする利潤率は同じままであろう。利潤の総量は、より少量〔多量?〕の穀物で表わされるであろう。しかし、他の諸商品と比べての穀物の相対的価格は騰貴しているであろう。ただ、利潤の増加分が生じるところでは、それは産業的借地農場経営者のポケットに流れ込んで、利潤の増大として現われるのではなく、地代の形態で利潤から分岐するだけで

(668)

あろう。しかし穀物の価格は、この設定された前提のもとでは不変のままであろう。

差額地代の発展および増大は、価格が変わらない場合にも、騰貴する場合にも、また劣等地から優良地へと連続的に前進する場合にも、優良地から劣等地へと連続的に後退する場合にも、同じままであろう。

これまでわれわれは、(一) 価格は一方の順序では騰貴し、他方の順序では不変のままであり、また、(二) つねに優良地から劣等地へ、またはその逆に劣等地から優良地へ、耕作が進められるものと仮定してきた。

しかし、穀物の需要が最初の一〇クォーターから一七クォーターに増加すると仮定しよう。さらに、最劣等地Aが他の土地Aによって駆逐され、この他の土地Aは、六〇シリング（五〇シリングの費用、プラス、二〇％の利潤として一〇シリング）の生産費で$1\frac{1}{3}$クォーターを供給し、したがって、そのクォーターあたりの生産価格は四五シリングであると仮定しよう。あるいはまた、もとの土地Aが合理的耕作を続けることによって改良されたか、または、たとえばクローバーなどの導入によって、これまでと同じ生産費でより生産的に耕作されたかして、その結果、この土地の生産物が、従来と変わらない資本前貸しで$1\frac{1}{3}$クォーターに増加すると仮定しよう。さらに、B、C、Dという土地種類は相変わらず同じ生産物を供給するが、AとBとの中間の豊度をもつ新たな土地種類A′が耕作されるようになり、さらにBとCとの中間の豊度をもつ土地種類B′およびB″が、耕作されるようになったと仮定しよう。この場合、次のような諸現象が生じるであろう。

第一に――一クォーターの小麦の生産価格、またはその規制的市場価格は、六〇シリングから四五シリングに、すなわち二五％だけ低下したであろう。

第二に――耕作は、豊度のより高い土地からより低い土地へ進められると同時に、豊度のより低い土地からより高い土地へも進められたであろう。土地A′はAよりも豊度が高いが、これまでに耕作されているB、C、Dよりも豊度が低い。またB′、B″は、A、A′およびBよりも豊度が高いが、CおよびDよりも豊度が低い。したがって、順序は、あれこれ交錯してたどられたであろう。耕作は、Aなどに比べて絶対的により豊度の低い土地へは進められなかったであろうが、これまでもっとも豊度の高かった種類の土地CおよびDに比較すれば、相対的により豊度の低い土地へは進められたであろう。他方では、絶対的により豊度の高い土地へは進められなかったであろうが、これまで豊度のもっとも低かったA、またはAおよびBに比べて相対的により豊度の高い土地へは進められたであろう。

第三に――Bでの地代は減少したであろうし、CおよびDの地代も減少したであろう。しかし、穀物での総地代収入は六クォーターから、七$\frac{2}{3}$クォーターに増加したであろう。耕作されて地代を生む地所の量が増加し、生産物の総量は一〇クォーターから一七クォーターに増加したであろう。Aでの利潤は〔貨幣では〕いままでと変わらないが、穀物で表わせば増加しているであろう。しかし、相対的剰余価値が増加したから、利潤率そのものは増加しえたであろう。この場合には、生活諸手段が安くなったので、労賃が下がり、したがって可変資本への支出も、したがってまた総支出も、減少したであろう。貨幣では総地代収入額が三六〇シリングから三四五シリングに減少したであろう。

表　Ⅱ

土地種類	生産物		資本支出額	利潤		地代		生産価格
	クォーター	シリング		クォーター	シリング	クォーター	シリング	クォーターあたり
A	$1\frac{1}{3}$	60	50	$\frac{2}{9}$	10	—	—	45 シリング
A′	$1\frac{2}{3}$	75	50	$\frac{5}{9}$	25	$\frac{1}{3}$	15	36
B	2	90	50	$\frac{8}{9}$	40	$\frac{2}{3}$	30	30
B′	$2\frac{1}{3}$	105	50	$1\frac{2}{9}$	55	1	45	$25\frac{5}{7}$*
B″	$2\frac{2}{3}$	120	50	$1\frac{5}{9}$	70	$1\frac{1}{3}$	60	$22\frac{1}{2}$
C	3	135	50	$1\frac{8}{9}$	85	$1\frac{2}{3}$	75	20
D	4	180	50	$2\frac{8}{9}$	130	$2\frac{2}{3}$	120	15
合計	17					$7\frac{2}{3}$	345	

＊〔初版では$25\frac{2}{7}$となっていたが、カウツキー版で訂正〕

(669)

この新しい順序をここに掲げよう〔表Ⅱ〕。

最後に、従来どおりA、B、C、Dという種類の土地だけが耕作されたが、しかしその収穫が増加して、Aは一クォーターでなく二クォーター、Bは二クォーターでなく四クォーター、Cは三クォーターでなく七クォーター、Dは四クォーターでなく一〇クォーターを生産するようになったとすれば、したがって、同じ諸原因が異なる土地種類に異なる影響をおよぼしたとすれば、総生産は一〇クォーターから二三クォーターに増加したであろう。人口増加と価格低下との結果、需要がこの二三クォーターを吸収したと仮定すれば、次のような結果が生じるであろう〔表Ⅲ〕。

数量関係は、他の表の場合と同じく、この表でも任意のものであるが、それらの仮定はまったく合理的なものである。

表　Ⅲ

土地種類	生産物		資本支出額	生産価格	利潤		地代	
	クォーター	シリング		クォーターあたり	クォーター	シリング	クォーター	シリング
A	2	60	50	30	1/3	10	0	0
B	4	120	50	15	2 1/3	70	2	60
C	7	210	50	8 4/7	5 1/3	160	5	150
D	10	300	50	6	8 1/3	250	8	240
合計	23						15	450

第一のかつ主要な仮定は、農業における改良が異なる土地種類に不均等な影響をおよぼし、この場合にはAおよびBにたいしてよりも最優良の土地種類CおよびDにたいしてのほうがより多く影響する、ということである。逆の場合も起こりうるとはいえ、経験はこれが通例であることを示している。(670)改良が優良地よりも劣等地により多く影響したならば、優良地の地代は増加しないで減少したであろう。——しかしこの表では、すべての土地種類の豊度の絶対的増大と同時に、より優良な土地種類CおよびDのもとでの、より高い相対的豊度の増大、したがって等しい資本投下のもとでの生産物の差の増大、したがって差額地代の増大が、前提されている。

第二の前提は、総生産物の増大に総需要が歩調を合わせるということである。第一に、この増大が突然生じるものと考える必要はなく、順序Ⅲ〔表Ⅲ〕ができるまでしだいに増大すると考えればよい。第二に、必要生活諸手段の消費はそれが低廉化しても増大しないというのは誤りである。イギリスにおける穀物法の廃止（ニューマンを見よ）[*1]は、その反対のことを証明したのであり、これに相反する見方は、単に気候のせいで、収穫が大きく突然に相違した結果、穀物の価格に、ときには不つり合いな低下が引き起こされ、ときには不つり合いな騰貴が引き起こされるということから生じたにすぎない。この場合は、価格の低廉化が突然で短期であるために消費の拡大に十分に作用するだけの時間が与えられないのであり、この価格の低廉化が規制的生産価格そのものの低下から生じ、したがって長期におよぶものである場合には、それと反対のこと〔消費拡大〕が生じる。第三に——穀物の一部分は蒸留酒またはビールとして消費されうる。そして、これら二つの物品の消費の増加は決して狭い諸限界に限られてはいない。第四に、事態は、一部には人口の増大に依存するが、一部には、その国が、イギリスが一八世紀のなかば過ぎまでまだそうであったように、穀物輸出国であるかもしれず、そうすると、需要は、単に一国内の消費の諸限界だけによって規制されてはいない。最後に、小麦の生産の増加および低廉化の結果として、ライ麦またはカラス麦の代わりに、小麦が人民大衆の主要食糧となり、したがってこのことだけによっても小麦の市場が増大しうるのであって、それと同様に、生産物が減少し価格が騰貴する場合には逆のことが生じうるのである。——したがって、これらの前提のもとでは、また、仮定された数の割合のもとでは、順序Ⅲ〔表Ⅲ〕は次のような結果をもたらす。一クォーターあたりの価格は六〇シリングから三〇シリングに、すなわち五〇％だけ低下することになり、生産は、順序Ⅰ〔表Ⅰ〕と比較すれば、一〇クォーターから二三クォーターに、すなわち一三〇％だけ増加することになり、地代は、土地Bでは変わらず、[*2]Cでは二五％だけ、Dでは三三1/3％だけ増加し、また総地代収入額は、一八ポンドから二二1/2ポンドに、すなわち二五％だけ増加することになる。

＊1〔F・W・ニューマン『経済学講義』、ロンドン、一八五一年、一五八ページ〕

＊2〔初版および草稿では、以下の文章は「Cでは二倍に、Dでは二倍以上になり、また総地代収入額は、一八ポンドから二二ポンドに、すなわち二二1/9％だけ増加することになる」となっていた。カウツキー版、ヴェルケ版で訂正〕

（671）

以上三つの表（このうち順序Iは、AからDに上昇し、またDからAに下降するという二重のものと見るべきである）は、社会のある与えられた状態における与えられた諸段階――たとえば異なる三つの国で併存する諸段階――と解してもよいし、または同じ国の発展の異なる諸時期の相次ぐ諸段階と解してもよいが、これら三つの表を比較すれば次のことが判明する――

（一）順序は、それがひとたびでき上がれば――その形成過程の進行がたとえどんなものであったとしても――、いつでも、下降的なものであるように見えるということ。というのは、地代の考察にさいしては、人はいつも、まず第一に、最高限の地代を生む土地から出発し、最後にやっと、地代を生まない土地に到達するであろうからである。

（二）なんの地代も生まない最劣等地の生産価格が、いつも規制的市場価格である――といっても、表Iが上昇的な順序で形成される場合に、表Iにおける規制的市場価格が不変のままであるのは、つねにより優良な土地が耕作されるということによってのみであろう。この場合に、土地Aがどこまで規制的であり続けるかは、最優良地で生産される〔穀物の〕分量にかかっているという限りで、最優良地で生産される穀物の価格が規制的である。もしB、C、Dが需要を超えて生産するならば、Aは規制的ではなくなるであろう。シュトルヒ*が最優良の土地種類を規制的なものとするとき、彼が思い浮かべているのはこのことである。このようにして、アメリカの穀物価格がイギリスの穀物価格を規制する。

＊〔シュトルヒ『経済学講義、または諸国民の繁栄を決定する諸原理の説明』、第二巻、サンクト・ペテルブルグ、一八一五年、七八―七九ページ（なお、本訳書、第三巻、三二五―三二六ページをも参照）〕

(三) 差額地代は、そのときどきに与えられた農業の発展程度にとって与えられた、土地種類の自然的豊度における相違（ここではまだ位置は度外視される）から、したがって、最優良地の面積の有限性から、そして等しい諸資本が不等な土地種類、すなわち、同じ資本にたいして不等な生産物をもたらす不等な土地種類に投下されなければならないという事情から、生じる。

(四) ある差額地代、および、ある階段状の差額地代の現存は、下降の段階をなして優良地から劣等地に進むことによっても、その逆に、劣等地から優良地に進むことによっても、または上昇と下降とをあれこれ交錯して進むことによっても、生じうる（順序Ⅰは、DからAに進むことによっても、AからDに進むことによっても形成されうる。順序Ⅱは両方の運動を包括する）。

(五) 差額地代は、その形成様式に応じて、土地生産物の価格が不変である場合、騰貴する場合、および低下する場合に形成されうる。価格が低下する場合には、最劣等地Aは優良地によって駆逐されるか、またはそれ自体が改良されるかしているとはいえ、そしてまた、他のより優良な土地種類に

（672）おいて、また最優良な土地種類においてさえ地代が減少するとはいえ、総生産および総地代収入〔生産物での〕が増加することがありうるし、また、これまで地代ゼロであった地所で地代が形成されることもありうる（表Ⅱ）。この過程は、総地代収入額（貨幣での）の減少とも結びついていることがありうる。最後に、耕作の一般的改良のおかげで価格が低下し、その結果、最劣等地の生産物および生産物価格が低下する場合には、*優良な土地種類の一部分の地代は変わらないかまたは低下するが、最優良な土地種類の地代は増大することがありうる。生産物量の差が与えられているならば、最劣等地と比較しての各土地の差額地代は、確かに、たとえば一クォーターあたりの小麦の価格に依存する。しかし、価格が与えられているならば、この差額地代は生産物量の差の大きさに依存するのであり、そして、すべての土地の絶対的豊度が増加する場合に、優良地の絶対的豊度のほうが劣等地の絶対的豊度よりも相対的により多く増加するならば、それとともに右の生産物量の差の大きさも増大する〔表Ⅲ〕。だから、価格が六〇シリングである場合には（表Ⅰ）、Dの地代はAにたいするDの生産物の差によって、すなわち三クォーターの超過分によって規定されており、したがって地代は3×60＝180シリングである。ところが、価格が三〇シリングである表Ⅲでは、Dの地代は、Aを超えるDの超過生産物の量＝八クォーターによって規定されており、8×30＝240シリングである。

＊〔草稿も同じであるが、「最劣等地の生産物価格が低下する場合には」の書き誤りと思われる〕

以上によって、ウェスト、マルサス、リカードウではなお支配的であったような、差額地代にかんする第一の誤った前提、すなわち、差額地代は、つねにより劣等な土地に向かって進む、または、農業の豊度が絶えず減少することを必然的に前提するという誤った前提は、除かれる。*差額地代は、すでに述べたように、つねにより優良な土地に向かって進む場合にも生じうる。差額地代は、これまでの劣等地の代わりにある優良地が最下位を占める場合にも生じうる。それは農業がますます進歩することとも結びつきうる。差額地代の条件はもろもろの土地種類の不等性だけである。生産性の発展が考察される限りでは、差額地代は、総面積の絶対的な豊度の増加が右の不等性を取りのぞかずに、これを増加させるのか、不変のままにしておくのか、またはただ減少させるのかということを想定するだけである。

* 〔マルクスが言っているのは、以下の諸著である。〔E・ウェスト〕『土地への資本投下にかんする小論』、ロンドン、一八一五年（橋本比登志訳『穀物価格論』、未来社、一九六三年、所収）。マルサス『経済学原理』、第二版、ロンドン、一八三六年（吉田秀夫訳、岩波文庫、一九三七年）。マルサス『地代の性質および増進にかんする研究』、ロンドン、一八一五年（楠井隆三・東嘉生訳『穀物条例論および地代論』、岩波文庫、一九四〇年、所収）。リカードウ『経済学および課税の原理』、第三版、ロンドン、一八二一年、第二章（堀経夫訳『リカードウ全集』I、雄松堂書店、七九―九九ページ）〕

一八世紀のはじめからなかばにいたるまで、イギリスでは、金または銀の価格が低下したにもかかわらず、穀物価格の絶え間ない低落が支配的であり、それと同時に（全期間を見れば）、地代、地代収入額、耕作地面積、農業生産、および人口が増大した。このことは、上昇線をとる表IIと組み合わされた表Iに照応する。しかし、その場合、最劣等地Aは改良されるか、または、穀物耕作から締め出される。とはいえ、このことは、その最劣等地が〔穀物栽培以外の〕その他の農業的目的または工業的目的に利用されなかったということを意味するものではない。

一九世紀のはじめ以来（年月をもっと詳しく示すべきである）一八一五年まで、穀物価格は絶えず(673)騰貴し、それとともに地代、地代収入額、耕作地面積、農業生産、および人口は恒常的に増大した。このことは、下降線をとる表Iに照応する。（ここに、その当時における劣等地の耕作にかんする引用文をあげること。*）

＊〔マルクスは、ウェスト『穀物の価格と労働の賃銀』、ロンドン、一八二六年、九八ページを念頭においていたと思われる（前出、橋本訳『穀物価格論』、一六五ページ）。『資本論草稿集』6、大月書店、一九八一年、一八九ページ、『剰余価値学説史』（邦訳『全集』第二六巻）、第二分冊、一六九—一七〇ページ参照〕

ペティ〔一六二三—一六八七年〕とダヴィナント〔一六五六—一七一四年〕の時代には、改良と開墾とにたいして農民たちと地主たちとが苦情を申し立てた。優良地の地代は減少したが、地代をもたらす土地面積の拡大によって総地代収入額は増加した。*

＊〔『資本論草稿集』6、一五三—一五四ページ、『剰余価値学説史』（邦訳『全集』第二六巻）、第二分冊、一三六—一三七ページ参照〕

（この三つの点については、あとで詳しい引用文をあげること。一国における異なる耕作地諸部分の豊度の格差についても同様。*）

＊〔草稿では、三段落前の「一八世紀のはじめから」からここまでが角括弧でくくられている〕

A	1クォーター＝60シリング；	1クォーター＝60シリング
B	2クォーター＝60シリング；	1クォーター＝30シリング
C	3クォーター＝60シリング；	1クォーター＝20シリング
D	4クォーター＝60シリング；	1クォーター＝15シリング
	10クォーター＝240シリング；	平均　1クォーター＝24シリング

一般に差額地代について注意しなければならないのは、市場価値がいつでも[*1]生産物総量の総生産価格を超えているということである。[*2]たとえば表Ⅰをとってみよう。一〇クォーターの総生産物が六〇〇シリングで売られるのであるが、それは、市場価格が、一クォーターあたり六〇シリングになるAの生産価格によって規定されているからである。しかし、現実の生産価格は上のとおりである――

一〇クォーターの現実の生産価格は、二四〇シリングである。これが六〇〇シリングで、つまり二五〇％の高すぎる価格で売られる。一クォーターの現実の平均価格は二四シリングであり、市場価格は六〇シリング、同じく二五〇％の高すぎる価格である。

これこそは、資本主義的生産様式の基盤の上で、競争を媒介として自己を貫[*1]徹する市場価値による〔市場価格の〕規定である。これは、ある虚偽の社会的価値を生み出す。このことは、土地諸生産物が従わせられる市場価値の法則から生じる。諸生産物の、したがってまた土地諸生産物の市場価値の規定は、一つの社会的行為――たとえ、社会的に意識されず、また意図されずに行なわれる

＊1〔「いつでも」は草稿にはない〕
＊2〔草稿では、ここで改行されている〕

（674）
行為であるとしても――であり、この社会的行為は必然的に生産物の交換価値を基礎とするのであって、土地とその豊度の格差とを基礎とするのではない。[*2]社会の資本主義的形態が止揚されて、社会が意識的かつ計画的な結合体《アソツイアツイオーン》として組織されると考えるならば、この一〇クォーターは、二四〇シリングに含まれているものと等しい分量の自立的[*3]労働時間を表わす。したがって、社会は、この土地生産物を、それに潜んでいる現実の労働時間の二倍半で買い取りはしないであろう。それとともに、土地所有者たちという階級の基盤がなくなるであろう。このことは、外国からの輸入によって同じ金額だけ生産物が安くなるのとまったく同じ作用をするであろう。だから――こんにちの生産様式は維持されるが、差額地代は国家におさめられるものと前提するならば――他の事情に変わりがなければ、土地諸生産物の価格は同じままであろうと言うことは正しいが、資本主義的生産が結合体《アソツイアツイオーン》によって取って代わられても、[*4]諸生産物の価値は同じままであろうと言うことは誤りである。同じ種類の諸商品にとって市場価格が同一であることは、資本主義的生産様式の基盤の上で、また一般に個々人のあいだの商品交換[*5]を基礎とする生産の基盤の上で、価値の社会的性格が自己を貫徹する様式である。消費者とみなされた社会が土地生産物にたいし払い過ぎるもの、すなわち、土地生産[*6]における社会の労働時間の実現のさいに〔社会にとって〕マイナスをなすものが、いまや、社会の一部分である土地所有者たちにとってのプラスをなすのである。

＊１　〔草稿では、「競争を媒介として」は「〔競争によって〕」となっている〕
＊２　〔草稿では、「諸生産物の、したがってまた」以下は「すなわち、生産物の交換価値を基礎とするその社

会的規定から生じるのであって、土地とその豊度の格差とから生じるのではない」となっている〕
＊3〔草稿では、「自立的」は「社会的」となっている〕
＊4〔草稿では、「取って代わられても」が「止揚されても」となっている〕
＊5〔草稿では、「個々人のあいだの商品交換」は「個別的商品交換」となっている〕
＊6〔草稿では、「土地生産」は「土地生産物」となっている〕

第二の事情、次章〔第四〇章〕の〔差額地代〕Ⅱで述べられることにとって重要な事情は、次のようなことである――

一エーカーあたり、または一ヘクタールあたりの地代、一般的に一エーカーあたりの生産価格と市場価格との相違、または、一エーカーあたりの個別的生産価格と一般的生産価格との相違だけが問題であるのではなく、それぞれの土地種類が何エーカー耕作されているかということも問題となる。重要なことは、この場合直接には、地代収入額の大きさ、すなわち、耕作面積全体の地代総額の大きさだけである。しかし、それ〔それぞれの土地種類が何エーカー耕作されているかということ〕は、われわれにとっては同時に、価格が騰貴しないにもかかわらず、あるいはまた、価格が低下する場合でも、さまざまな土地種類の相対的豊度の格差が増加しないにもかかわらず、地代率が増加するということを展開するための過渡として役立つ。先には次のようになっていた〔表Ⅰ参照。生産費や貨幣地代がシリングではなくポンドで表示されているが、一一八〇ページの表Ⅰと同じである〕。

いま、耕作エーカー数がそれぞれの等級で二倍になるものと仮定すれば、表Ⅰaのようになる。

表　I

土地種類	エーカー	生産費 ポンド	生産物 クォーター	穀物地代 クォーター	貨幣地代 ポンド
A	1	3	1	0	0
B	1	3	2	1	3
C	1	3	3	2	6
D	1	3	4	3	9
合　計	4		10	6	18

表　Ia

土地種類	エーカー	生産費 ポンド	生産物 クォーター	穀物地代 クォーター	貨幣地代 ポンド
A	2	6	2	0	0
B	2	6	4	2	6
C	2	6	6	4	12
D	2	6	8	6	18
合　計	8		20	12	36

表　Ib

土地種類	エーカー	生産費 ポンド		生産物 クォーター	穀物地代 クォーター	貨幣地代 ポンド
		エーカーあたり	合計			
A	4	3	12	4	0	0
B	4	3	12	8	4	12
C	2	3	6	6	4	12
D	2	3	6	8	6	18
合　計	12		36	26	14	42

表　Ic

土地種類	エーカー	生産費 ポンド		生産物 クォーター	穀物地代 クォーター	貨幣地代 ポンド
		エーカーあたり	合計			
A	1	3	3	1	0	0
B	2	3	6	4	2	6
C	5	3	15	15	10	30
D	4	3	12	16	12	36
合　計	12		36	36	24	72

(675)　さらに、二つの場合を仮定しよう。第一は、二つの種類の最劣等地で生産が拡大される場合であり、すなわち表Ibのようになる。そして最後に、生産と耕作地域とが四つの等級の土地で不均等に拡大されると仮定しよう*〔表Ic〕。

＊〔草稿では、「二つの場合を仮定しよう」のあとは、「すなわち、最劣等地と土地Bとにおける生産がいちじるしく拡大される第一の場合〔表Ib〕と、これら二つでは相対的に減少し、より優良な土地種類では増大する第二の場合〔表Ic〕を仮定しよう」となっている〕

(676)　まず第一に、これらI、Ia、Ib、Icのすべての場合において、〔各土地種類ごとの〕一エーカーあたりの地代は同じままである。というのは、実際には、同じ土地種類一エーカーあたりでの同じ資本量の収穫は変わらないままだからである。想定されているのは、どの国でも、どの与えられた瞬間にも見られること、すなわち、さまざまな土地種類が特定の比率で総耕作地を分有するということだけである。そして、二つの国をたがいに比較する場合、または、同じ国でも異なる時点を比較する場合につねに見られること、すなわち、総耕作地がさまざまな土地種類に分かれる比率が変動するということ、だけである。

Iaを I と比較すれば、四つの等級の地所の耕作が同じ割合で増大する場合には、耕作されるエーカーが二倍になれば、総生産が二倍となり、穀物地代および貨幣地代も二倍となることがわかる。

ところが、IbとIcとを交互に I と比較すれば、どちらの場合にも耕作地面積は三倍となる。どちらの場合にも、耕作地面積は四エーカーから一二エーカーに増加するが、Ibでは、等級AおよびB――このうちのAはなにも地代を生まず、Bは最小の差額地代を生む――がこの増大のうちの最大の部分を占めている。すなわち、新たに耕作される八エーカーのうち、三エーカーずつ、合計六エーカーはAとBとに属し、一エーカーずつ、合計二エーカーだけがCとDとに属する。言い換えれば、増大の $\frac{3}{4}$ はAとBとに属し、$\frac{1}{4}$ だけがCとDとに属する。このことを前提とすれば、Ibでは、I と比較して、耕作面積の三倍化に生産物の三倍化が照応しない。というのは、生産物は一〇から三〇に増加するのではなく、二六にしか増加しないからである。[*1] 他方では、この増大の大きな部分は、なにも地代をもたらさないAで生じ、優良地における増加も、その主要な部分[*2]は等級Bで生じるから、穀物地代は六クォーターから一四クォーターに、貨幣地代は一八ポンドから四二ポンドにしか増加しない。

＊1 〔草稿では、「一〇から三〇に」以下は「一〇から二六クォーターにしか増加しないが、三〇に増加していたとすれば、生産の増加は面積の増加に照応しているであろう」となっている〕

*2〔草稿では、「主要な部分」は「主要な増大」となっている〕

それに反して、Icを I と比較すれば、すなわち、地代を支払わない土地〔種類A〕の面積はまったく増大せず、最小の地代を支払う土地〔種類B〕の面積はわずかしか増大せず、主要な増大がCとDとに属する場合には、耕作地面積の三倍化とともに、生産は一〇クォーターから三六クォーターに、すなわち三倍以上に増加しており、穀物地代は六クォーターから二四クォーターに、すなわち四倍に増加しており、貨幣地代も同様に一八ポンドから七二ポンドに増加していることがわかる。

これらのどの場合においても、事態の性質上、土地生産物の価格は変わらないままである。どの場合にも、耕作の拡張が、なにも地代を支払わない最劣等地だけで生じるのでない限り、この耕作の拡張とともに総地代収入額は増大する。しかし、この増大はさまざまである。拡張が優良な土地種類で行なわれるのに比例して、したがって、生産物の総量が単に土地拡張に比例して増大するのでなく、いっそう急速に増大するのに比例して、穀物地代および貨幣地代が増大する〔表Ic〕。最劣等地およびこれに近い種類の土地が拡張の主要な部分を占めるのに比例して（この場合、最劣等地の等級は不変と想定する）、総地代収入額は増加するが、耕作の拡張には比例しない〔表Ib〕。したがって、なにも(677)地代をもたらさない土地Aの性状が同じである二つの国をとれば、地代収入額は、最劣等な土地種類および劣等な土地種類が総耕作地面積に占める可除部分に反比例し、したがってまた、同じ大きさの総面積に同じ額の資本投下が行なわれる場合の生産物の総量に反比例する。*したがって、一国の総土地面積中に占める最劣等耕作地の量と優良耕作地の量との比率が総地代収入額におよぼす作用は、最劣等耕作地の質と優良耕作地および最優良耕作地の質との比率が一エーカーあたりの地代に、したがって他の事情に変わりがなければ地代収入額におよぼす作用と逆である。これら二つの契機の混同が、差額地代に反対するあらゆる転倒した異論を生じさせた。

＊〔ここで論じられている表Ⅰbと表Ⅰcを比較すれば、地代収入額も生産物の量もⅠbよりⅠcのほうが多くなっており、したがって、最後の「反比例する」は「正比例する」の誤りと思われる〕

したがって総地代収入額は、単なる耕作の拡張によって、また、それと結びついて行なわれる土地への資本および労働の使用の拡大によって、増大する。

しかし、もっとも重要な点は、次のことである。前提によれば、一エーカーあたりで計算された異なる土地種類の地代の比率は変わらず、したがって、各一エーカーに支出された資本について見た地代率も変わらないとはいえ、次のことが判明する。すなわち、ⅠaをⅠと比較すれば――耕作されているエーカー数、および、これへの資本投下が比例的に増加した場合を見れば――総生産が耕作面積の増加に比例して増大したこと、すなわち両者ともに二倍となったこと、地代収入額についても同じことがいえるということがわかる。エーカー数が四から八に増加したのとまったく同じように、地代収入額は一八ポンドから三六ポンドに増加した。

〔表Ⅰの〕総面積四エーカーをとって見れば、その総地代収入額は一八ポンドであり、したがって、なんらの地代も生まない土地も含めて計算すれば、平均地代は四$\frac{1}{2}$ポンドであった。たとえば、四エーカー全部の持ち主である土地所有者はこのように計算するであろう。また、一国全体の平均地代も統計上ではこのように計算される。＊総地代収入額一八ポンドは、一〇ポンド〔50シリング×４〕の資本を使用する場合に生じる。この二つの数字の比率をわれわれは地代率と名づける。したがって、この場合には一八〇％である。

＊〔草稿では、これ以下は「〔総地代収入〕一八ポンド：資本一〇ポンドは一八〇％の地代率である」となっている〕

(678)

四エーカーでなく八エーカーが耕作されるが、すべての土地種類が同じ比率で増大を共有しているⅠaの場合には、同じ地代率が生じる。三六ポンドの総地代収入額は、八エーカーと二〇ポンドの使用資本のもとで、一エーカーあたり四$\frac{1}{2}$ポンドの平均地代と、一八〇％の地代率とを生み出す。

これに反して、増大が主として二つの劣等な土地種類で生じたⅠbを考察すれば、一二エーカーで四二ポンドの地代となり、したがって一エーカーあたり三$\frac{1}{2}$ポンドの平均地代となる。支出総資本は三〇ポンド〔50シリング×12〕であり、したがって地代率は一四〇％である。要するに、一エーカーあたりの平均地代は一ポンドだけ減少し、地代率は一八〇％から一四〇％に低下した。つまりこの場合には、総地代収入額は一八ポンドから四二ポンドに増大するのに、平均地代は一エーカーあたりで計算しても資本あたりで計算しても減少する。それは、生産と同様に増大するが、しかし比例的には増大しない。すべての土地種類で地代は一エーカーあたりで計算しても支出資本あたりで計算しても変わらないにもかかわらず、こうしたことが生じる。それが生じるのは、増大分の$\frac{3}{4}$が、なにも地代を生まない土地Ａと、最小の地代しか生まない土地Ｂとに属するからである。＊

＊〔草稿では、「つまりこの場合には」以下の文は、次のパラグラフ全体のあとに書かれている〕

Ibの場合に拡張の全部が土地Aだけで生じたものとすれば、Aでは九エーカー、Bでは一エーカー、Cでは一エーカー、Dでは一エーカーとなるであろう。総地代収入額は相変わらず一八ポンドであろうし、この一二エーカーについてエーカーあたりの平均地代は、したがって一$\frac{1}{2}$ポンドであろうし、支出資本三〇ポンドについて一八ポンドの地代は、したがって六〇％の地代率であろう。総地代収入額は増大しないが、一エーカーあたりで計算した平均地代も、支出資本について計算した平均地代もはなはだしく減少しているであろう。

最後に、Icを、IおよびIbと比較しよう。Iと比較してみれば、土地面積が三倍となり、支出資本も同じように三倍となった。総地代収入額は、一二エーカーについて七二ポンドであり、したがって一エーカーあたりでは、Iの場合の四$\frac{1}{2}$ポンドにたいし、六ポンドである。支出資本にたいする地代率（72ポンド：30ポンド）は、一八〇％でなく二四〇％である。総生産物は一〇クォーターから三六クォーターに増加している。

〔Icを〕Ib――ここでは、耕作エーカー総数、使用資本、および、耕作された土地種類間の格差は同じであるが、配分が違っている――と比較すれば、生産物は二六クォーターでなく三六クォーターであり、一エーカーあたりの平均地代は三$\frac{1}{2}$ポンドでなく六ポンドであり、前貸しされた同じ大きさの総資本にたいする地代率は一四〇％でなく二四〇％である。

表のIa、Ib、Icにおけるそれぞれ異なる状態を、異なる諸国に同時に併存する諸状態とみなすか、

（679）

同じ国で連続する状態とみなすかにかかわらず、以上で述べたところから次のことがわかる。すなわち、地代を生まない最劣等地の収穫が変わらないから穀物の価格が不変である場合、異なる等級の耕作地のあいだの豊度の格差が変わらない場合、したがって各土地等級で耕作される面積のうちで等しい可除部分（一エーカーずつ）にたいする同じ大きさの資本投下から生じる生産物の大きさがそれぞれ同じである場合、したがって、各土地種類の一エーカーあたりの地代間の比率が不変である場合、および、同種の各土地部分に投下された資本にたいする地代率が同じ場合——このような場合には、第一に、地代収入額はつねに、耕作面積の拡大につれて、したがって資本投下の増加につれて増大する。ただし、この増加の全部が地代を生まない土地で生じる場合をのぞいて。第二に、一エーカーあたりの平均地代（総地代収入額を耕作エーカー総数で割ったもの）も、平均地代率（総地代収入額を支出総資本で割ったもの）も、非常に大きく変動しうる。しかも、両者とも同じ方向に、しかし相互にはまた異なる比率で変動しうる。増大が地代を生まない土地Aだけで生じる場合を度外視すれば、一エーカーあたりの平均地代、および、農業に投下された資本にたいする平均地代率は、それぞれ異なる土地等級が耕作総面積中に占める比例的持ち分に依存すること、または、同じことに帰着するが、豊度を異にする各土地種類への使用総資本の配分に依存することが判明する。耕作地の多少にかかわらず、したがって（増大がAでのみ生じる場合をのぞけば）総地代収入額の大小にかかわらず、それぞれ異なる土地種類が総面積中に占める持ち分の比率が不変である限り、一エーカーあたりの平均地代、または使用資本にたいする平均地代率は変わらない。耕作の拡大および資本投下の増大につれて総地代収入額は増加する――それもいちじるしく増加しさえする――にもかかわらず、地代を生まない地所およびわずかの差額地代しか生まない地所の拡張が、より優良な、より高い地代を生む地所の拡張よりもいっそう大きい場合には、一エーカーあたりの平均地代、および資本にたいする平均地代率は減少する。逆に、総面積中でより優良な地所の占める持ち分の比率が大きくなればなるほど、したがってより優良な地所に投下される資本の比率が多くなればなるほど、一エーカーあたりの平均地代、および資本にたいする平均地代率は増加する。

したがって、総耕作地の一エーカーまたは一ヘクタールあたりの平均地代を考察するならば、同じ時代の異なる国を比較するか、同じ国の異なる時代を比較する――統計にかんする著作ではたいていそうなされているように――ことによって、一エーカーあたりの地代の平均的高さ、したがってまた総地代収入額は、ある割合（それは決して同じ歩調ではなく、むしろいっそう急速な歩調で進むものであるとしても）で、一国における農業の相対的豊度にではなくその絶対的豊度に照応する、すなわち、その国が等しい面積あたりで平均的に供給する諸生産物の分量に照応する、ということがわかる。(680) というのは、総面積に占めるより優良な土地種類の持ち分が大きければ大きいほど、同じ額の資本を投下した場合に、同じ大きさの土地面積で得られる諸生産物量はそれだけ大きく、また、一エーカーあたりの平均地代もそれだけ大きいからである。逆に、右の持ち分が小さければ小さいほど、諸生産物量と平均地代はそれだけ小さい。そうすると、地代は豊度格差の比率によってではなく、絶対的豊度によって規定されるかのように見え、それとともに差額地代の法則は廃棄されるかのように見える。そのため、次の若干の諸現象が否認されるか、または、穀物の平均価格と耕作地所の豊度格差とには存在しない区別によって説明をつけようと試みられるかする。これら諸現象は、地代を生まない土地の豊度が変わらず、したがって生産価格が変わらない場合、また、さまざまな土地種類のあいだの格差が変わらない場合には、耕作地の総面積なり土地に投下された総資本なりにたいする総地代収入額の比率は、一エーカーあたりの地代によって、または資本にたいする地代率によって規定されているだけではなく、同じように、耕作エーカー総数に占める各土地種類のエーカー数の比率によっても、または、同じことに帰着するが、さまざまな土地種類への使用総資本の配分によっても規定されている、ということだけに根拠をもっている。奇妙なことにこの事情は、従来、まったく見過ごされてきた。いずれにしても次のことは明らかであり、しかもこれは、われわれの研究の進行に重要である。すなわち、価格が不変のままであり、耕作地の豊度における格差が不変のままであり、そして一エーカーあたりの地代が、または、現実に地代を生む各土地等級で一エーカーあたりに投下された資本にたいする地代率、もしくは現実に地代を生む全資本にたいする地代率が不変のままである場合には、一エーカーあたりの平均地代の相対的高さ、および平均地代率、もしくは、土地*に投下された総資本にたいする総地代収入額の比率は、耕作の単なる外延的拡張によって増加または減少しうるということが、それである。

＊〔草稿では「土地」は「一国の土地」となっている〕

＊なお、Ⅰ〔本章〕で考察された差額地代の形態にかんして、部分的にはⅡ〔次章〕にもあてはまる次のような追加をしておかなければならない。

＊〔草稿では、「なお」から本章の末尾までの部分は、次の第四〇章の第四パラグラフのあと（本訳書、第三巻、一二一九ページ五行目のあと）に書かれている。エンゲルスは、この部分をここに移し、区分線で区別した〕

第一に——すでに述べたように、耕作が拡大し、価格が変わらず、耕作地の豊度格差が不変のままである場合には、一エーカーあたりの平均地代、または、資本にたいする平均地代率は増加することがありうる。一国の土地がすべて、だれかのものとなっており、土地への資本投下、耕作、および人口がすでに一定の高さに達している場合には——これらの事情は、資本主義的生産様式が支配的とな(681)って農業をも占領すれば、すべて前提されていることであるが——、さまざまな質の未耕地の価格は（差額地代だけを前提すれば）、地味と位置とが等しい既耕地の価格によって規定されている。この未耕地は、地代を生まないとはいえ、その価格は——つけ加えられる開墾費を控除すれば——〔既耕地と〕同じである。確かに、土地の価格は、資本還元された地代にほかならない。しかし、既耕地の場合にも、価格として支払われるのは将来の地代だけであって、たとえば、標準利子率が五％ならば、二〇年間の地代が一度に先払いされる。土地が売られる場合には、それは地代を生むものとして売ら

れるのであり、地代（これはこの場合には、土地の果実とみなされるが、それは外観上そう見えるにすぎない）の将来入手見込みという性格は、未耕地も既耕地と異ならない。未耕地の価格は、その地代と同じように——価格はその地代を合計した式を表わす——その地所が現実に使用されない限り、まったく幻想的である。しかし、その価格はこのように〝先験的に〟規定されているのであり、買い手たちがみつかればすぐに実現される。だから、一国の現実の平均地代がその国における現実の、平均的な、年々の地代収入額によって、また総耕作面積にたいするこの地代収入額の比率によって規定されているとすれば、未耕地部分の価格は、既耕地部分の価格によって規定されているのであり、したがって、既耕地における資本投下とその成果との反射にすぎない。最劣等地をのぞけば、すべての土地種類が地代を生む（そしてこの地代は、Ⅱで述べるであろうように、資本の総量およびそれに照応する耕作の集約度とともに増加する）のだから、そうやって未耕地部分にたいする名目価格が形成され、こうして、未耕地部分が一つの商品——その所有者にとっての富の一源泉——となる。このことは、同時に、全地域の、未耕地を含めての土地価格が増大するのはなぜかということを説明する。（オプダイク。）[*] 土地投機——たとえば合衆国におけるそれ——は、資本と労働とが未耕地に投射するこの反射にもとづくものにすぎない。

＊〔G・オプダイク『経済学にかんする一論』、ニューヨーク、一八五一年、八八—八九ページ〕

第二に。耕作地拡張の進行は、一般に、劣等地に向かって行なわれるか、または、与えられたそれぞれ異なる土地種類において、それらの現存する割合に応じてそれぞれ異なる比率で行なわれるかのどちらかである。劣等地への進行は、もちろん、自由な選択から生じるのではなく――資本主義的生産様式を前提すれば――〔農業生産物の〕価格騰貴の結果でありうるにすぎず、また、どの生産様式のもとでも必要の結果でありうるにすぎない。といっても、無条件にそうなのではない。* 相対的に優良な土地よりも劣等地が選ばれるのは位置のためであり、この位置は新興諸国において耕作が拡張される場合にはつねに決定的である。しかしまた、ある地方の地層は全体としてより豊度の高い土地に属するとしても、個々に見れば、優良地と劣等地とがごちゃまぜになっており、劣等地も、優良地とつながっているというだけで耕作されざるをえないからでもある。劣等地が優良地に取り囲まれている場合には、優良地は、その劣等地にたいし、より豊度は高いが既耕地または耕作予定地とつながっていない土地と比べた位置の優位性を提供する。(682)

＊〔草稿では、「無条件にそうなのではない」は「このことは次のことによって修正される」となっている〕

ミシガン州は、こうして、西部諸州〔独立当初の合衆国領からみた呼称〕のなかで、穀物を輸出するようになった最初の州の一つであった。その土地は全体としてはやせている。しかし、ミシガン州は、ニューヨーク州に近く、また、五大湖とエリー運河とによる水利の便があるので、なによりもまず、もともといっそう豊度は高いが、もっと西に位置する諸州よりも有利であった。ニューヨーク州と比較してみれば、この州の実例は優良地から劣等地への移行をも明らかにしてくれる。ニューヨーク州の土地、ことにその西部は、比較にならないほど豊度が高く、小麦の栽培にたいしてはとくにそうである。この豊度の高い土地も、乱作によって豊度を奪われ、いまやミシガンの土地のほうがより豊度の高いものとして現われたのである。

＊〔草稿では、「五大湖とエリー運河」は「エリー運河とオンタリオ湖」となっている。エリー運河はエリー湖とハドソン川上流を結んだ〕

「一八三八年＊には、小麦粉は、主要にはニューヨーク州および上部カナダ〔カナダのオンタリオ州の一部の旧称〕の小麦地帯から、バファローで西部に向けて船積みされた。わずか一二年後の現在では、小麦および小麦粉の莫大な在庫がエリー湖沿いに西部からもち込まれ、そしてエリー運河経由で、つまりバファローとそれに隣接する港ブラックロックから東部へ船で運ばれる。〔……〕小麦および小麦粉の輸出〔原文は「西部諸州からのこれらの大量の着荷」〕は一八四七年のヨーロッパの飢饉によってことのほか促進された。それによって、ニューヨーク州西部では小麦が安くなり、小麦の栽培は収益が減少した。そのため、ニューヨーク州の借地農場経営者たちは、畜産、酪農業、果樹栽培など、彼らの考えでは、北西部がすぐには彼らと競争できないであろうような諸部門により多く目を向けるようになった」（J・W・ジョンストン『北アメリカ〔……〕にかんする覚え書き』、〔エディンバラおよび〕ロンドン、一八五一年、第一巻、二二二〔、二二三〕ページ）。

＊〔初版では「一八三六年」となっていた。出典によりカウツキー版で訂正〕

第三に。植民地および一般に新興諸国の土地は、穀物をより安い価格で輸出できるという理由から必然的に自然的豊度がより高いとすることは、誤った前提である。穀物は、ここでは、その価値よりも安く売られるだけでなく、その生産価格よりも安く、すなわちより古い諸国での平均利潤率によって規定される生産価格よりも安く売られる。
（683）ジョンストンの言うように（一二二三ページ）、われわれが「このように多量の小麦の供給を年々バファローにもたらしているこれら新興諸州に、巨大な自然的豊度および豊かな土地の無限の広がりを結びつけて考えることに慣れている」としても、このことはなによりもまず経済的事情に依存する。たとえばミシガンのようなこうした州の全住民は、当初はほとんどもっぱら農業に、ことに、彼らが工業製品および熱帯生産物と交換できる唯一のものである大量の農産物の生産に、従事している。だから、彼らの過剰生産物[*1]は全部、穀物の姿で現われる。このことこそ、近代的世界市場の基礎の上に打ち立てられた植民地諸国を、以前の、ことに古代の植民地諸国から、根本的に区別するものである。これら〔近代の〕植民地諸国は、別の事情のもとでは自力で創り出さなければならなかったであろう諸生産物、すなわち衣類や道具などを、世界市場を通して完成品として受け取る。こうした基礎の上ではじめて、合衆国の南部諸州は綿花をその主要生産物にすることができた。世界市場における分業が南部諸州にこのようなことを可能にするのである。だから、南部諸州の新しさや、比較的に少ない人口数を考えれば、これらの諸州が非常に大きな過剰生産物[*2]を生産するように見えるとしても、これは、その土地の豊度のせいでも、またその労働の多産性のせいでもなく、その労働の、したがってまたその労働を表わす過剰生産物[*3]の、一面的な形態のせいである。

*1・2・3〔草稿では「過剰生産物」は「超過生産物」となっている。本訳書、第三巻、一二四九―一二五〇ページ参照〕

さらにまた、相対的に豊度の低い耕地――ただし、はじめて新しく耕作されることになり、これまでまったく耕作の洗礼を受けたことのなかった耕地――でも、気候状態が全然不良であるというのでない限り、少なくともその表土には多量の溶解しやすい植物栄養素が堆積されており、そのため肥料なしで、しかもまったく表土を耕すだけで、長期にわたり収穫をもたらす。さらに、西部の大草原《プレーリー》では、ほとんどどのような開墾費も必要とせず、自然がそれを耕作可能にしているという事情がつけ加わる（三三(a)）。この種の比較的豊度の低い地帯で過剰分が生じるのは、土地の豊度の高さ、すなわち、一エーカーあたりの収量によるのではなく、表土を耕すだけで耕作できるエーカー総数によるのである。というのは、こうした土地は耕作者にとって、なんの費用もかからないか、または、より古い諸国と比較すれば、取るに足りない費用しかかからないからである。たとえばニューヨーク、ミシガン、カナダなどの諸地域で見られるように、分益小作*1契約のあるところではそうである。一家族が表土だけを（684）たとえば一〇〇エーカー耕作すれば、一エーカーあたりの生産物は大きくなくても、一〇〇エーカーの生産物は販売用の一大過剰分をもたらす。そのうえさらに、人工の牧草地を必要としない、自然の放牧地で営まれる、ほとんど費用のかからない牧畜がつけ加わる。この場合に決定的なのは、土地の質ではなくて量である。もちろん、この表土を耕すだけの耕作の可能性は、あるいは徐々に、あるいは急速に、利用し尽くされる――すなわち、新しい土地の豊度に反比例して〔徐々に〕、またその生産物の輸出に正比例して〔急速に〕、利用し尽くされる。「それでも、このような地方は、小麦であってさえ、すばらしい最初の収穫をもたらすであろう。土地から最初の甘い蜜をすくい取る者は、豊富な過剰小麦を市場に送りうるであろう」[*2]（同前、一二一四ページ）。古くから耕作が行なわれている諸国では、所有関係や、既耕地の価格によって規定される未耕地の価格などが、この種の粗放的経営を不可能にする。

〔三（a）〕〔こうしたプレーリー地方またはステップ地方〔シベリア、アジア、アフリカの大草原〕の耕作の急速な増大こそ、最近では「人口が食糧を圧迫する」というはなはだ有名なマルサスの命題[*3]を笑い草にするばかりか、その反対に、食糧が人口に加える圧迫を力ずくでも解決しなければ農業が、また、農業とともにドイツが破滅するという、大地主たちの嘆きを生み出したのである。しかし、こうしたステップ、プレーリー、パンパス〔アルゼンチンの大草原〕、リャノス〔南アメリカのオリノコ川流域の大草原〕などの開拓は、やっと着手されたばかりである。したがって、それがヨーロッパ農業におよぼす変革的作用は、これから先、これまでとはまったく違うほど強く感じられるであろう。――F・エンゲルス〕

＊1〔借地農と土地所有者とが収穫を一定の割合で分配する小作形態。マルクスは、本書、第三巻、第四七章第五節でこの形態を分析している〕

＊2〔草稿および原文では、「もたらすであろう」以下は「もたらし、土地から最初の甘い蜜をすくい取る者に、市場に送りうるこの穀物の巨大な余剰を提供するであろう」となっている〕

＊3〔マルサス『人口の原理にかんする一論』、ロンドン、一七九八年〔高野岩三郎・大内兵衛訳『初版　人口の原理』、岩波文庫、一九五〇年〕〕

それだからといって、リカードウがそう考えているように、この土地が非常に豊度の高いものでなくてはならないわけではないし、また、豊度の等しい土地種類だけが耕作されるわけでもないことは、次のことから見て取れる。すなわち、ミシガン州では一八四八年に、小麦の播種面積は四六万五九〇〇エーカーであり、生産額は四七三万九三〇〇ブッシェル、すなわち、平均して一エーカーあたり一〇1/5ブッシェルであった。これから種子用小麦を控除すれば、残りは一エーカーあたり九ブッシェル以下となる。この州の二九郡のうち、二郡が一エーカーあたり平均で七ブッシェルを生産し、三郡が八ブッシェルを、二郡が九ブッシェルを、七郡が一〇ブッシェルを、六郡が一一ブッシェルを、三郡が一二ブッシェルを、四郡が一三ブッシェルを、ただの一郡が一六ブッシェルを、また別の一郡が一八ブッシェルを生産した（同前、二二六〔正しくは二二五〕ページ）。

実際の耕作では、土地の豊度が比較的高いということは、この豊度の即時利用可能性が比較的高いということと一致する。この後者〔豊度の即時利用可能性〕は、天然に豊かな土地でよりも、天然に貧しい土地でのほうが大きいことがありうる。そしてこの種の土地こそは、植民者[*1]がまず第一に手をつけるであろう土地であり、また、資本が不足している場合には〔まず第一に〕手をつけなければならない土地である。[*2]

＊1〔草稿では「植民者」は「耕作者」となっている〕

＊2〔草稿では、このあとに「だから、リカードウなどによって設定された順序ほど笑うべきものはない」と続いている〕

最後に。より大きな土地面積への――いま考察したような、既耕地によりも劣等地にたよらなければならない場合を別として――AからDにいたる異なる土地種類での耕作の拡張は、すなわち、たとえばBおよびCのより大きな面積の耕作は、決して、穀物価格のあらかじめの騰貴を前提とするものではないのであって、それは、たとえば綿紡績業の年々進行する拡張が綿糸価格の絶え間ない騰貴を必要としないのと同じことである。市場価格のいちじるしい騰貴または低下は生産規模に影響をおよぼすとはいえ、このことを度外視すれば、生産を阻止する作用も特別に促進する作用もしない水準にある平均価格のもとでさえ、農業では（資本主義的に経営される他のいっさいの生産部門でと同様（685）に）絶えずあの相対的過剰生産が生じる。すなわち、それだけでみれば蓄積と同じものであり、他の生産様式のもとでは直接に人口の増加によって引き起こされ、また植民地では絶えざる移民の入植によって引き起こされるあの相対的過剰生産が生じる。需要は恒常的に増大し、そして、これを見込んで、絶えず新たな資本が新たな土地に投下される――といっても、事情に応じて、さまざまな農産物のために投下されるのであるが。このようなことをそれ自体としてもたらすものは、新たな諸資本の形成である。しかし、個々の資本家について言えば、彼は、なおみずから資本を監督しうる限りで、自分が自由にできる資本によって、自分の生産の規模を測定する。彼がめざすのは、市場でできるだけ大きな場所を占めることである。もし過剰生産が生じれば、それを彼は自分の責任にしないで、自分の競争者たちの責任にする。個々の資本家は、与えられた市場のより大きな可除部分を自分の手に入れることによっても、市場そのものを拡大することによっても、自分の生産を拡張することができる。

（686）

第四〇章　差額地代の第二形態（差額地代Ⅱ）*

＊〔草稿では章区分も表題もなく、次の段落の冒頭に「Ⅱ）」と書かれている〕

われわれはこれまで、差額地代を、豊度の異なる等しい面積の土地に等しい額の資本を投下した場合の生産性の相違の結果としてのみ考察してきた。その結果、差額地代は、最劣等で地代を生じない土地に投下されている資本の収益と、より優良な土地に投下されている資本の収益との格差によって規定された。この場合には、資本諸投下は異なる地面で並立して行なわれ、それゆえ、資本が新たに投下されるごとにそれに応じて土地の外延的な耕作、すなわち耕地面積の拡大が生じた。しかし結局は、差額地代は実際のところ、土地に投下される等しい額の諸資本の生産性の相違の結果にほかならなかった。さて、生産性の異なる資本量がつぎつぎに同一地片に投下される場合と、異なる諸地片に並立して投下される場合とでは、その結果は同一であるということしか前提されないとすれば、なにか区別をつけることができるであろうか？*

＊〔差額地代の第二形態についてのマルクスの考察は、完結しなかった。考察の最後のまとめの段階で、相次ぐ投下と生産物との関連についてのマルクスの次の発言がそのことを示唆している。「そのうちのどれが資本投下Ⅰの生産物であり、またどれが資本投下Ⅱの生産物であるかはわからない」（本訳書、第三巻、一三〇〇ページ）〕

まずもって否定できないのは、超過利潤の形成を考察する限りでは、以下のどちらであるかはどうでもよい、ということである。すなわち、〔土地種類〕Aの一エーカーに三ポンドの生産費〔二〇%の利潤を含む〕が費やされて一クォーターを生み、したがって、三ポンドが一クォーターにとっての生産価格および規制的市場価格であり、他方、Bの一エーカーに三ポンドの生産費が費やされて二クォーターを、したがって三ポンドの超過利潤を生み、同様にCの一エーカーに三ポンドの生産費が費やされて三クォーターを、そして六ポンドの超過利潤を生み、最後にDの一エーカーに三ポンドの生産費が費やされて四クォーターを、そして九ポンドの超過利潤を生むのか、それとも、この一二ポンドの生産費または一〇ポンドの資本が右と同じ成果をともなって、同じ順序で、同一の一エーカーのうえに使用されることによって、同じ結果が達成されるのかはどうでもよい、ということである。いずれ(687)の場合にも、一〇ポンドの資本の、二$\frac{1}{2}$ポンドずつ連続的に投下される各価値部分が――異なる豊度をもつ四エーカーに並立して投下されるか、それとも同一の一エーカーのうえにつぎつぎに投下されるかにはかかわりなく、それら各価値部分の生産物の違いに応じて、一部分はなにも超過利潤をもたらさないが、他の諸部分は、あの地代を生まない資本投下〔の収益〕を超える各価値部分の収益の格差に比例して、超過利潤をもたらすのである。

　資本の異なる価値部分にたいする超過利潤、および異なる超過利潤率は、どちらの場合にも同様に形成される。そして地代は、この超過利潤の一形態にほかならず、超過利潤が地代の実体をなしている。しかし、なんであれ、〔超過利潤形成の〕第二の方法では、超過利潤の地代への転化にとって、資本主義的借地農場経営者から土地所有者への超過利潤の移転を含むこの形態変化にとって、もろもろの困難が生じる。官公庁の農業統計にたいするイギリス借地農場経営者たちの頑強な抵抗はここに由来する。彼らの資本投下の実際の収穫の査定をめぐっての、彼らと土地所有者たちとの闘争はここに由来する（モートン〔『地所の資源』、ロンドン、一八五八年〕）。すなわち、地代は地所の賃貸借のさいに確定され、その後は、それに即して、借地契約が存続する限り、資本の連続的投下から生じる超過利潤は、借地農場経営者のポケットに流れ込む。長期の借地契約をめざす借地農場経営者たちの闘争、逆に、地主たちの優勢な力による年々解約可能な借地契約（〝任意借地〟）の増加は、ここに由来する。

だから、不等な結果をもたらす同額の諸資本が同じ大きさの諸地片に並立して投下されるか、それとも、そのような諸資本が同一の土地部分につぎつぎに投下されるかは、超過利潤形成の法則にとってはなんの変わりもないとはいえ、超過利潤の地代への転化にとっては重大な相違をなすということは、はじめから明らかである。あとの方法は、この転化を、一方ではより狭い限界内に、他方ではより変動の大きい限界内に閉じ込める。だから、集約的耕作（そしてわれわれは、経済学的には、集約的耕作とは、並立している諸地片への資本の配分ではなく、同一の土地部分への資本の集積にほかならないと解する）が行なわれる諸国では、モートンがその著『地所の資源』〔ロンドン、一八五八年、二〇九ページ以下〕で展開しているように、地代査定人の仕事が非常に重要で、複雑かつやっかいな職業となるのである。より恒久的な土地諸改良の場合には、借地契約の満期のさいに、人工的に高められた土地の豊度格差は土地の自然的な豊度格差と同じものとなり、したがって地代の評価は、土地種類

（688）間で異なる豊度一般の評価と同じものとなる。これにたいし、超過利潤の形成が経営資本の大きさによって規定されている限りでは、一定の大きさの経営資本のもとで達成される地代の高さはその国の平均地代に加算されているのであり、したがって、新たな借地農場経営者は同じ集約的な方式で耕作を続けるのに十分な資本を自由に使えることが〔土地所有者たちによって〕求められる。[*]

*〔草稿では、このあとに、第三九章の終わりに近い区分線（本訳書、第三巻、一二〇七ページ）からあと同章末までの部分の全体が書かれている〕

さて、差額地代Ⅱの考察にさいしては、なお次の諸点が強調されなければならない――

第一に――差額地代Ⅱの基礎、およびその出発点は、歴史的にだけでなく、所与のどの時点でのその運動にかんする限りでも、差額地代Ⅰ、すなわち、豊度および位置の異なる土地諸種類の並立的な同時耕作であり、したがって、質の異なる諸地片への、総農業資本の相異なる構成諸部分の並立的な同時使用である。

歴史的には、これは自明のことである。植民地では、入植者たちはわずかの資本を投下するだけでよい。生産の主要な作用因子は労働と土地である。個々の家長はいずれも、自分と一家のために、独立した就業地を、仲間の入植者たちの就業地にならんでつくり出そうとする。[*1]一般に、本来の農業の場合には、先資本主義的[*2]生産諸様式のもとでさえも、そうであるに違いない。自立した生産部門としての牧羊業、一般に牧畜においては、多かれ少なかれ土地の共同利用が行なわれるのであり、この共同利用は当初から粗放的である。[*3] 資本主義的生産様式は、それ以前の生産諸様式から、すなわち、生産諸手段が事実上または法律上、耕作者自身の所有である生産諸様式から、ひとことで言えば農業の手仕事的な経営から出発する。ことの本性にそって、この経営から、[*4] 生産諸手段の集積と生産諸手段の資本への転化とが、賃労働者に転化された直接生産者たちに対立しながら、ようやくしだいに発展する。[*5] ここで資本主義的生産様式が特徴的に登場する限りでは、それは、最初はまず、とくに牧羊業および牧畜において行なわれる。しかし、次にはそれは、相対的に小さな範囲の土地での資本の集積としてではなく、規模のより大きな生産として行なわれ、その結果、馬の飼育その他の生産費が節約される。しかし、実際にはこれは、同じ土地でより多くの資本を使用したことによるものではない。さらに、農耕の自然法則のなかには、耕作がある一定の高さに達し、それに応じて土地が疲弊する場合には、資本――ここでは同時に、すでに生産された生産諸手段という意味である――が土地耕作の決定的要素となる、というものがある。既耕地が未耕地に比べて相対的に小さな面積をなし、地力がまだ疲弊していない限りは（本来の農業と穀菜食が優勢となる前の時代の、牧畜と肉食が支配的な場合にはそうであるが）、始まりつつある新たな生産様式[*6]は、ことに、一人の資本家の責任で耕作される土地面積の広さによって、したがってまた、空間的により大きな土地面積での資本の粗放的使用によってさえ、農民的生産に相対する。したがって、差額地代Ｉが歴史的基盤であり、出発点であることが、最初から銘記されなければならない。他方で、差額地代IIの運動は、どの与えられた瞬間にお

(689)

いても、一領域においてのみ生じるが、その領域自身がまた、差額地代Ⅰの多様な基盤をなす。

＊1〔草稿では、「個々の家長」以下は「個々の家長はいずれも、自分自身のために、したがってまた独立して他の入植者にならんで、荒れ地を開墾し独立した就業地をつくろうとする」となっている〕

＊2〔草稿では、「先資本主義的」は「非資本主義的」となっている〕

＊3〔草稿では、「植民地では」からここまでの文は角括弧でくくられている〕

＊4〔草稿では、「この経営から」は「それ自身の土台のうえに」となっている〕

＊5〔草稿では、このあとに丸括弧でくくって「信用によるこの集中もまた」と書かれている〕

＊6〔草稿では、「始まりつつある新たな生産様式」は「資本主義的生産様式」となっている〕

第二に――形態Ⅱの差額地代の場合には、豊度の差異のほかに、借地農場経営者たちの間における資本（および信用能力）の配分の相違がつけ加わる。本来の製造業では、やがて、どの事業部門についても、それを下回ると個々の事業が首尾よく経営されえない事業規模の独自な最低限、およびこれに照応した資本の最低限が形成される。それと同様に、どの事業部門でも、この最低限を超える、標準的な、資本の平均量が形成されるのであって、生産者の多数は、この平均量を手にしていなければならないし、また実際に手にしている。これを超えるものは特別《エクストラ》利潤を形成しうる。これを下回るものは、平均利潤も受け取らない。資本主義的生産様式は徐々にかつ不均等にしか農業をとらえないのであり、それは、農業における資本主義的生産様式の古典的な国であるイギリスで見ることができるとおりである。自由な穀物輸入が存在しない限り、または、自由な穀物輸入量が制限されているのでこの輸入の影響が制限されているにすぎない限り、劣等地で、すなわち平均的な生産諸条件よりも不利な諸条件のもとで働く生産者たちが＊、市場価格を規定する。農業で使用される、また一般に農業が自由に使用できる資本総量の一大部分はこれらの生産者たちの手にある。

＊〔草稿では、「劣等地で」以下は「生産諸条件の平均以下で労働するより劣等な生産者たち」となっている〕

たとえば＊、農民が自分の小さな分割地に多大の労働を用いるというのは正しい。しかしそれは、孤立化された、そして生産性の客観的な、社会的および物質的諸条件を奪われた、それらを失った労働である。

＊〔草稿では、このパラグラフ全体が丸括弧でくくられている〕

この事情によって、現実の資本主義的借地農場経営者たちは超過利潤の一部分を取得することができるようになる。このようなことは――少なくともこの点が考察される限り――もし資本主義的生産様式が農業でも製造業でと同じように均等に発展するならば、なくなってしまうであろう。

(690) われわれはさしあたり、差額地代Ⅱのもとでの超過利潤の形成だけを考察し、この超過利潤の地代への転化が行なわれうるさいの諸条件にはまだかかわらないことにしよう。

その場合には明らかに、差額地代Ⅱは、差額地代Ⅰの別の表現にすぎず、しかも当然これと一致する。異なる土地諸種類の豊度の相違が差額地代Ⅰの場合に作用するのは、この相違が作用して、土地に投下された諸資本が――諸資本の大きさが同じである場合にも、または、諸資本の大きさの比率に照らしてみても――不等な結果、不等な生産物をもたらす限りにおいてのみである。こうした不等が、同じ地片のうえにつぎつぎに投下される別々の資本にとって生じるのか、それとも異なる土地諸種類のいくつもの地片に使用された別々の資本にとって生じるのかということは、豊度の差異または諸資本の生産物の差異には、したがって、より生産的に投下された資本諸部分にたいする差額地代の形成には、どんな相違ももたらすことができないのである。同額の資本投下のもとで異なる豊度を示すのは相変わらず土地であり、ただ、Iでは異なる土地種類が、それらに投下される、社会的資本の同じ大きさの別々の諸部分にたいしてすることを、ここ〔II〕では同一の土地が、別々の諸部分に分かれて連続的に投下される一資本にたいしてする、というだけのことである。

表I〔本訳書、第三巻、一一九七ページ〕で、それぞれ二$1/2$ポンドの自立的諸資本の姿態で、異なる借地農場経営者によって、四つの土地種類A、B、C、Dの各一エーカーに投下されている〔合計〕一〇ポンドの同じ資本が、そうではなく、Dの同じ一エーカーに連続的に投下され、その結果、第一次資本投下は四クォーター、第二次投下は三クォーター、第三次投下は二クォーター、最後の投下は、一クォーターを生み出すとすれば（逆の順序でもよい）、収穫のもっとも少ない資本部分によって提供される一クォーター＝三ポンドという価格は、差額地代をもたらさず、生産価格が三ポンドである小麦の供給がまだ必要である限りは*生産価格を規定するであろう。そして、前提によれば資本主義的に生産されるのだから、したがって、三ポンドという価格は二$1/2$ポンドの資本が一般にもたらす平均利潤を含むのだから、それぞれ二$1/2$ポンドである他の三つの部分は、それぞれの生産物の格差に応じて超過利潤をもたらすであろう。というのは、それぞれの生産物は、その生産価格で売られるのでは

(691)

なく、もっとも収穫の少ない二$\frac{1}{2}$ポンドの資本投下――すなわち、なんの地代ももたらさない投下、またそこでは生産物の価格が、生産価格の一般的法則によって規制されている投下――の生産価格で売られるからである。超過利潤の形成は表Ⅰにおけるのと同じであろう。

＊〔草稿では、「生産価格が」以下は「この最後の一クォーターの供給が必要である場合には」となっている〕

ここでふたたび、差額地代Ⅱは差額地代Ⅰを前提する、ということが明らかになる。二$\frac{1}{2}$ポンドの資本がもたらす生産物の最低限、すなわち、それが最劣等地でもたらすものは、この場合には一クォーターと仮定されている。そこで、土地種類Ｄの借地農場経営者が、彼に四クォーターをもたらして彼がそれにたいして三クォーターの差額地代を支払う二$\frac{1}{2}$ポンドのほかに、同じ土地のうえにさらに二$\frac{1}{2}$ポンドを使用し、それが最劣等地Ａでの同額の資本と同じく一クォーターしか彼にもたらさないとしよう。この場合、これは地代を生まない資本投下であろう。というのは、彼には平均利潤しかもたらされないだろうからである。ここには、地代に転化するための超過利潤はなにも存在しないであろう。しかし他方ではまた、Ｄへの第二次資本投下のこの収穫の減少は、利潤率にはなにも影響しないであろう。あたかも二$\frac{1}{2}$ポンドが、土地種類Ａの別の一エーカーに新たに投下されたのと同じであろう――それは、決して超過利潤に影響せず、したがって土地諸種類Ａ、Ｂ、Ｃ、Ｄの差額地代にも影響しない事情である。しかし借地農場経営者にとっては、Ｄにたいするこの二$\frac{1}{2}$ポンドの追加投下は、前提に従って、Ｄの〔同じ〕一エーカーにたいする最初の二$\frac{1}{2}$ポンドの投下――これは四クォーターをもたらすとはいえ――が、彼にとって有利であるのとちょうど同じ程度に有利であったであろう。さらに二$1/2$ポンドずつの別な二つの資本投下が、彼にたいして、最初のそれは三クォーター、二番目のそれは二クォーターの追加生産物をもたらすとしても、Dにたいする二$1/2$ポンドの第一次投下――それは四クォーターをもたらし、したがって三クォーターの超過利潤をもたらした――の収穫に比較すれば、やはり減少が生じたであろう。しかしそれは、超過利潤の大きさの減少にすぎず、平均利潤にも規制的生産価格にも影響しないであろう。そのような影響が生じるのは、この減少する超過利潤をもたらす〔Dにおける〕追加生産がAでの生産を不要にし、したがってAの一エーカーを耕作圏外に投げ出す場合だけであろう。この場合には、Dの一エーカーでの追加資本投下の豊度の減少に、生産価格の低下が結びついているであろう。たとえば、Bの一エーカーが地代を生まない、市場価格を規制する土地となる場合には、三ポンドから一$1/2$ポンド*へ低下するであろう。

＊〔土地種類B一エーカーでは、三ポンドの生産費で二クォーター生産されると想定されている〕

Dでの生産物は以前には四クォーターであったが、いまや 4＋1＋3＋2＝10 クォーターであろう。しかし、Bによって規制される一クォーターの価格は一$1/2$ポンドに低下しているであろう。DとBとの〔生産物の〕差は 10－2＝8 クォーターであり、一クォーターあたり一$1/2$ポンドでは一二ポンドに等しいであろうが、他方、以前にはDでの貨幣地代は九ポンドであった。このことは注意すべきである。各二$1/2$ポンドの二つの追加資本にたいする超過利潤の率が下落したにもかかわらず、一エーカーあたりで計算すれば、地代の水準が三三$1/3$％だけ増加しているであろう。*

＊〔この段落の計算と行論は、誤りではないかと思われる。表Ⅰの場合はDへの投下資本は二$1/2$ポンドであっ

たが、ここではDへの投下資本は全部で一〇ポンドに増えており、Bの生産物との差がそのまま地代になるわけではない〕

(692)

これ[*1]を見れば、差額地代一般が、ことに形態Ⅰと結びついた形態Ⅱの差額地代が、いかに複雑きわまる組み合わせを生じさせるかということがわかる。ところが、たとえばリカードウは、これをまったく一面的に、そして単純なこととして取り扱っているのである。[*2]たとえば、さきに見たように、規制的市場価格が低落すると同時に豊度の高い諸地所の地代が増大し、その結果、絶対的生産物も絶対的超過生産物も増大することがある。(下降線をたどる差額地代Ⅰの場合、一エーカーあたりの絶対的超過生産物〔絶対的生産物〕は不変のままであるか、または減少しさえするにもかかわらず、一エーカーあたりの相対的超過生産物、したがって地代は増大しうる。)しかし同時に、同じ土地のうえにつぎつぎになされる資本投下の豊度は、これらの投下の大部分が豊度のより高い諸地所に振り向けられるにもかかわらず、減少する。ある観点から見れば──生産物[*3]から見ても、生産価格から見ても──労働の生産性[*4]は増加した。他の観点から見れば、それは減少した。なぜなら、同じ土地でのそれぞれ異なる資本投下にとっての、一エーカーあたりの超過利潤の率および超過生産物[*5]が減少するからである。

＊1〔草稿では、ここから五つの段落は、前の段落の末尾につけられた脚注と考えられる。草稿では、前の段落からそのまま改行なしで、本訳書、第三巻、一二二九ページの「これにたいし」で始まる段落(ただし、冒頭の「これにたいし」はエンゲルスによる)に続いている〕

＊2〔リカードウ『経済学および課税の原理』、第三版、ロンドン、一八二一年、五七―五九ページ。堀経夫訳『リカードウ全集』Ⅰ、八三―八五ページ参照〕
＊3〔草稿では「生産物」は「価格」となっている〕
＊4〔草稿では「労働の」は「農業の」となっている〕
＊5〔草稿では「超過生産物」は「超過生産物の割合」となっている〕

連続的な資本投下の豊度が減少する場合の差額地代Ⅱが、生産価格の上昇および生産性の絶対的減少と必然的に結びつくのは、ただ、これらの資本投下が最劣等地Aだけで行なわれうる場合に限られるであろう。もし二½ポンドの資本投下によって、一クォーターを生産価格三ポンドで生み出したAの一エーカーが、さらに二½ポンドの資本投下によって、すなわち五ポンドの総資本投下によって、合計一½クォーターしか供給しないとすれば、この一½クォーターの生産価格は六ポンドであり、したがって、一クォーターの生産価格は四ポンドである。＊資本投下の増大のもとでの生産性の減少は、この場合にはいずれも、一エーカーあたりの生産物の相対的な減少であろうが、他方では、より優良な土地諸種類でのこのような生産性の減少は、超過生産物の超過分の減少であるにすぎない。

＊〔「もし二½ポンド」以下ここまでの文はエンゲルスによる〕

しかし、当然のことながら、集約的耕作の発展につれて、すなわち、同じ土地での諸資本の連続的投下につれて、主としてより優良な土地種類において、このようなこと〔右の耕作、資本投下〕が行なわれる、またはより高度に行なわれるということになる。（これまで使用不可能であった土地を使用可能な土地に転化*する恒久的な諸改良のことは問題にしない。）したがって、連続的な資本投下の豊度の減少は、主として前述のような仕方で作用するに違いない。連続的な資本投下のためにより優良な土地が選ばれるのは、この土地が豊度の自然的諸要素のほとんどを含んでおり、それらを利用するだけでよいので、そこに使用される資本は儲かるという見込みがもっとも大きいからである。

*〔草稿では、「これまで使用不可能であった土地を使用可能な土地に」は「劣等地を優良地に」となっている〕

穀物法*の廃止後、イギリスの耕作がなおいっそう集約化されたとき、従来の小麦作付地の多くは、ほかの諸目的、ことに牧場に使用されたが、これに反し、小麦にもっとも適した豊度の高い区域には排水その他の改良が加えられた。こうして、小麦栽培のための資本は従来よりも狭い領域に集積された。(693)

*〔草稿ではこの段落は丸括弧でくくられている。ただし、閉じ括弧は欠けている〕

この場合には——そしてここでは、最優良地の最高の超過生産物と、地代を生まない土地Aの生産物とのあいだにあるあらゆる可能な超過〔利潤〕率は、一エーカーあたりの超過生産物の相対的増加とではなく、絶対的増加と一致するのであるが——、新たに形成される超過利潤（可能的には地代は、以前の平均利潤（以前に平均利潤を表わしていた生産物）の一部分が地代に転化されたものを表わすのではなく、追加的超過利潤を表わすのであり、これが、この形態から地代に転化する。*

*〔初版では「転化した」と過去形になっているが、草稿では「この形態」以下が「この形態を保持する代わ

りに、地代で表現される」となっており、それを考慮して現在形に訳出した〕

これにたいし、穀物にたいする需要が増大して市場価格がAの生産価格を超えて騰貴し、そのために、A、B、またはその他の等級のいずれかにおいて超過生産物が三ポンドよりも高い価格でしか供給されえない場合にのみ――この場合にのみ、A、B、C、Dの等級のいずれかにたいする追加資本投下の収穫の減少に、生産価格および規制的市場価格の騰貴が結びつくであろう。このようなことが比較的長期間にわたって定着し、追加の土地A（少なくともAの質をもった土地）が耕作されるようになるか、その他の影響によっていっそう安い供給がもたらされるかしない限り、他の事情に変わりがなければ、パンの値上がりによって労賃が騰貴し、それに応じて利潤率は低下するであろう。この場合に、増加した需要が、Aよりも劣等な土地の耕作圏内への引き入れによって満たされるか、それとも四つの土地種類のいずれかへの追加資本投下によって満たされるかは、どうでもよいことであろう。差額地代は、利潤率の低下にともなって増加するであろう。

この一つの場合には、すでに耕作されている土地種類にあとから追加される諸資本の豊度の減少が、生産価格の騰貴、利潤率の低下、および、より高い差額地代の形成をもたらしうる――というのは、与えられた事情のもとでは、あたかもAよりも劣等な土地がいまや市場価格を規制するかのように、すべての土地種類において差額地代が増加するであろうから――のであるが、この一つの場合が、リカードウによって、唯一の場合であり、正常な場合であると刻印されたのであり、彼はそこに差額地代Ⅱの全形成を帰着させるのである。*

＊〔リカードウ『経済学および課税の原理』、第三版、ロンドン、一八二一年、五九―六〇ページ、堀前訳書、八四―八五ページ参照〕

（694）

い場合もまた、そうであろう。

土地種類Aだけが耕作され、そこでの連続的資本投下がそれに比例した生産物の増大と結びつかないこのようにこの場合には、差額地代Ⅱの考察にさいして、差額地代Ⅰがまったく忘れ去られている。既耕の土地諸種類での供給が十分でなく、そのために、新たに追加されるより劣等な土地が耕作されるようになるまでは、または、異なる土地種類に投下される追加資本の総生産物がこれまで通用していた生産価格よりも高い生産価格でのみ供給されうるようになるまでは、市場価格が引き続き生産価格を上回っているこの場合を除外すれば、追加諸資本の生産性が比例的に減少しても、それは規制的生産価格と利潤率には影響しない。そのほか、さらに三つの場合がありうる――

（a）土地種類A、B、C、Dのいずれか〔の同じ土地〕に投下された追加資本が、Aの生産価格によって規定される利潤率しかもたらさないとすれば、それによってはなんの超過利潤も、したがってまたなんの可能的地代も形成されないことは、追加の土地Aが耕作される場合と同じである。

（b）追加資本がより多くの生産物をもたらすとすれば、規制的価格が同じままである場合に新たな超過利潤（潜勢的地代）[*1]が形成されることは自明である。〔しかし〕必ずそうなるわけではない。すなわち、この追加生産が、土地Aを耕作圏外に投げ出し、したがって競争している土地諸種類の列外に投げ出す場合にはそうではない。この場合には規制的生産価格が低下する。労賃の低下がこれに結びつくならば、または、安くなった生産物が要素として不変資本にはいり込むならば、利潤率が増加するであろう。[*2] 追加資本の生産性の増大が最優良の土地種類CおよびDで生じたとすれば[*3]、増加した超過利潤の（したがって増加した地代の）形成がどの程度まで、価格の低下および利潤率の上昇と結びついているかは、まったく、増加した生産性の高さ、および、新たに追加された諸資本の総量に依存するであろう。利潤率は、労賃が低下しなくても、不変資本の諸要素が安くなれば上昇しうる。[*4]

＊1〔草稿では「可能的には地代」となっている〕
＊2〔草稿では、「労賃の低下」以下の一文は丸括弧でくくられている〕
＊3〔草稿では、「最優良の土地種類CおよびD」は「Bを超えるより優良な土地種類」となっている〕
＊4〔草稿では、「利潤率は」以下の一文は丸括弧でくくられている〕

（c）追加の資本投下が超過利潤の減少をともなうとしても、それでも、その生産物が土地Aでの同額の資本の生産物を超える超過分を残すことがあるとすれば、増加した供給によって土地Aが耕作圏外に投げ出されない場合には、どのような事情のもとでも超過利潤が新たに形成されるのであって、それはD、C、B、Aにおいて同時に生じることがありうる。これに反し、最劣等地Aが耕作圏外に駆逐されるならば、規制的生産価格が低下し、貨幣で表現された超過利潤が、したがってまた差額地代が増加するか減少するかは、一クォーターあたりの価格の低下と、超過利潤を形成するクォーター数の増加との比率次第である。しかし、いずれにしてもこの場合には、連続的資本投下の超過利潤が(695)減少するにつれて、生産価格は一見上昇せざるをえないように見えるが、そうではなく、実は低下しうるという注目すべきことが生じる。

超過収益[*1]の減少をともなうこの追加資本投下は、まさに、次の場合に照応する。すなわち、AとB、BとC、CとDの中間の豊度をもつ土地諸種類に、たとえば、それぞれ二$\frac{1}{2}$ポンドという四つの新たな自立的資本が投下されて、これらの資本がそれぞれ一$\frac{1}{2}$クォーター、二$\frac{1}{3}$クォーター、二$\frac{2}{3}$クォーター、および三$\frac{1}{2}$クォーター[*2]をもたらすという場合が、それである。これらのすべての土地種類において、四つの追加資本のすべてについて、超過利潤、潜勢的地代[*3]が形成されるであろう——といっても、この超過利潤の率は、それぞれの優良地〔B、C、D〕における同額の資本投下の超過利潤と比べれば減少しているであろうが。また、これらの四つの資本がDその他に投下されようと、DとAとのあいだに配分されようと、まったく同じことであろう。

＊1〔草稿では「超過収益」が「豊度」となっている〕
＊2〔初版では「三クォーター」となっていた。草稿により訂正〕
＊3〔草稿では「可能的には地代」となっている〕

いまやわれわれは、差額地代の両形態〔IおよびII〕の本質的な区別に到達する。

生産価格が不変のままであり、また〔異なる土地の豊度の〕格差も不変のままである場合には、差額地代Iにおいては、総地代収入額とともに一エーカーあたりの平均地代が、または資本にたいする平均地代率が、増加することがありうる〔本訳書、第三巻、一二〇七ページ参照〕。しかし、平均というものは一つの抽象にすぎない。一エーカーあたり、または資本あたりで計算された現実の地代の大きさは、この場合には不変のままである。*

＊〔草稿では、「この場合には」は「これらの前提のもとでは」となっている〕

これに反し、同じ前提のもとで〔差額地代Ⅱにおいては〕支出資本にたいして計算された地代率は不変のままであるにもかかわらず、一エーカーにたいして計算された地代の水準は増加しうる。

A、B、C、D〔の各一エーカー〕に――相対的豊度はこれまでと変わらないとして――それぞれ二½ポンドでなくそれぞれ五ポンド、したがって、合計では一〇ポンドでなく二〇ポンドの資本が投下され、これによって、生産が二倍になると仮定しよう。このことは、これらの土地種類のそれぞれが、一エーカーでなく二エーカーずつ、しかも不変のままの費用で耕作されるのとまったく同じであろう。利潤率は不変のままであり、超過利潤または地代にたいする利潤率の関係もまた不変のままであろう。しかし、いまやA〔の一エーカー〕が二クォーター、Bが四クォーター、Cが六クォーター、Dが八クォーターを生み出すとすれば、この増加は、前と同じ額の資本のもとで豊度が二倍になったせいではなく、二倍になった資本のもとで豊度の比率が不変なせいであるから、生産価格は相変わらず一クォーターあたり三ポンドであろう。いまやAの二クォーターに六ポンドの費用〔平均利潤を含む〕がかかるであろうが、それは、以前に一クォーターに三ポンドの費用がかかったのと同じである。利潤は四つの土地種類のすべてにおいて二倍になったであろうが、それは、支出資本が二倍になったからにすぎない。しかし、同じ比率で地代も二倍になったであろう。地代は、Bでは一クォーターでなく二クォーターに、Cでは二クォーターでなく四クォーターに、Dでは三クォーターでなく六クォ

（696）

ーターになったであろう。また、これに応じて、B、C、Dでの貨幣地代はそれぞれ六ポンド、一二ポンド、一八ポンドになったであろう。一エーカーあたりの生産物と同じように、一エーカーあたりの貨幣地代も二倍になり、したがって、この貨幣地代が資本還元された土地価格も二倍になったであろう。このように計算すれば、穀物地代および貨幣地代の大きさは、したがって土地価格は増加するが、それは、それを計算するさいの度量基準が、エーカーという不変の大きさの一地片だからである。これにたいし、支出資本との関連で地代率として計算すれば、地代の大きさの比率にはなんの変動も生じていない。支出資本二〇〔ポンド〕にたいする総地代収入額三六〔ポンド〕の比は、支出資本一〇〔ポンド〕にたいする地代収入額一八〔ポンド〕の比に等しい。同じことは、各土地種類に支出された資本にたいする各土地種類ごとの貨幣地代の比についても言える。こうして、たとえばCでは、資本五ポンドにたいする地代一二ポンドの比は、以前の資本二1/2ポンドにたいする地代六ポンドの比に等しい。この場合には、支出諸資本間になにも新たな格差は生じないが、新たな超過利潤が生じるのであって、それは、追加資本が、地代を生む土地種類のいずれか一つ、またはそのすべてで、生産物の比率は同じままで投下されるからにすぎない。二倍の投下がたとえばCだけで行なわれても、資本あたりで計算された差額地代は、C、B、およびDのあいだで不変のままであろう。というのは、Cにおいて差額地代の量が二倍になっているとすれば、投下資本も二倍になっているからである。

このことからわかるように、生産価格が不変のままであり、利潤率が不変のままであり、〔豊度の〕格差が不変のまま（したがって、資本にたいして計算された超過利潤または地代の率も不変のまま）

	第1次投下		第2次投下	
	地代 ポンド	資本 ポンド	地代 ポンド	資本 ポンド
B	3	$2\frac{1}{2}$	$1\frac{1}{2}$	$2\frac{1}{2}$
C	6	$2\frac{1}{2}$	3	$2\frac{1}{2}$
D	9	$2\frac{1}{2}$	6	$2\frac{1}{2}$

であっても、一エーカーあたりの生産物地代および貨幣地代の大きさ、したがって土地価格は増大しうる。

　超過利潤の率、したがって地代の率が低下する場合、すなわち依然として地代を生む追加資本投下の生産性が減少する場合にも、同じことが起こりうる。〔それぞれ〕二$\frac{1}{2}$ポンドという第二次資本投下によって生産物が二倍にはならないで、Bでは三$\frac{1}{2}$クォーター、Cでは五クォーター、Dでは七[*1]クォーターにしかならないとすれば、二$\frac{1}{2}$ポンドの第二次資本にたいする差額地代は、Bでは一クォーターではなくて $\frac{1}{2}$ クォーター、Cでは二クォーターではなくて一クォーター、Dでは三クォーターではなくて二クォーターにすぎないであろう。二度の連続的投下にたいする地代と資本との関係は上の表のようになるであろう。[*2] このように資本の相対的生産性の率が、したがって、資本にたいして計算された超過利潤の率が低下する(697)にもかかわらず、穀物地代および貨幣地代は、Bでは一クォーターから一$\frac{1}{2}$クォーターに（三ポンド〔から〕四$\frac{1}{2}$ポンドに）、Cでは二クォーターから三クォーターに（六ポンドから九ポンドに）、Dでは三クォーターから五クォーターに（九ポンドから一五ポンドに）、増加しているであろう。この場合には、Aに投下された資本と比較しての追加諸資本〔のそれぞれ〕

についての差は減少しており、生産価格は不変のままであるが、一エーカーあたりの地代、したがって一エーカーあたりの土地価格は増加しているであろう。

＊1〔草稿および初版以来「六」となっていた。カウツキー版、ヴェルケ版で訂正〕

＊2〔ここでの穀物地代と貨幣地代との計算は、次のとおり――

土地種類	生産物 クォーター			穀物地代 クォーター			貨幣地代 ポンド		
	第1次	第2次	合計	第1次	第2次	合計	第1次	第2次	合計
A	1	1	2	0	0	0	0	0	0
B	2	$1\frac{1}{2}$	$3\frac{1}{2}$	1	$\frac{1}{2}$	$1\frac{1}{2}$	3	$1\frac{1}{2}$	$4\frac{1}{2}$
C	3	2	5	2	1	3	6	3	9
D	4	3	7	3	2	5	9	6	15

（生産費は$2\frac{1}{2}$ポンドの資本+20%の平均利潤＝3ポンド。1クォーターあたりの価格＝3ポンド）

なお、この表については本訳書、第三巻、一一八〇ページと一一九七ページの二つの表Iを参照〕

さて、差額地代Iを自分の基礎として前提する差額地代IIのもろもろの組み合わせは以下のとおりである。

第四一章　差額地代Ⅱ――第一例　生産価格が不変な場合*

＊〔草稿では、「A）　生産価格が不変な場合」とあって下線が引かれ、そのあと改行なしに角括弧でくくって「したがって、市場価格は前と同じく最劣等地Aに投下された資本によって規制される」と書かれている。この「A）」に対応する「B）」と「C）」は第四二章と第四三章である〕

この前提〔生産価格が不変という前提〕は、市場価格が前と同じく最劣等地Aに投下された資本によって規制される、ということを含む。

Ⅰ　地代を生む土地種類B、C、Dのいずれかに投下された追加資本が、同額の資本が土地Aで生産するのと同じだけのものしか生産しない場合には、すなわち、規制的生産価格で平均利潤しかもたらさず、したがってなんの超過利潤ももたらさないという場合には、地代におよぼす影響は皆無である。いっさいがもとのままである。それはちょうど、最劣等地Aの質をもつ任意のエーカー数が既耕面積につけ加えられたのと同じである。

Ⅱ　追加諸資本が、異なる土地種類の各々において、それらの資本の大きさに比例する追加諸生産物をもたらす、すなわち、生産の大きさが、各土地種類の特殊な豊度に応じて、追加資本の大きさに比例して増大する〔場合〕。われわれは、第三九章では、次の表Ⅰ〔一二三九ページ〕から出発した。*

＊〔本訳書、第三巻、一一八〇ページ参照。「われわれは」以下の文はエンゲルスによる〕

（699）

この表は、いまや表Ⅱに転化する。*

＊〔草稿では、この一文は「いま、資本投下が四つの土地種類すべてにおいて、生産物の比例的増大をともなって倍加するとすれば、次のようになる」となっている〕

この場合、表Ⅱでのようにすべての土地種類で資本投下が二倍にならなくてもよい。地代を生む土地種類のいずれか一つで、またはそのいくつかで、追加資本が使用されるとすれば、それがどのような割合でなされても、法則は同じである。必要なことは、どの土地種類においても、生産が資本と同じ比率で増加するということだけである。地代は、ここでは、土地にたいする資本投下の増加の結果としてのみ、またこの資本増加に比例してのみ増加する。このように生産物および地代が、資本投下の増加の結果として、またその増加に比例して増加するということは、生産物および地代の分量にかんしていえば、地代を生む、地味の等しい諸地所の耕作面積が増加して、以前に同じ土地種類で行なわれたのと等しい資本投下で耕作される場合とまったく同じである。たとえば表Ⅱの場合で、一エーカーあたり二½ポンドの追加資本が、B、C、およびDの第二の一エーカーのそれぞれに投下されるとしても、結果はやはり同じであろう。

この仮定は、さらに、資本*がより多産的に使用されるということを想定するものではなく、より多くの資本が同一の地面のうえに以前と同じ結果をともなって使用されるということを想定するだけである。

＊〔草稿では、この前に「なんらかの改良を、」という語がある〕

表　I *1

土地種類	エーカー	資本 ポンド	利潤 ポンド	生産費 ポンド	生産物 クォーター	販売価格 *2 ポンド	収益 ポンド	地代 クォーター	地代 ポンド	超過利潤率 *3
A	1	2½	½	3	1	3	3	0	0	0
B	1	2½	½	3	2	3	6	1	3	120%
C	1	2½	½	3	3	3	9	2	6	240%
D	1	2½	½	3	4	3	12	3	9	360%
合計	4	10		12	10		30	6	18	

＊1〔草稿の表では、「生産費」はクォーターあたりの生産費で表示され、また「販売価格」と「収益」の項はない。以下の表も同様である〕

＊2〔「販売価格」は「規制的生産価格、市場規制的価格」と同義〕

＊3〔初版では、この項は0、12%、24%、36%となっていた〕

表　II

土地種類	エーカー	資本 ポンド	利潤 ポンド	生産費 ポンド	生産物 クォーター	販売価格 ポンド	収益 ポンド	地代 クォーター	地代 ポンド	超過利潤率
A	1	2½+2½=5	1	6	2	3	6	0	0	
B	1	2½+2½=5	1	6	4	3	12	2	6	120%
C	1	2½+2½=5	1	6	6	3	18	4	12	240%
D	1	2½+2½=5	1	6	8	3	24	6	18	360%
	4	20			20		60	12	36	

表　III

土地種類	エーカー	資本 ポンド	利潤 ポンド	生産費 ポンド	生産物 クォーター	販売価格 ポンド	収益 ポンド	地代 クォーター	地代 ポンド	超過利潤率
A	1	2½	½	3	1	3	3	0	0	0
B	1	2½+2½=5	1	6	2+1½=3½	3	10½	1½	4½	90%
C	1	2½+2½=5	1	6	3+2 =5	3	15	3	9	180%
D	1	2½+2½=5	1	6	4+3½=7½	3	22½	5½	16½	330%
		17½	3½	21	17		51	10	30	

（700）

この場合には、比例的諸関係はすべて同じままである。もちろん、比例的差ではなく、純算数的差を考察すれば、異なる土地種類での差額地代は変化しうる。たとえば、ＢおよびＤだけに追加資本が投下されたと仮定しよう。その場合には、ＤとＡとの生産物の相違は、以前は三クォーターであったのが七クォーターになり、ＢとＡとのそれは、以前は一クォーターであったのが三クォーターになり、ＣとＢとのそれは、以前はプラス一クォーターであったのがマイナス一クォーターになる等々である。しかし、この算数的差は、差額地代Ｉの場合には、等しい額の資本投下のもとでの生産性の相違を表現する限りで、決定的であるが、この場合〔差額地代Ⅱ〕にはまったくどうでもよい。なぜなら、この差は、異なる地所に投下される等しい額の各資本部分にとっては、差が不変である場合の、投下資本が増えるか増えないかの相違の結果でしかないからである。

Ⅲ　追加諸資本が超過生産物をもたらし、したがって超過利潤を形成するが、しかしその率が低減して資本の増大には比例しない〔場合。表Ⅲ参照〕。

この第三の仮定のもとでも、次のことはやはりどうでもよいことである。それは、追加の第二次資本投下が異なる土地種類に均等または不均等に割り振られるのか割り振られないのか、超過利潤の生産の減少が同等な比率で行なわれるのか不等な比率で行なわれるのか、追加の資本投下のすべてが地代を生む同じ土地種類に割り振られるのか、それとも、地代を生む、地味の異なる諸土地に均等または不均等に配分されるのかということである。これらすべての事情は、展開されるべき法則にとってはどうでもよいことである。唯一の前提は、地代を生む土地種類のいずれかにおける追加の資本投下

（701）
は超過利潤をもたらすが、その割合が資本増加の程度に比べて減少するということである。この減少の諸限界は、ここに掲げた表の諸例では、最優良地Ｄでの第一次資本投下の生産物四クォーター＝一二ポンドと、最劣等地Ａでの同じ資本投下の生産物一クォーター＝三ポンドとのあいだで変動する。連続的な資本投下の生産性が低下する場合には、資本Ｉ〔最初の資本〕の投下のさいの最優良地の生産物が、超過利潤をもたらす土地種類のいずれかでの連続的な資本投下がもたらす生産物の最高限界をなし、また、等しい額の資本投下のさいの、地代を生まずなんの超過利潤も与えない最劣等地Ａの生産物がその最低限界をなす。仮定Ⅱは、〔差額地代Ｉの場合の〕より優良な土地種類に属する同質の新たな諸地片が耕作面積につけ加えられること、耕作される土地種類のいずれかの分量が増加することに照応するものであるが、それと同様に仮定Ⅲは、追加の諸地片──その異なる豊度がＤとＡとのあいだに、すなわち最優良地の豊度と最劣等地の豊度とのあいだに分布している追加の諸地片──が耕作されることに照応する。もし連続的な資本投下が土地Ｄだけで行なわれるならば、それらの資本投下は、ＤＡ間に存在する格差を含みうるし、さらにＤＣ間の格差、同じくＤＢ間の格差をも含みうる。もしそれらの資本投下がすべて土地Ｃで行なわれるとすれば、それらはＣＡ間またはＣＢ間の格差だけを、もしＢで行なわれるとすれば、ＢＡ間の格差だけを含みうる。

しかし法則は、地代が、これらすべての土地種類において、たとえ追加して投下された資本に比例してではなくても、絶対的に増大する、ということである。*

＊〔草稿では、このあとに次の一文がある。「超過生産物の減少率が所与であれば、一つの土地における地代

は連続的に投下される資本の量すなわち超過資本の量に比例して増大し、資本の量が所与であれば、追加資本量の生産性の減少率に比例して増大する。」〕

超過利潤の率は、追加資本を考察しても、土地に投下された総資本を考察しても、低下する。しかし、超過利潤の絶対的大きさは増加する。それはちょうど、資本一般の利潤率の低下が、たいていの場合、利潤の絶対量の増加と結びついているのと同じである。こうして、Bでの資本投下によって生じる平均的超過利潤は、第一次の資本投下では資本にたいして一二〇％であったが、いまや九〇％である。しかし、総超過利潤は一クォーターから一$1/2$クォーターに、また三ポンドから四$1/2$ポンドに増加する。総地代は、それだけで――前貸資本の大きさが二倍になったことには関係なく――考察すれば、絶対的に増加している。[*1] 異なる土地種類の地代間の格差と、諸地代相互の比率とは、この場合には変動しうる。[*2] しかし、格差のこの変動は、この場合には、一方の地代に比べての他方の地代の増加の結果であって、その原因ではない。

＊1〔草稿では、「絶対的に増加している」は「穀物地代が一クォーターから一$1/2$クォーターに、また貨幣地代は三ポンドから四$1/2$ポンドに増加したという現象を示している」となっている〕

＊2〔草稿では、「異なる土地種類の地代間の格差は、この場合には、比率において変動しうる」となっている〕

Ⅳ　より優良な土地諸種類での追加の資本投下が最初の資本投下よりも多くの生産物を生み出す場合[*1]は、詳しい分析を必要としない。この前提のもとでは、一エーカーあたりの地代が増加し、しかも、追加資本よりも大きな比率で増加する――どの土地種類でその投下がなされたのかを問わず――ということは自明である。この場合には、追加資本投下は〔土地の〕改良と結びついている。このことのうちには、より少ない資本の追加が、以前のより多くの資本の追加と同じか、またはそれより大きな結果を生産するという場合も、含まれている。後者の場合は前者の場合とはまったく同一ではないのであって、このこと〔二つの場合がまったく同一ではないということ〕こそ、すべての資本投下の場合に重要な意味をもつ区別である。たとえば、一〇〇が一〇の利潤をもたらし、そして二〇〇が一定の形態で使用されれば四〇の利潤をもたらすとすれば、利潤は一〇％から二〇％に増加しているのであり、その限りで、これは、五〇がより有効な形態で使用されて五ではなく一〇の利潤をもたらすという場(702)合と同じである。われわれは、ここでは、利潤〔の増加〕が生産物の比例的増加と結びついていると想定する。しかし違いは、一方の場合には私は資本を二倍にしなければならないのにたいして、他方の場合には従来の資本で二倍の効果を生み出すということである。私が、（一）[*2]以前の半分の生きた労働と対象化された労働とで以前と同じ生産物を生み出すのか、それとも、（二）[*2]以前と同じ労働で以前の二倍の生産物を生み出すのか、それとも、（三）[*2]以前の二倍の労働で以前の四倍の生産物を生み出すのかは、決して同じことではない。第一の場合には、別のやり方で使用することのできる労働が――生きた形態または対象化された形態で――遊離され、労働と資本とを自由に使用する能力が増大する。資本（および労働）の遊離は、それ自体が富の増加である。それは、この追加資本が蓄積によって得られたのとまったく同じ効果をもつが、しかし蓄積の労はぶかれている。

＊１〔草稿では、「より優良な」以下は「追加の資本投下に超過利潤率の増大が結びついている」となっている〕

＊２〔草稿では、「(一)」「(二)」「(三)」は「(α)」「(β)」「(γ)」となっており、次の段落の「第一」「第二」「第三」もそれぞれ「(α)」「(β)」「(γ)」となっている〕

一〇〇という資本が一〇メートル＊の生産物を生産したとしよう。この一〇〇には不変資本も生きた労働も、また利潤も含まれているとしよう。そうすれば、一メートルは一〇を要する。私が同じ一〇〇の資本でいまや二〇メートル生産することができるとすれば、一メートルは五を要する。それにたいして、私が五〇の資本をもって一〇メートルを生産することができるとすれば、一メートルは同じく五を要し、そして、もとの商品供給で足りる限り、五〇の資本が遊離される。もし私が四〇メートルを生産するために二〇〇の資本を投下しなければならないとすれば、一メートルは同じく五を要する。この場合には、価値規定にも、または価格規定にも、なにも違いは認められないのであり、それは、資本前貸しに比例する生産物量になにも違いが認められないのと同じである。しかし第一の場合には、資本が遊離される。第二の場合には、たとえば二倍の生産が必要とされる限りでは、追加資本が節約される。第三の場合には、増加した生産物は、前貸資本が増大することによってのみ手に入れることができるが、とはいえ、増大の比率は増加した生産物が旧来の生産力によって供給されざるをえなかった場合と同じではない。（これは、〔第三部〕第一篇に属することである。）

＊〔草稿では、以下の「メートル」はすべて「エレ」（ドイツの長さの古い単位）となっている〕

（703）

資本主義的生産の立場から、剰余価値の増加を考慮してではなく、費用価格の低下を考慮して[1]考察すれば――そして、剰余価値を形成する要素である労働における[2]費用の節約も、規制的生産価格が変わらない限り、資本家にとってはこの〔費用価格低下の〕役立ちをし、彼にとって利潤をなす[3]のであるが――、不変資本を使用するほうが、可変資本を使用するよりも、つねに安上がりである。このことは、実際には、資本主義的生産様式に照応する信用の発展[4]および貸付資本[5]の豊富さを前提とする。一〇〇ポンドが五人の労働者の一年間の生産物であるときに、私が、一方では一〇〇ポンドという追加不変資本を使用し、他方では一〇〇ポンドを可変資本として使用するものとしよう。剰余価値率が一〇〇％ならば、五人の労働者が創造した価値は二〇〇ポンドである。それにたいして、一〇〇ポンドの不変資本の価値は一〇〇ポンドであり、また利子率が五％ならば、資本としてはもしかすると一〇五ポンドであるかもしれない。同じ貨幣額でも、不変資本の価値の大きさとして生産に前貸しされるか、それとも可変資本の価値の大きさとして生産に前貸しされるかに応じて、その生産物を考察すれば非常に異なる価値を表現するのである。さらに資本家の立場から諸商品の費用について言えば、なお次のような区別が生じる。すなわち、一〇〇ポンドの不変資本が固定資本として投下される限りでは、そのうちの摩滅分だけが商品の価値にはいり込むが、労賃のための一〇〇ポンドのほうは商品の価値のなかに全部再生産されていなければならない、という区別である。

＊1〔草稿では、「剰余価値の増加」以下は「剰余価値の形成を考慮してではなく、費用価格の形成を考慮して」となっている〕

＊２〔草稿では「剰余価値を形成する要素における」となっている〕
＊３〔草稿では「資本家にとっては」のあとは「同じ役立ちをする」となっている〕
＊４〔草稿では「信用の発展」は「信用制度」となっている〕
＊５〔草稿では「貸付資本」は「貸付可能な資本」となっている〕

資本を自由に使用することがまったくできないか、または高い利子を支払わなければそれができないような植民者たち、および一般に自立的小生産者たちにおいては、労賃を表わす生産物部分は彼らの収入であるが、他方、資本家にとってはこの部分は資本前貸しである。だから植民者・自立的小生産者たちは、この労働支出を、まずもって問題となる労働収益の不可避的前提条件とみなす。しかし、右の必要労働を差し引いた彼らの超過労働について言えば、これはいつでも超過生産物のうちに実現される。そして、彼らがこの超過生産物を売るか、あるいはまた自分で使用するかできる場合には、彼らは、対象化された労働が費やされなかったという理由で、これを彼らにとってはなにも費用のかからなかったものとみなす。彼らに富の譲渡とみなされるのは[＊1]、この対象化された労働の支出だけである。もちろん、彼らはできるだけ高く売ろうとする。しかし、価値を下回る販売、および資本主義的生産価格を下回る販売でさえも[＊2]、彼らはなおこれを利潤――この利潤が負債、抵当などによって先取りされていない限りでは――とみなすのである。これにたいして、資本家にとっては、可変資本の支出も不変資本の支出もともに資本の前貸しである。不変資本の相対的に大きな前貸しは、他の事情に変わりがなければ、諸商品の費用価格を、また現実にそれらの価値をも、減少させる。だから、利潤はただ剰余労働だけから、したがってただ可変資本の使用だけから生じるにもかかわらず、個々の資本家にとっては、生きた労働は彼の生産費のうちもっとも費用のかかる要素であり、なににもまして最低限度に縮小させるべき要素であるように見えうるのである。これこそは、過去の労働が生きた労働に比べて相対的に大きく使用されることが、社会的労働の生産性の増大と社会的富の増加とを意味する、[*3]という正しい観念の、資本主義的にゆがめられた形態にほかならない。競争の立場から見れば、すべてがこのように偽りであり、すべてがこのように逆立ちして現われる。――

＊1〔草稿では「譲渡」は「外化」となっている〕

＊2〔草稿では、「および資本主義的生産価格」は「あるいは生産価格」となっている。なお、新メガでは「および生産価格」と判読されている〕

＊3〔草稿では、「社会的労働の」以下は「生きた労働の節約とその富の増加である」となっている〕

（704）生産価格が不変という前提のもとでは、追加の資本投下は、生産性が変わらない場合にも、増加または減少する場合にも、より優良な諸地所すなわちBより上のすべての地所でなされうる。A自体において、追加資本投下がわれわれの前提のもとで可能であるのは、[*1]生産性が変わらない場合――その場合にはこの土地は相変わらず地代を生まない――か、あるいはまた生産性が増加する場合――この場合には土地Aに投下された資本の一部は地代を生み、他の部分は地代を生まないであろう――か、[*2]いずれかの場合だけであろう。しかしAでの生産力が減少するという仮定のもとでは、追加資本投下は不可能であろう。というのは、もし不可能にならなければ生産価格は不変ではなく騰貴するであろうからである。[*3] しかし、これらの事情がどうであろうと、すなわち、追加の資本投下がもたらす超過生産物が、それらの資本投下の大きさに比例しようと、またはその比率を上回ろうとそれを下回ろうと——したがって、資本が増加する場合には、この資本の超過利潤率が不変であろうと増加しようと減少しようと——、一エーカーあたりの超過生産物、およびこれに照応する超過利潤は増大し、したがって結局は地代も、すなわち穀物地代と貨幣地代も増大する。一エーカーあたりで計算された超過利潤または地代の単なる量の増大、すなわち、不変の一単位、したがってここでは一エーカーまたは一ヘクタールというある一定の土地分量について計算された超過利潤または地代の分量の増大が、比率の増大として表現される。それゆえ、一エーカーあたりの地代の水準は、これらの事情のもとでは単純に、土地に投下された資本の増加の結果として増大する。しかも、この増大は、生産価格の不変のもとで起こるのであって、それにたいして追加資本の生産性が不変であるか減少するか増加するかはかかわりない。あとにあげた諸事情は、一エーカーあたりの地代の水準が増大する程度を変化させるが、この増大という事実そのものを変化させない。これは、差額地代Ⅱに特有な、そして差額地代Ⅱを差額地代Ⅰと区別する現象である。追加の資本投下が同じ土地のうえに時間的に相前後して行なわれるのではなく、それぞれに相当する質をもった新たな追加の土地に空間的に並立して行なわれるとすれば、地代収入額の総量は増大するであろうし、また以前に明らかにしたように、総耕作面積の平均地代も増大するであろうが、しかし一エーカーあたりの地代の水準は増大しないであろう。総生産物と超過生産物との量と価値とを考察する限りでは結果は不変であっても、より狭い土地面積での

（705）資本の集積は、一エーカーあたりの地代の水準を増加させるが、同じ諸事情のもとでも、より広い面積での資本の分散は、他の事情が変わらなければ、このような結果を引き起こさない。しかし、資本主義的生産様式が発展すればするほど同じ土地面積での資本の集積はますます発展し、したがって一エーカーあたりで計算された地代もますます増加する。だから、二つの国があって、そこでは生産価格は同じ、土地種類の格差も同じであり、また同じ量の資本が投下される——ただし、一方の国ではむしろ限られた土地面積での連続的な資本投下の形態で、他方の国ではむしろより広い面積での並列的資本投下の形態で——とすれば、二つの国の地代の総額は同じであっても、一エーカーあたりの地代、したがって土地価格は、第一の国ではより高く、第二の国ではより低いであろう。したがって、この場合には、地代水準における相違は、土地種類の自然的豊度の相違からも、使用労働の分量の相違からも説明されるべきではなく、もっぱら資本投下の仕方の相違から説明されるべきであろう。

＊1〔草稿では、「われわれの前提のもとで」は「不変の生産価格という仮定のもとで」となっている〕
＊2〔草稿では、「この土地」は代名詞「それ」となっていて、土地Aに追加投下された資本をさすとも考えられる〕
＊3〔草稿では、「A自体において」からここまでの文が角括弧でくくられている〕

われわれがここで超過生産物＊（Surplusprodukt）と言う場合、それはつねに、生産物のうちの、超過利潤を表わす可除部分の意味に解されるべきである。ほかのところでは、われわれは、剰余生産物（Mehrprodukt または Surplusprodukt）という語を、総剰余価値を表わす生産物部分、あるいはまた個々の場合には、平均利潤を表わす生産物部分の意味に解する。この語〔Surplusprodukt〕が、地代を生む資本の場合に受け取る独特な意味は、以前に明らかにしたように、もろもろの誤解を生じさせるきっかけとなる。

＊〔草稿では、このパラグラフは丸括弧でくくられている〕

（706）

第四二章　差額地代Ⅱ――第二例　生産価格が低下する場合*

＊〔草稿では、「〔B〕　生産価格が低下する場合」と書いて、下線が引かれている〕

生産価格は、資本の追加的な投下が、生産性の率が不変なままの場合に行なわれても、低下または増大する場合に行なわれても、低下しうる。

第一節　追加資本投下の生産性が不変な場合*

＊〔草稿では、「〔Ⅰ〕　追加資本投下の生産性が不変な場合において生産価格が低下する場合。（超過利潤の率はこれ自身とともに変化する）」となっている〕

したがってこの場合には、異なる土地種類において、そのそれぞれの質に応じて、そこに投下された資本の増大と同じ割合で生産物が増大するということが想定される。このことは、土地種類の格差が変わらない場合には、資本投下の増大に比例して超過生産物が増大することを含む。したがってこの場合は、差額地代に影響をおよぼす追加資本投下が土地Aで行なわれることをすべて排除する。土地Aでは、超過利潤の率はゼロである。したがって、追加資本の生産力は不変のままであり、したがって超過利潤の率も不変のままであると想定されているのだから、土地Aでは超過利潤率は引き続き

表　Ⅳ

土地種類	エーカー	資本 ポンド	利潤 ポンド	生産費 ポンド	生産物 クォーター	販売価格 1クォーターあたり、ポンド	収益 ポンド	地代 穀物 クォーター	地代 貨幣 ポンド	超過利潤率
B	1	5	1	6	4	1½	6	0	0	0
C	1	5	1	6	6	1½	9	2	3	60%
D	1	5	1	6	8	1½	12	4	6	120%
合計	3	15	3	18	18		27	6	9	

ゼロである。

しかし、この前提のもとで規制的生産価格が低下しうるのは、Aの生産価格に代わって、Aのすぐ上の優良地Bの生産価格が規制的になるから、または一般にAよりも優良ないずれかの土地の生産価格が規制的になるからにほかならない。つまり、Aから資本が引きあげられるから、あるいはまた、土地Cの生産価格が規制的になり、したがってCよりも劣等なすべての土地が小麦を生産する土地種類の競争から脱落する場合には、AからもBからも資本が引きあげられるからにほかならない。そのために必要な条件は、与えられた諸前提のもとでは、追加資本投下による追加生産物が需要を満たし、したがって、劣等地Aなどの生産は供給の確保には余分になるということである。

(707)

そこで、たとえば表Ⅱ〔本訳書、第三巻、一二二九ページ〕をとり、ただし、二〇クォーターでなく一八クォーター*で需要が満たされると変更してみよう。Aは脱落するであろう。Bが、したがって一クォーターあたり三〇シリングという生産価格が規制的になるであろう。その場合には、差額地代は上の形態をとる〔表Ⅳ参照〕。

＊〔初版では「D」となっていた。カウツキー版以後訂正。草稿も「B」

となっている〕

したがって、総地代は、表Ⅱと比較すれば、三六ポンドから九ポンドに、穀物では一二クォーターから六クォーターに減少しているが、総生産は二〇クォーターから一八クォーターに二クォーターだけ減少しているであろう。資本にたいして計算された超過利潤率は、一八〇％から六〇％に、三分の一に低下しているであろう。* したがって、ここでは、生産価格の低下に、穀物地代と貨幣地代との減少が照応する。

＊〔初版および草稿では、「一八〇％から九〇％に、半分だけ低下しているであろう」となっていた。マルクスの平均地代率（平均超過利潤率）の定義によれば、「総地代収入額を支出総資本で割ったもの」（本訳書、第三巻、一二〇四ページ）であるから、後者は六〇％となる。カウツキー版以後各版で訂正。なお草稿には、このあとに「B、C、Dでのそれぞれ異なる資本投下の生産性は不変のままであろう」という一文がある〕

表Ⅰ〔本訳書、第三巻、一二三九ページ〕と比較すれば、貨幣地代が減少しているだけである。穀物地代はどちらの場合にも六クォーターであり、ただそれが一方の場合〔表Ⅰ〕では一八ポンドであり、他方の場合〔表Ⅳ〕では九ポンドであるというだけである。土地C*では、穀物地代は表Ⅰと比較して同じままである。実際には、一様な作用をする追加資本を介して達成された追加生産がAの生産物を市場から駆逐し、したがって競争的な生産作用因子としての土地Aを排除したことによって、新しい差額地代Ⅰが形成されたのであり、ここでは優良地Bが、より劣等な土地種類Aが以前に演じていたのと同じ役割を演じる。そのことによって、一方では、Bの地代がなくなり、他方では、前提により、

表　IVa

土地種類	エーカー	資本 ポンド	利潤 ポンド	生産費 ポンド	生産物 クォーター	販売価格 ポンド	収益 ポンド	地代 穀物 クォーター	地代 貨幣 ポンド	超過利潤率
B	1	5	1	6	4	1½	6	0	0	0
C	1	7½	1½	9	9	1½	13½	3	4½	60%
D	1	5	1	6	8	1½	12	4	6	120%
合計	3	17½	3½	21	21		31½	7	10½	

B、C、D間の格差には、追加資本の投下によってはなんの変化も生じなかったのである。だから、生産物のうち地代に転化する部分は減少する。

＊〔草稿による。初版では「土地CおよびDでは」となっていたが、Dの穀物地代は表Iの場合と同じではない。そのため、カウツキー版は本文を「土地Cでは穀物地代は表Iと比較して同じままであり、土地Dでは三クォーターから四クォーターに増加した」と変更し、アドラツキー版、ヴェルケ版などは「およびD」を削除している〕

上述した結果が――すなわちAを排除しながら需要が満たされるということが――たとえばCもしくはDに、またはその両方に、二倍よりも多くの資本が投下されて起こったとすれば、事態は異なる様相を見せるであろう。たとえば、Cで第三次の資本投下がなされるとすれば、表IVaのようになるであろう。

(708)
この場合、Cでは、表IVに比べて、生産物は六クォーターから九クォーターに、超過生産物は二クォーターから三クォーターに、貨幣地代は三ポンドから四1/2ポンドに増加している。これにたいして、Cの貨幣地代が一二ポンドであった表II＊、およびそれが六ポンドであった表Iに比

表　Ⅳb

土地種類	エーカー	資本 ポンド	利潤 ポンド	生産費 ポンド	生産物 クォーター	販売価格 ポンド	収益 ポンド	地代 クォーター	地代 ポンド	超過利潤率
B	1	5	1	6	4	1½	6	0	0	0
C	1	5	1	6	6	1½	9	2	3	60%
D	1	7½	1½	9	12	1½	18	6	9	120%
合計	3	17½	3½	21	22		33	8	12	

べれば、Cの貨幣地代は減少している。穀物での総地代収入額＝七クォーターは、表Ⅱ（一二クォーター）に比べて減少しており、表Ⅰ（六クォーター）に比べて増加している。貨幣での総地代収入額（一〇½ポンド）は、どちらの表（一八ポンドおよび三六ポンド）に比べても減少している。

＊〔初版では「表Ⅰ」となっていた。草稿により訂正。カウツキー版以後各版でも訂正されている〕

もし二½ポンドという第三次資本投下が土地Bへ行なわれたとすれば、それは確かに生産の分量を変えたであろうが、地代には影響しなかったであろう。というのは、連続的資本投下は同じ土地種類ではなにも格差を生じさせないものと想定されており、また土地Bはなにも地代をもたらさないからである。

これにたいして、第三次資本投下がCではなくDで行なわれたと仮定すれば、表Ⅳbのようになる。

(709) この場合には、前貸資本は表Ⅰの一〇ポンドに比べて一七½ポンドにすぎず、すなわち二倍にはなっていないにもかかわらず、総生産物二二クォーターは表Ⅰのそれの二倍よりも多い。さらに、前貸資本は表Ⅱのほうが大きく、すなわち二〇ポンドであるにもかかわらず、総生産物は、表Ⅱのそれより二クォーターだけ多い。

　土地Dでは、表Ⅰと比べて、穀物地代が三クォーター*から六クォーターに増大しているが、貨幣地代のほうは九ポンドで同じままである。表Ⅱと比べれば、Dの穀物地代は六クォーターで同じままであるが、貨幣地代は一八ポンドから九ポンドに減少している。

＊〔初版では「二クォーター」となっていた。カウツキー版以後訂正〕

　総地代を考察すれば、表Ⅳbの穀物地代＝八クォーターは、表Ⅰの穀物地代＝六クォーターよりも大きく、また表Ⅳaの穀物地代＝七クォーターよりも大きいが、これにたいして、表Ⅱの穀物地代＝一二クォーターよりは小さい。表Ⅳbの貨幣地代＝一二ポンドは、表Ⅳaの貨幣地代＝一〇$\frac{1}{2}$ポンドよりも大きいが、表Ⅰの貨幣地代＝一八ポンド、および、表Ⅱの貨幣地代＝三六ポンドよりは小さい。

　表Ⅳbの諸条件のもとではBでの地代はなくなっているが、その場合でも、総地代収入額が表Ⅰのそれと同じであるためには、われわれはさらに、六ポンド分の超過生産物を、すなわち、新たな生産価格である一$\frac{1}{2}$ポンドで四クォーターを手に入れなければならない。そうすれば、総地代収入額はふたたび表Ⅰと同じ一八ポンドになる。そのために必要な追加資本の大きさは、それをCで投下するかDで投下するか、または両者のあいだに配分するかに応じて異なるであろう。

　Cで投下する場合には、五ポンドの資本が二クォーターの超過生産物をもたらし、したがって、一〇ポンドの追加資本は四クォーターの追加超過生産物をもたらすであろう。Dで投下する場合には、

表　Ⅳc

土地種類	エーカー	資本 ポンド	利潤 ポンド	生産費 ポンド	生産物 クォーター	販売価格 ポンド	収益 ポンド	地代 クォーター	地代 ポンド	超過利潤率
B	1	5	1	6	4	1½	6	0	0	0
C	1	15	3	18	18	1½	27	6	9	60%
D	1	7½	1½	9	12	1½	18	6	9	120%
合計	3	27½	5½	33	34		51	12	18	

表　Ⅳd

土地種類	エーカー	資本 ポンド	利潤 ポンド	生産費 ポンド	生産物 クォーター	販売価格 ポンド	収益 ポンド	地代 クォーター	地代 ポンド	超過利潤率
B	1	5	1	6	4	1½	6	0	0	0
C	1	5	1	6	6	1½	9	2	3	60%
D	1	12½	2½	15	20	1½	30	10	15	120%
合計	3	22½	4½	27	30		45	12	18	

追加資本投下の生産性は変わらないという、ここで基礎に置かれている前提のもとでは、四クォーターの追加穀物地代を生産するためには五ポンドの追加で十分であろう。それに応じて、上の諸表〔表Ⅳc、表Ⅳd参照〕が得られるであろう。

(710) 総貨幣地代収入額は、生産価格が不変な場合に追加諸資本が投下された表Ⅱでの総貨幣地代収入額の、ちょうど半分であろう。

もっとも重要なことは、これらの諸表〔表Ⅳc、表Ⅳd〕を表Ⅰ〔本訳書、第三巻、一一三九ページ〕と比較することである。

生産価格が半分だけ低下したのに、すなわち、一クォーターあたり六〇シリングから三〇シリングに低下したのに、総貨幣地代収入額は同じ一八ポンドのままであり、それに応じて穀物地代は二倍すなわち六クォーターから一二クォーターになったということがわかる。Bでは、地代はなくなっている。Cでは、貨幣地代は、Ⅳcの場合には半分だけ増加したが、Ⅳdの場合には半分だけ減少した。Dでは、貨幣地代は、Ⅳcの場合は同じ九ポンドのままであり、Ⅳdの場合には九ポンドから一五ポンドに増加している。生産は一〇クォーターから、Ⅳcでは三四クォーターに、Ⅳdでは三〇クォーターに増加している。利潤は二ポンドから、Ⅳcでは五$\frac{1}{2}$ポンドに、Ⅳdでは四$\frac{1}{2}$ポンドに増加している。総資本投下は、一方の場合には一〇ポンドから二七$\frac{1}{2}$ポンドに、他方の場合には一〇ポンドから二二$\frac{1}{2}$ポンドに、したがってどちらの場合にも二倍以上に増加している。地代率[*1]、すなわち前貸資本にたいして計算された地代は、ⅣからⅣdまでのすべての表において、各土地種類についてすべて同じであるが、これは、両方の連続的資本投下の生産性の率は各土地種類で不変であると仮定されたことのうちにすでに含まれていたことである。けれども表Ⅰと比べると、地代率は、すべての土地種類の平均についても、個々の土地種類についても低下している。Ⅰでは地代率は平均で一八〇％であったが、Ⅳcでは $\frac{18}{27\frac{1}{2}}\times100=65\frac{5}{11}$％ であり、Ⅳdでは $\frac{18}{22\frac{1}{2}}\times100=80$％ である。一エーカーあたりの平均貨幣地代は増加している。貨幣地代の平均は、以前のⅠでは四エーカー全部について一エーカーあたり四$\frac{1}{2}$ポンドであったが、いまやⅣcおよびⅣdでは三エーカーについて一エーカーあたり六ポンドである。地代を生む土地での貨幣地代の平均は、一エーカーあたり、以前は六ポンドであったが、いまでは九ポンドである。したがって、(711) 一エーカーあたりの地代の貨幣価値は増加しているのであり、いまでは以前の二倍の穀物生産物を表わす〔表Ⅰの穀物地代六クォーターにたいして、表Ⅳc、Ⅳdでは一二クォーター〕。しかし、表Ⅰでは六クォーターの穀物地代は一〇クォーターの総生産物の $\frac{3}{5}$ を占めていたのにたいして、一二クォーターの穀物地代は、いまでは三四クォーターまたは三〇クォーター[*2]の総生産物の半分よりも少ない。したがって、地代は、総生産物の可除部分として考察すれば減少しており、また支出資本にたいして計算しても減少しているにもかかわらず、一エーカーあたりで計算された地代の貨幣価値は増加しており、また地代の生産物価値はさらにいっそう増加している。表Ⅳdの土地Dを取って見れば、ここでは生産費[*3]は一五ポンドであり、そのうち支出資本は一二$\frac{1}{2}$ポンドである。貨幣地代は一五ポンドである。表Ⅰでは、同じ土地Dで、生産費は三ポンド、支出資本は二$\frac{1}{2}$ポンド、貨幣地代は九ポンドであり、したがって貨幣地代は生産費の三倍、資本の四倍近くであった。表Ⅳdでは、Dでは一五ポンドの貨幣地代が生じ、これはちょうど生産費に等しく、資本よりも $\frac{1}{5}$ だけ大きい。それでも、一エーカーあたりの貨幣地代は、〔表Ⅰの九ポンドより〕 $\frac{2}{3}$ だけ大きく、九ポンドではなく一五ポンドである。Ⅰでは〔Dでの〕三クォーターの穀物地代は、四クォーターの総生産物の $\frac{3}{4}$ である。Ⅳdでは、〔Dでの〕穀物地代は一〇クォーターで、Dの一エーカーの全生産物（二〇クォーター）の半分である。このことは、一エーカーあたりの地代が総収穫のより小さな可除部分をなし、また前貸資本にたいする比率では減少しているとはいえ、一エーカーあたりの地代の貨幣価値および穀物価値は増加しうる、ということを示す。

＊1　〔草稿では、ここで改行されている〕

＊2　〔初版では、「三三クォーターまたは二七クォーター」となっていた。しかし、三三または二七という数

は、生産費の数値が誤って書き取られたものと思われ、カウツキー版以後、訂正されている〕

＊3〔初版および草稿では、「支出された生産費」となっていた〕

Ⅰにおける総生産物の価値は三〇ポンド、地代は総額一八ポンドで、地代は総生産物の価値の半分よりも多い。Ⅳdの総生産物の価値は四五ポンドであり、そのうち一八ポンドが地代で、こちらは半分よりも少ない。

さて、一クォーターあたり一½ポンドの価格低下、すなわち五〇％の価格低下にもかかわらず、また競争している土地の四エーカーから三エーカーへの減少にもかかわらず、なぜ総貨幣地代は不変のままで穀物地代は二倍になるのか、他方では、一エーカーあたりで計算された穀物地代と貨幣地代とは増加するのか、その理由は、より多くのクォーターの超過生産物が生産されるということにある。穀物価格は五〇％だけ低下し、超過生産物は一〇〇％だけ増大する。しかし、この結果を実現するためには、われわれの諸条件のもとでは、総生産が三倍に増大し、より優良な諸土地での資本投下が二倍を超えて増大しなければならない。この資本投下がどのような比率で増大しなければならないかは、どの土地種類においても資本の生産性は資本の大きさに比例して増大するとつねに前提されているのであれば、なによりもまず、追加資本投下がより優良な土地種類と最優良の土地種類とのあいだにどのように配分されるかに依存する。

(712) 生産価格の低下がより少なければ、同じ貨幣地代を生産するのに必要な追加資本はより少なくてすむであろう。もし、Aを耕作圏外に駆逐するために必要とされる〔穀物の〕供給——そしてこれは、

土地種類	資　本 ポンド	生産物 クォーター	穀物地代 クォーター	貨幣地代 ポンド
B	5	4	0	0
C	5	6	2	3
D	27½	44	22	33
合計	37½	54	24	36

Ａの一エーカーあたりの生産物ばかりでなく、Ａが全耕作面積中に占める比例的持ち分にも依存する――がより大きいとすれば、すなわち、もしこのために必要な供給がより大きいとすれば、したがってまたＡよりも優良な土地での追加資本の必要量がより大きいとすれば、他の事情に変わりがなければ、貨幣地代および穀物地代は、土地Ｂではどちらもなくなるとはいえ、なおいっそう増大するであろう。

もし脱落するＡの資本が五ポンドであったとすれば、この場合に比較されるべき表は二つ――ⅡとⅣdとであろう。総生産物は二〇クォーターから三〇クォーターに増大しているであろう。貨幣地代は三六ポンドではなく、半分の大きさの一八ポンドにすぎないであろう。穀物地代は同じ一二クォーターであろう。

もしＤにおいて、四四クォーター＝六六ポンドの総生産物が、二七$\frac{1}{2}$ポンドの資本で生産されうる――二$\frac{1}{2}$ポンドの資本につき四クォーターというＤにとっての旧来の率に合わせて――とすれば、総〔貨幣〕地代収入額はふたたびⅡの水準になり、表は上のようになるであろう。

総生産は表Ⅱの二〇クォーターにたいして五四クォーターであり、貨幣地代は表Ⅱと同じで三六ポンドであろう。しかし、総資本は、表Ⅱでは二〇ポ

〔713〕

ンドであったのに、三七½ポンドであろう。生産はほとんど三倍になるのに、前貸総資本は二倍近くになっただけであろう。穀物地代は二倍になり、貨幣地代は以前と同じであろう。したがって、生産性が不変のままで、地代を生むより優良な土地種類に、すなわちＡより上のすべての土地種類に追加貨幣資本が投下された結果、価格が低下するとすれば、総資本は、生産および穀物地代が増大する[*1]のと同じ比率では増大しないという傾向をもつ。したがって、価格の低下によって生じる貨幣地代の損失は穀物地代の増大によってふたたび償われうることになる。[*2]同じ法則は、前貸資本がＤでよりもＣで、すなわち、より多くの地代を生む土地でよりもより少ない地代を生む土地で、より多く使用されるのに比例して、前貸資本はより大きくなければならない、ということにも表わされる。それは単に、次のようなことである。すなわち、貨幣地代が前と同じか、または増加するためには、超過生産物の一定の追加分量が生産されなければならず、これに必要な資本は、超過生産物をもたらす地所の豊度が高ければ高いほど、それだけ少なくてすむ、ということである。ＢとＣとの格差、ＣとＤとの格差がもっと大きければ、必要とされる追加資本はもっと少なくてすむであろう。その一定の比率は、（一）価格が低下する比率、したがっていまは地代がない土地Ｂと以前に地代がなかった土地Ａとのあいだの格差に依存し、（二）Ｂ以上のより優良な土地種類のあいだの格差の比率に依存し、（三）新たに投下される追加資本の量に依存し、（四）質の異なる土地への追加資本の配分に依存する。[*3]

＊１〔草稿では、「生産および穀物地代」は「生産、貨幣地代および穀物地代」となっている〕
＊２〔「したがって、価格の低下によって」以下はエンゲルスによる〕

＊3〔「(四)」以下はエンゲルスによる〕

実際には、この法則は、すでに第一例〔前章「差額地代Ⅱ――第一例」〕で展開されたこと、すなわち、生産価格が与えられていれば、その大きさがどうであろうと、追加資本投下の結果として、地代は増加しうるということ以外にはなにも表現しないということがわかる。というのは、Aが駆逐された結果として、いまでは、Bを現在の最劣等地とし、一クォーターあたり一1/2ポンドを新たな生産価格とする、新たな差額地代Ⅰが与えられているからである。このことは、表Ⅱについてと同じように表Ⅳについても言えることである。法則は同じであり、ただ土地Aの代わりにBが、また三ポンドの生産価格の代わりに一1/2ポンドの生産価格が出発点になっているだけである。

このことは、ここではただ次の点で重要なだけである。すなわち、資本を土地Aから引きあげて、Aなしで供給を満たすためには、これこれの量の追加資本が必要であったという限りで、それには、すべての地所ではないにしても若干の地所で、また耕作諸地所の平均について、一エーカーあたりの地代が不変のままである、あるいは、増加または減少するということがともないうることが明らかになる、ということである。すでに見たように、穀物地代と貨幣地代とは同じ比率で変化するものではない。それにもかかわらず、一般にいまなお穀物地代が経済学において一つの役割を演じているということは、ただ伝統のためでしかない＊。まったく同じように、人は、たとえばある工場主が、自分が使う糸を、五ポンドの自分の利潤で、以前に一〇ポンドの利潤で買ったよりもはるかに多く買うことができる、ということをやすやすと証明することもできるであろう。しかし、このことはもちろん、もし土地所有者諸氏が同時に〔繊維〕工場の所有者または出資者、製糖業者、火酒製造業者などであれば、彼らは貨幣地代が下落しても、自分が使う原料の生産者として、相変わらず非常に大きな利得を得ることができる、ということを示している。(三四)

(三四) Ⅳaから Ⅳdまでの上掲の諸表は、一貫した計算の誤りがあったため、計算しなおさなければならなかった。このことは、これらの諸表から展開された理論的観点には確かに影響しなかったが、しかし部分的には、一エーカーあたりの生産にまったく奇怪な数量関係をもち込んだ。これも結局は気にさわるほどのことではない。すべての立体模型地図や地形断面図においては、垂直線には水平線にたいしてよりもかなり大きな比率が用いられる。とはいえ、自分の農業的感情が傷つけられたと感じる人は、いまでも、自分の好きなどんな数をエーカー数に掛けても差し支えない。また表Ⅰで、一エーカーあたり、一、二、三、四クォーターの代わりに、一〇、一二、一四、一六ブッシェル（八ブッシェル＝一クォーター）とおいてもよい。その場合には、そこから導き出される他の諸表の数字も実際にありうる場合の限界内のものとなる。資本の増加にたいする地代の増加の関係という結果は、まったく同じことに帰着することがわかるであろう。次の章で編集者がつけ加えた諸表ではそうなっている。――F・エンゲルス

＊〔草稿では、「穀物地代が」以下の文が「穀物地代が存在するということは、ただ伝統のためでしかない」となっている〕

第二節　追加諸資本の生産性の率が低下する場合＊

＊〔草稿では、「Ⅱ）　追加諸資本の生産性の率が低下する場合に生産価格が低下する場合」となっている〕

表　Ⅰ

土地種類	エーカー	資本 ポンド	利潤 ポンド	生産費 1クォーターあたり、ポンド	生産物 クォーター	穀物地代 クォーター	貨幣地代 ポンド	超過利潤率
A	1	2½	½	3	1	0	0	0
B	1	2½	½	1½	2	1	3	120%
C	1	2½	½	1	3	2	6	240%
D	1	2½	½	¾	4	3	9	360%
合計	4	10			10	6	18	平均 180%

表　Ⅴ

土地種類	エーカー	資本投下 ポンド	利潤 ポンド	生産物 クォーター	販売価格 ポンド	収益 ポンド	穀物地代 クォーター	貨幣地代 ポンド	超過利潤率
B	1	2½+2½	1	2+1½=3½	$1\frac{5}{7}$	6	0	0	0
C	1	2½+2½	1	3+2　=5	$1\frac{5}{7}$	$8\frac{4}{7}$	1½	$2\frac{4}{7}$	$51\frac{3}{7}$%＊1
D	1	2½+2½	1	4+3½=7½	$1\frac{5}{7}$	$12\frac{6}{7}$	4	$6\frac{6}{7}$	$137\frac{1}{7}$%＊2
合計	3	15		16		$27\frac{3}{7}$	5½	$9\frac{3}{7}$	平均 $94\frac{2}{7}$%＊3

＊1〔初版では「$51\frac{2}{5}$%」となっていた。貨幣地代 $2\frac{4}{7}$ポンドは、資本投下5ポンドの$51\frac{3}{7}$%にあたる。以下同様〕

＊2〔初版では「$137\frac{1}{5}$%」となっていた〕

＊3〔初版では「$94\frac{3}{10}$%」となっていた。エンゲルスは、この表でもこれ以下の諸表でも、地代を生む土地種類だけの平均を計算している。表Ⅰのように地代を生まない土地種類も含めた平均超過利潤率は$62\frac{6}{7}$%である〕

このこと〔追加諸資本の生産性の率が低下すること〕は——先ほど考察した場合〔前節の場合〕と同じように、この場合でも生産価格が低落しうるのは、Aよりも優良な土地種類で追加資本投下がなされることによってAの生産物が余分になり、そのためAから資本が引きあげられるか、またはAが他の生産物の生産に使用されるかする場合だけであるという限りで——、なにも新しいことを生じさせない。右の場合〔Aの生産物が余分になり、資本が引きあげられるなどの場合〕は、前節で十分に解明し尽くされている。その場合には、一エーカーあたりの穀物地代および貨幣地代は、増大したり減少したりすることもありうるし、変わらないままであることもありうる、ということが示された。

比較の便宜のため、まず、表I〔本訳書、第三巻、一二三九ページ〕を再録しておこう。

さて、生産性の率が下がる場合にB、C、Dによって供給される一六クォーターという数字が、Aを耕作圏外に投げ出すのに足りると仮定すれば、表III〔同前〕は右の表Vに転化する。

(715) 表Vでは、追加資本の生産性の率が下落し、また土地種類が異なればその下落の程度も異なるので、規制的生産価格は三ポンドから一$\frac{5}{7}$ポンドに低下している。〔表Vを表Iと比べれば〕投下資本は、一〇ポンドから一五ポンドに半分だけ増加している。貨幣地代は、一八ポンドから九$\frac{3}{7}$ポンドに半分近く低下しているが、穀物地代は、六クォーターから五$\frac{1}{2}$クォーターにたった $\frac{1}{12}$ だけ減少している。総生産物は一〇クォーターから一六クォーターに、すなわち六〇%だけ*増加している。穀物地代は総生産物の三分の一よりいくぶん多い。前貸資本と貨幣地代との比は、表Iでは 10 : 18 であったが、いまは 15 : 9$\frac{3}{7}$ である。

＊〔初版および草稿では「一六〇%だけ」となっていた〕

第三節　追加諸資本の生産性の率が増大する場合*

＊〔草稿では「Ⅲ）追加諸資本の生産性の率が増大する場合に生産価格が低下する場合」となっている〕

この場合が本章のはじめに掲げられた変化形態Ⅰ〔第一節〕の場合から、すなわち生産性の率が不変のもとで生産価格が低下する場合から区別される点は、土地Ａを駆逐するためにある与えられた追加生産物が必要であるときに、ここでは、そのこと〔追加生産物の生産〕がいっそう急速に行なわれる、ということ以外にはなにもない。

追加資本投下の生産性が低下する場合にも増加する場合にも、その作用は、資本諸投下が異なる土地種類にどのように配分されているかに応じて、異なりうる。この異なる作用が、諸格差を均等化するか、先鋭化するかに応じて、より優良な土地種類の差額地代、したがってまた総地代収入額は減少または増加するであろうが、この場合についてはすでに差額地代Ⅰのところで見たとおりである。そ(716)れ以外には、すべては、Ａとともに駆逐される土地面積と資本との大きさに、また、生産性の増加のもとで、需要を満たすべき追加生産物を供給するのに必要とされる相対的な資本前貸しにかかっている。

ここで研究のしがいのある唯一の点、また一般に、どのようにしてこの差額利潤が差額地代に転化するのかという研究にわれわれを引きもどす唯一の点は、次のことである――

生産価格が同じままである第一例〔第四一章〕の場合には、土地Ａで追加資本が投下されても、そ

表　VI

土地種類	エーカー	資本 ポンド	利潤 ポンド	生産費 ポンド	生産物 クォーター	販売価格 ポンド	収益 ポンド	地代 クォーター	地代 ポンド	超過利潤率
A	1	2½+2½=5	1	6	1+1⅕=2⅕	2 8/11	6	0	0	0
B	1	2½+2½=5	1	6	2+2⅖=4⅖	2 8/11	12	2⅕	6	120%
C	1	2½+2½=5	1	6	3+3⅗=6⅗	2 8/11	18	4⅖	12	240%
D	1	2½+2½=5	1	6	4+4⅘=8⅘	2 8/11	24	6⅗	18	360%
	4	20	4	24	22		60	13⅕	36	240%*

＊〔B、C、Dの平均ではなく、A、B、C、Dの平均では、180%である〕

れは差額地代そのものには無関係である。というのは、土地Aは相変わらずなんらの地代も生まず、その生産物の価格は同じままであり、引き続き市場*を規制するからである。

＊〔草稿では「市場」は「市場価格」となっている〕

第二例〔第四二章〕において、生産性の率が不変で生産価格が低下する変化形態Ⅰ〔第一節〕の場合には、土地Aは必然的に脱落し、変化形態Ⅱ〔第二節〕の場合（生産性の率が低下して生産価格が低下する場合）には、なおさらそうである。というのは、そうでなければ、土地Aでの追加資本が生産価格を騰貴させるに違いないだろうからである。しかし、追加資本の生産性が増加するので生産価格が低下するという第二例の変化形態Ⅲ〔第三節〕のこの場合には、この追加資本は、事情によっては、より優良な土地種類にと同様に土地Aにも投下されうる。

Aで投下された二½ポンドの追加資本が、一クォーターではなく一⅕クォーターを生産すると仮定してみよう。

上の表〔Ⅵ〕は、基本表Ⅰのほかに、二倍の資本投下が不変の生産性すなわち資本投下に比例する生産性と結びついている表Ⅱ

（717）〔本訳書、第三巻、一二三九ページ〕とも比較されなければならない。

前提によれば、規制的生産価格は低下する。それが不変のままで三ポンドであるとすれば、以前に二$\frac{1}{2}$ポンドしか資本投下されなかった場合に地代を生まなかった最劣等地Aが、より劣等な土地が耕作圏内に引き入れられなくても、いまや地代をもたらすであろう。しかもそれは、土地Aでの生産性が――ただし最初の資本についてではなく、資本の一部分についてのみ――増加したことによってである。第一の三ポンドという生産費は一クォーターをもたらし、第二の三ポンドは一$\frac{1}{5}$クォーターをもたらす。しかし、いまでは二$\frac{1}{5}$クォーターという全生産物がその平均価格で売られる。生産性の率が追加資本投下とともに増大するのだから、この追加資本投下は改良を含んでいる。この改良は、一般に一エーカーについてより多くの資本が使用される（肥料の増加、機械作業の増加など）ということであるかもしれないし、あるいはまた、一般にこの追加資本によってのみ、質的に異なる、より生産的な資本の投下を実行することが可能になる、ということでもあるかもしれない。どちらの場合にも、一エーカーあたり五ポンドの資本の投下によって二$\frac{1}{5}$クォーターの生産物が得られたが、他方で、その半分の資本投下二$\frac{1}{2}$ポンドでは一クォーターの生産物しか得られなかった。一時的な市場状態を度外視すれば、土地Aの生産物が新たな平均価格ではなく、〔もとの〕より高い生産価格で売られ続けうるのは、土地等級Aのかなりの面積が、一エーカーあたり二$\frac{1}{2}$ポンドにすぎない資本によって引き続き経営されるあいだだけであろう。しかし、一エーカーあたり五ポンドの資本という新しい比率が一般化し、それとともに改良された経営が一般化すれば、規制的生産価格は二$\frac{8}{11}$ポンドに低落せざるをえないであろう。二つの資本部分のあいだの区別はなくなるであろう。そしてその場合には、二$\frac{1}{2}$ポンドだけで耕作されているAの一エーカーは、実際には変則的に、新しい生産諸条件に照応しないで耕作されていることになるであろう。それは、もはや、同じ一エーカーに投下された異なる資本諸部分の収益のあいだの区別ではなく、一エーカーあたりの十分な総資本投下と不十分な総資本投下とのあいだの区別であろう。このことから第一にわかることは、比較的多数の借地農場経営者の手中にある不十分な資本（比較的多数のでなければならないのは、少数であれば自分たちの生産価格よりも安く売ることを余儀なくされるだけであろうからである）は、土地種類そのものの下降順序での分化とまったく同じように作用する、ということである。劣等地での劣悪な耕作法は、優良地での地代を増加させる。それどころか、同じく劣等な性状の土地でも、より優秀な耕作が行なわれれば、そうでない場合には生じないような地代*を生むことさえありうる。第二にわかることは、差額地代は、それが同じ総面積における連続的資本投下から生じる限りでは、現実には一つの平均に帰着する、ということである。そしてこの平均においては、それぞれ異なる資本諸投下の作用はもはや識別できず区別(718)できないのであり、したがって最劣等地で地代を生むのではなくて、（一）Aの一エーカーについていえば、総収穫の平均価格を新たな規制的価格にするのであり、また、（二）新たな諸条件のもとで土地の十分な耕作に必要な一エーカーあたりの資本の総分量の変動として現われるのであって、そこでは、個々の連続的資本諸投下も、この資本諸投下のそれぞれの作用も、区別できないほどに融合しているのである。さらに、より優良な土地種類の個々の差額地代についても事情は同じである。差額地代は、どの場合にも、当該の土地種類の平均的生産物を、いまでは標準的になっている増加した資本投下のもとでの最劣等地の生産物と比較したその差によって規定される。

＊〔草稿では「地代」は「新たな地代」となっている。なお、新メガでの判読はエンゲルス版と同様である〕

どんな土地も資本投下がなければなんの生産物ももたらさない。したがって、単純な差額地代すなわち差額地代Ⅰの場合でも、生産価格を規制する土地であるAの一エーカーがこれこれの価格でこれこれの量の生産物をもたらすと言われ、また、より優良な土地種類B、C、Dはこれこれの量の差額生産物を、したがって、右の規制的価格のもとではこれこれの額の貨幣地代をもたらすと言われる場合には、いつも、与えられた生産諸条件のもとで標準的とみなされる一定の資本が使用されるということが想定されている。それは、工業において、どの事業部門についても、諸商品をその生産価格で製造しうるためには、＊ある一定の最低限度の資本が必要とされるのとまったく同じである。

＊〔草稿では、「工業において」以下は「工業において、諸商品を生産価格で販売しうるためには」となっている〕

諸改良と結びついた連続的な資本投下が同じ土地で行なわれる結果、右の最低限度が変化する場合には、このことは徐々に行なわれる。たとえば、Aのある程度のエーカー数がこの追加経営資本を与えられないあいだは、生産価格が不変のままであることによって、Aのうちより優秀な耕作の行なわれているエーカー地で地代が生み出され、またB、C、Dというすべてのより優良な土地種類の地代が増加する。とはいえ、新たな経営法が、標準的になってしまうほど確固とした地歩を占めてしまえば、生産価格は低下する。*より優良な諸地所の地代はふたたび低下し、土地Aのうち、いまでは平均的となっている経営資本をもたない部分は、〔生産物を〕その個別的生産価格よりも低く、したがって平均利潤よりも低く売らなければならない。

＊〔草稿では、ここから段落末までは「地代をもたらす地所は劣悪な（少ない資本で耕作されている）少ない地代を支払い、平均的な経営資本をもたない土地Aはその生産価格よりも低く、したがって平均利潤よりも低く売らなければならない」となっている〕

生産価格が低下する場合にも同じことは起こるが、追加資本の生産性が減少する場合にさえも、資本投下が増加した結果、必要な総生産物がより優良な土地種類によって供給され、したがってたとえばAから経営資本が引きあげられ、したがってAがもはやこの一定の生産物たとえば小麦の生産では競争しなくなれば、同じことが起こる。新たな規制的な土地である優良地Bにおいていまや平均的に使用される資本分量が、いまでは標準的なものとみなされる。そして、諸地所の豊度の違いのことを言う場合には、この新たな標準分量の資本が一エーカーあたりに使用されるものと想定されている。(719)

他方で、この平均的な資本投下――たとえばイングランドでは一八四八年以前には一エーカーあたり八ポンド、以後には一二ポンド――が、借地契約の締結のさいに基準になるということは明らかである。*それより多く支出する借地農場経営者にとって、契約の期間中、超過利潤は地代に転化しない。契約期間の終了後にこの転化が生じるかどうかは、同じ額の特別前貸しをすることができる借地農場経営者たちの競争によるであろう。ここでは、資本支出が同じであっても、または減少してさえも、増加した生産物を確保し続ける恒久的な土地改良は問題にしていない。これらの改良は、資本の産物であるとはいえ、土地の地味の自然的差異とまったく同じように作用する。

＊〔本訳書、第三巻、一二九六ページ参照〕

したがって、差額地代Ⅱでは、差額地代Ⅰそのものでは現われないある契機――というのは、差額地代Ⅰは、一エーカーあたりの標準的な資本投下がどんなに変動しても、それとはかかわりなく存続しうるからである――が問題になる、ということがわかる。一方では、規制的な土地Ａでのそれぞれ異なる資本投下の諸結果〔の違い〕が消去され、異なる資本投下の生産物はいまでは単に一エーカーあたりの標準的平均生産物として現われる。また他方では、一エーカーあたりの資本支出の標準的最小限度、または平均的大きさが変動し、その結果、この変動が土地の属性として現われる。最後に、超過利潤の地代形態への転化の仕方の相違がある。

さて表Ⅵはさらに、これを表ⅠおよびⅡと比較すれば、穀物地代はⅠに比べて二倍を超え、Ⅱに比べて一$1/5$クォーターだけ増加しており、他方、貨幣地代はⅠに比べて二倍になり、Ⅱに比べて変化しなかったことを示す。もし（その他の諸前提は同じとして）資本の追加がより優良な土地種類にもっと多く投下されたか、あるいはそうではなくて、Ａにたいする資本追加の作用がもっと小さく、したがってＡの一クォーターの規制的平均価格がもっと高かったか、いずれかであれば、貨幣地代はいちじるしく増大したであろう。

資本追加による豊度の増加が異なる土地種類にたいして異なる作用をするとすれば、それは、これ

表　VIa

土地	エーカー	資本 ポンド	利潤 ポンド	生産物 1エーカーあたり、クォーター	販売価格 ポンド	収益 ポンド	穀物地代 クォーター	貨幣地代 ポンド
A	1	2½+2½=5	1	1+3　=4	1½	6	0	0
B	1	2½+2½=5	1	2+2½=4½	1½	6¾	½	¾
C	1	2½+2½=5	1	3+5　=8	1½	12	4	6
D	1	2½+2½=5	1	4+12　=16	1½	24	12	18
合計	4	20		32½			16½	24¾

らの土地種類の差額地代の変化を引き起こすであろう。

いずれにしても、すでに証明されているように、追加資本投下の生産性の率が増大する結果として生産価格が低下する場合には——すなわち、この生産性が資本前貸しよりも大きな割合で増大すれば——、一エーカーあたりの地代は、たとえば二倍の資本投下で単に二倍になるのではなく、二倍以上になりうる。しかし、この一エー(720)カーあたりの地代は、土地Aでの生産性が急速に増大した結果、生産価格がもっと大きく低下した場合には、減少することもありうる。

もし追加資本投下が、たとえばBおよびCではAでと同じ比率では生産性を増加させず、その結果、BおよびCについては格差の比率が減少し、生産物の増大が価格の低下を埋め合わせないと仮定すれば、表IIの場合に比べて、地代はDでは増加し、*BおよびCでは減少するであろう〔表VIa参照〕。

*〔「変化せず」の書き誤りと思われる。草稿では、「表IIの場合に比べて」はなく、以下、「たとえばDでは増加し、BおよびCでは減少し、また総貨幣地代は減少し穀物地代は増加するであろう」となっている〕

最後に、豊度の増加する比率は同じであるが、より優良な諸地所にAよりもさらに多くの追加資本が投下される場合、または、より優良な諸地所への追加資本投下がいっそう高い生産性の率で作用する場合には、貨幣地代は増加するであろう。どちらの場合も格差は拡大するであろう。

追加資本投下の結果として改良が格差の全部または一部分を減少させて、BおよびCよりもAにいっそう多く作用する場合には、貨幣地代は減少する。最優良諸地所の生産性の増大が少なければ少ないほど、貨幣地代はそれだけ大きく減少する。穀物地代が増加するか減少するか、あるいは不変のままであるかは、この作用の不等性の割合による。

貨幣地代が増加し、穀物地代も同じく増加するのは、次のいずれかの場合である。すなわち、異なる土地種類の追加の豊度における格差の比率が不変のままで、いっそう多くの資本が、地代を生まないAよりも地代を生む土地に、また地代の低い土地よりも地代の高い土地に追加される場合か、そうでなければ、追加資本は同じで、豊度がAよりも優良地および最優良地でいっそう多く増大する場合である。しかも後者の場合には、豊度のこの増加が低級地よりも高級地でいっそう大きいのに比例して、貨幣地代も穀物地代も増加する。

(721) しかし、生産力の増大が資本追加の結果であって、不変の資本投下のもとで単に豊度が増大した結果ではないという場合には、どんな事情のもとでも、地代は相対的に増加する。これは絶対的な〔疑問の余地のない〕見方であって、この見方は、この場合においても、上記のすべての場合と同様に、地代は、そして一エーカーあたりの地代の増加〔差額地代Ⅰの場合のように耕作面積全体で――平均的地代収入額の高さ）は、土地にたいする増加した資本投下の結果[*1]であるということを示すのであって、それは、この増加した資本投下が、不変もしくは低下する価格のもとで不変の生産性の率で機能するか、不変もしくは低下する価格のもとで減少する生産性の率で機能するか、または低下する価格のもとで増加する生産性の率で機能するかにはかかわりがない。[*2]というのは、追加資本の生産性の率が不変、減少または増加するもとで価格が不変である場合、ならびに、生産性の率が不変、減少または増加するもとで価格が低下する場合というわれわれの仮定は、結局のところ、不変もしくは低下する価格のもとで追加資本の生産性の率が不変である場合、不変もしくは低下する価格のもとで生産性の率が減少する場合、不変および低下する価格で生産性の率が増加する場合に帰着するからである。これらすべての場合に地代は不変でありうるし、また減少しうるとはいえ、他の事情が同じままであるもとで、資本の追加使用が豊度の増大の条件でないとすれば、地代はいっそう激しく減少するであろう。その場合には、地代は絶対的に減少しているとはいえ、資本追加がつねに地代の相対的な高さの原因である。

＊1〔草稿では、「土地にたいする増加した資本投下の結果」は、「土地にたいする増加した資本投下、資本蓄積の結果」となっている〕

＊2〔草稿では、「この増加した資本投下が」のあとは「不変の生産力と不変もしくは低下する価格とで機能するか、減少する超過生産力のもとで不変もしくは低下する価格で機能するか、増大する超過生産力で低下する価格のもとで機能するかにはかかわりがない」となっている〕

（722）

第四三章　差額地代Ⅱ——第三例　生産価格が騰貴する場合。諸結果*

＊〔草稿では、「C）　生産価格が騰貴する場合」となっている〕

〔生産価格の騰貴は、なんの地代も支払わない最劣等質の土地の生産性が減少することを前提する。Aに投下された二½ポンドが一クォーターよりも少なく、もしくは五ポンドが二クォーターより少なく生産する場合にだけ、またはAよりもさらに劣等な土地が耕作圏内に引き入れられなければならない場合にだけ、規制的とみなされる生産価格が一クォーターあたり三ポンドよりも上に騰貴しうる。

第二次資本投下の生産性が不変のままであるか、または増加するもとでさえ、生産価格の騰貴が起こりうるのは、二½ポンドという第一次資本投下の生産性が減少した場合だけであろう。このような場合は実にしばしば見られる。たとえば、浅耕が行なわれていて、疲弊した上層の耕土が旧来の耕作のもとで収穫の減少をもたらし、次に深耕によって掘り上げられた底土が、より合理的な処理のもとで、従来よりも大きな収穫をふたたび提供する場合である。しかし、このような特殊な場合は、厳密に言えば、ここでの問題ではない。二½ポンドの第一次資本投下の生産性の減少は、より優良な土地種類にとっては、そこでも類似の諸関係が仮定される場合でさえも、差額地代Ⅰの減少を生じさせる。しかし、ここではわれわれは差額地代Ⅱだけを考察する。右であげた特殊な場合は、差額地代Ⅱがすでに存在するものとして前提されていなければ起こりえないのだから、また実際のところそれは差額地代Ⅰのある修正がⅡにおよぼす反作用を表わすのだから、この場合の一事例を示そう〔次ページの表Ⅶ参照〕。

貨幣地代も貨幣収益も、表Ⅱ〔本訳書、第三巻、一二三九ページ〕の場合と同じである。規制的生産価格〔販売価格〕の騰貴は、生産物の量で失われたものをちょうど埋め合わせる。両者は反比例して変動するから、両者の積が不変であるのは自明である。

(723) 右の場合〔表Ⅶ〕には、第二次資本投下の生産力が第一次資本投下の最初の生産性〔表Ⅰ〕よりも高くなると仮定されていた。第二次資本投下にたいして、第一次資本投下が最初にもっていたのとちょうど同じ生産性をあてはめても、次表〔Ⅷ〕に示されるように、事態に変わりはない。

この場合〔表Ⅷ〕においても、同じ比率で生産価格が騰貴することが、収益についても貨幣地代についても生産性の減少が完全につぐなわれることの条件である。

第三例〔本章「差額地代Ⅱ――第三例」〕が純粋に現われるのは、第一次資本投下の生産性が――第一例〔第四一章〕および第二例〔第四二章〕についていつでもそう仮定されていたように――不変であるのに、第二次資本投下の生産性が減少する場合だけである。この場合には、差額地代Ⅰは影響を受けず、変化は、差額地代Ⅱから生じる地代部分についてのみ起こる。二つの例を示そう。一つめの例〔表Ⅸ〕では、第二次資本投下の生産性が $\frac{1}{2}$ に、二つめの例〔表Ⅹ〕では $\frac{1}{4}$ に減少するとしよう。

(724) 表Ⅸは表Ⅷと同じであり、ただ生産性の減少がⅧでは第一次資本投下に、Ⅸでは第二次資本投下に

表　VII

土地種類	エーカー	資本投下 ポンド	利潤 ポンド	生産費 ポンド	生産物 クォーター	販売価格 ポンド	収益 ポンド	穀物地代 クォーター	貨幣地代 ポンド	地代率
A	1	2½＋2½	1	6	½＋1¼＝1¾	3 3/7	6	0	0	0
B	1	2½＋2½	1	6	1　＋2½＝3½	3 3/7	12	1¾	6	120%
C	1	2½＋2½	1	6	1½＋3¾＝5¼	3 3/7	18	3½	12	240%
D	1	2½＋2½	1	6	2　＋5　＝7	3 3/7	24	5¼	18	360%
合計		20			17½		60	10½	36	240%*

＊〔地代率としてはA、B、C、Dの平均180%である（以下の表VIII、IX、Xでも同じ）〕

表　VIII

土地種類	エーカー	資本投下 ポンド	利潤 ポンド	生産費 ポンド	生産物 クォーター	販売価格 ポンド	収益 ポンド	地代		超過利潤率
								穀物 クォーター	貨幣 ポンド	
A	1	2½＋2½＝5	1	6	½＋1＝1½	4	6	0	0	0
B	1	2½＋2½＝5	1	6	1　＋2＝3	4	12	1½	6	120%
C	1	2½＋2½＝5	1	6	1½＋3＝4½	4	18	3	12	240%
D	1	2½＋2½＝5	1	6	2　＋4＝6	4	24	4½	18	360%
		20			15		60	9	36	240%

表　IX

土地種類	エーカー	資本投下 ポンド	利潤 ポンド	生産費 ポンド	生産物 クォーター	販売価格 ポンド	収益 ポンド	地代		地代率
								穀物 クォーター	貨幣 ポンド	
A	1	2½＋2½＝5	1	6	1＋ ½＝1½	4	6	0	0	0
B	1	2½＋2½＝5	1	6	2＋1　＝3	4	12	1½	6	120%
C	1	2½＋2½＝5	1	6	3＋1½＝4½	4	18	3	12	240%
D	1	2½＋2½＝5	1	6	4＋2　＝6	4	24	4½	18	360%
		20			15		60	9	36	240%

表　X

土地種類	エーカー	資本投下 ポンド	利潤 ポンド	生産費 ポンド	生産物 クォーター	販売価格 ポンド	収益 ポンド	地代 穀物 クォーター	地代 貨幣 ポンド	地代率
A	1	2½+2½=5	1	6	1+ ¼=1¼	4⅘	6	0	0	0
B	1	2½+2½=5	1	6	2+ ½=2½	4⅘	12	1¼	6	120%
C	1	2½+2½=5	1	6	3+ ¾=3¾	4⅘	18	2½	12	240%
D	1	2½+2½=5	1	6	4+1　=5	4⅘	24	3¾	18	360%
		20		24	12½		60	7½	36	240%

起こることが違うだけである。

表Xでも総収益、貨幣地代収入額および地代率は、表Ⅱ、ⅦおよびⅧと同じである。なぜなら、またもや生産物と販売価格とは反比例して変動したが、資本投下は前と同じままであったからである。

ところで、生産価格が騰貴するもとでありうるもう一つの場合、すなわち、それまでは耕作しても引き合わなかった、いっそう劣等な土地が、いまや耕作圏内に引き入れられる場合には、事態はどうなるか？

そのような土地が、競争に加わると仮定し、aで示そう。その場合には、それまで地代を生まなかった土地Aが地代をもたらすであろうし、そのときには、前掲の表Ⅶ、ⅧおよびXは、次のような姿をとるであろう〔次ページの表Ⅶa、Ⅷa、Xa参照〕。

(726)

土地aを割り込ませることによって、新たな差額地代Ⅰが発生する。そしてこの新しい基礎の上で、次には差額地代Ⅱが、やはり変化した姿をとって発展する。土地aは、右の三つの表のそれぞれにおいて、異なる豊度をもつ。豊度の比例的な増加の列は、まずAから始まる。地代の増加の列もこれに照応する。地代を生む土地のうち最劣等の

表　Ⅶa

土地種類	エーカー	資　本	利潤	生産費	生産物	販売価格	収益	地　代		増加*
		ポンド	ポンド	ポンド	クォーター	ポンド	ポンド	クォーター	ポンド	
a	1	5	1	6	1½	4	6	0	0	0
A	1	2½+2½	1	6	½+1¼=1¾	4	7	¼	1	1
B	1	2½+2½	1	6	1　+2½=3½	4	14	2	8	1+7
C	1	2½+2½	1	6	1½+3¾=5¼	4	21	3¾	15	1+2×7
D	1	2½+2½	1	6	2　+5　=7	4	28	5½	22	1+3×7
				30	19		76	11½	46	

＊〔貨幣地代の増加。単位ポンド。表Ⅷa、Ｘaも同じ〕

表　Ⅷa

土地種類	エーカー	資　本	利潤	生産費	生産物	販売価格	収益	地　代		増加
		ポンド	ポンド	ポンド	クォーター	ポンド	ポンド	クォーター	ポンド	
a	1	5	1	6	1¼	4⅘	6	0	0	0
A	1	2½+2½	1	6	½+1=1½	4⅘	7⅕	¼	1⅕	1⅕
B	1	2½+2½	1	6	1　+2=3	4⅘	14⅖	1¾	8⅖	1⅕+7⅕
C	1	2½+2½	1	6	1½+3=4½	4⅘	21⅗	3¼*	15⅗	1⅕+2×7⅕
D	1	2½+2½	1	6	2　+4=6	4⅘	28⅘	4¾	22⅘	1⅕+3×7⅕
	5			30	16¼		78	10*	48	

＊〔初版では、それぞれ「2¼」および「9」となっていた〕

表　Ｘa

土地種類	エーカー	資　本	利潤	生産費	生産物	販売価格	収益	地　代		増加
		ポンド	ポンド	ポンド	クォーター	ポンド	ポンド	クォーター	ポンド	
a	1	5	1	6	1⅛	5⅓	6	0	0	0
A	1	2½+2½	1	6	1+¼=1¼	5⅓	6⅔	⅛	⅔	⅔
B	1	2½+2½	1	6	2+½=2½	5⅓	13⅓	1⅜	7⅓	⅔+6⅔
C	1	2½+2½	1	6	3+¾=3¾	5⅓	20	2⅝	14	⅔+2×6⅔
D	1	2½+2½	1	6	4+1=5	5⅓	26⅔	3⅞	20⅔	⅔+3×6⅔
				30	13⅝		72⅔	8	42⅔	

——以前は無地代の——土地〔A〕の地代は一つの定数をなし、それがすべてのより高い地代に単純に加算される。この定数を差し引いたのちにはじめて、より高い諸地代のもとで、諸格差の列が、またこの列と土地種類の豊度の列との並行性が、明確に現われる。すべての表で、AからDまでの豊度の比は、1：2：3：4 であり、これに照応して地代の比は——

Ⅶaでは、$1：1+7：1+2\times7：1+3\times7$ であり、

Ⅷaでは、$1\frac{1}{5}：1\frac{1}{5}+7\frac{1}{5}：1\frac{1}{5}+2\times7\frac{1}{5}：1\frac{1}{5}+3\times7\frac{1}{5}$ であり、

Xaでは、$\frac{2}{3}：\frac{2}{3}+6\frac{2}{3}：\frac{2}{3}+2\times6\frac{2}{3}：\frac{2}{3}+3\times6\frac{2}{3}$ である。

要するに、Aの地代＝nとし、次に豊度の高い土地の地代＝n＋m とすれば、地代の列は n：n＋m：n＋2m：n＋3m 等々である。——F・エンゲルス｝

｛上に述べた第三例〔本章「差額地代Ⅱ——第三例」〕は、草稿では仕上げられていなかったので——そこには表題があるにすぎない*——、以上のようにこれをできる限り補足することが編集者の仕事として残された。ところが、さらにまた、編集者には、三つの大分類例〔第一—第三例〕および九つの小分類例〔三つの大分類例において、追加資本の生産性が不変、減少、または増加する三つずつの場合〕において差額地代Ⅱのこれまでの研究全体から判明する一般的諸結論を引き出すことが残されている。しかし、この目的のためには、草稿のなかにある諸例はほとんど適さない。それらの例は、第一に、同じ大き

さの面積についてその収穫が　１：２：３：４　という比になっている諸地片を比較している——すなわち、はじめからすでに非常に誇張されており、それを基礎にして仮定や計算を展開するとまったく無理な数量関係になるような相違を比較している。また第二に、これらの例はまったく誤った外観をつくり出す。１：２：３：４　等の比をなしている豊度の度合いにたいして、０：１：２：３　等の列をなす地代が生じるとすれば、人はただちに、第一の列から第二の列を導き出そうとするし、総収穫の二倍化、三倍化等から地代の二倍化、三倍化等を説明しようとする。しかし、これはまったく(727)正しくないであろう。豊度の度合いが $n:n+1:n+2:n+3:n+4$ の比である場合でも、地代は０：１：２：３：４　の比である。地代は豊度の度合いに比例するのではなく、地代を生まない土地をゼロ点として起算した豊度の相違に比例する。

＊〔草稿では、表題に続いて「Ａ）および他のすべての土地種類において仮定しよう」と書き出され、抹消されている〕

〔これまでの〕本文の説明のためには、草稿の諸表が示されなければならなかった。しかし、以下に続く研究の諸結果にとって明確な基礎を得るために、私は、以下では、収穫がブッシェル（$\frac{1}{8}$ クォーターまたは三六・三五リットル）で、〔収益が〕シリング（＝マルク）で示される一連の新しい表を示そう。

最初の表（XI）は、以前の表I〔本訳書、第三巻、一二三九ページ〕に照応する。この表は、五〇シリングの第一次資本投下——これに一〇シリングの利潤で、一エーカーあたり六〇シリングの総生産費となる――のもとで五種類の質の土地Ａ―Ｅに生じる収益と地代とを示す。穀物収穫は、一エーカーあたり一〇、一二、一四、一六、一八ブッシェルと低く見積もられている。その結果である規制的生産価格は、一ブッシェルあたり六シリングである。

以下の一三の表は、同一の土地のうえで一エーカーあたり五〇シリングの追加資本投下がなされて、生産価格が不変の場合、低下する場合、騰貴する場合という、本章および前二章で論じられた差額地代Ⅱの三つの例に照応する。これらの例のそれぞれについてまた、第一次資本投下に比べて第二次資本投下の生産性が、（一）不変な場合、（二）低下する場合、（三）増加する場合に、どういう形をとるかが示される。そのさいに、なおとくに具体的に説明されるべき若干の変化形態が生じる。

第一例。生産価格が不変な場合には、次の変化諸形態が得られる――

変化形態１――第二次資本投下の生産性が不変な場合（表Ⅻ）。

変化形態２――生産性が減少する場合。これは、土地Ａで第二次資本投下がなされない場合にだけ起こりうる。しかも、この場合には、

（ａ）土地Ｂも同じく地代を生まない（表ⅩⅢ）か、

（ｂ）土地Ｂがまったく地代を生まないものとはならない（表ⅩⅣ）か、のどちらかになる。

変化形態３――生産性が増加する場合（表ⅩⅤ）。この場合も、土地Ａへの第二次資本投下は排除される。

第二例。生産価格が低下する場合には、次の変化諸形態が得られる――

変化形態１――第二次投下の生産性が不変な場合（表XVI）。

変化形態２――生産性が減少する場合（表XVII）。これら二つの変化形態は、土地Ａが競争圏外に脱落し、土地Ｂが無地代になって生産価格を規制することを条件とする。

変化形態３――生産性が増加する場合（表XVIII）。この場合には、土地Ａが依然として規制的である。

（728）第三例。生産価格が騰貴する場合には、次の二つのあり方が可能である。すなわち、土地Ａが依然として無地代で価格規制的でありうるか、それともＡよりも質の劣る土地が競争圏内にはいってきて、価格を規制する――その場合にはＡは地代をもたらす――かである。

第一のあり方――土地Ａは依然として規制的である。

変化形態１――第二次投下の生産性が不変な場合（表XIX）。これは、われわれの諸前提のもとでは、第一次投下の生産性が減少するときにだけ許される。

変化形態２――第二次投下の生産性が減少する場合（表XX）。これは、第一次投下の生産性が不変であることを排除しない。

変化形態３――第二次投下の生産性が増加する場合（表XXI）。これはふたたび、第一次投下の〔生産性の〕減少を条件とする。

第二のあり方――より質の劣る土地（ａで示される）が競争圏内にはいってくる。土地Ａは地代をもたらす。

変化形態１――第二次投下の生産性が不変な場合（表XXII）。
変化形態２――生産性が減少する場合（表XXIII）。
変化形態３――生産性が増加する場合（表XXIV）。
これらの三つの変化形態は、問題の一般的諸条件のもとで起こるものであって、なにも言及する必要はない。
以下に表を列挙しよう〔一二八八ページ以下。表XIは基礎表〕。
(729)
同じ土地のうえに第二次資本投下が行なわれる場合。
第一例。生産価格が不変のままである場合。
変化形態１――第二次資本投下の生産性が不変のままである場合〔表XII参照〕。
変化形態２――第二次資本投下の生産性が減少する場合。土地Aには、第二次投下が行なわれない。
（１）土地Bが無地代となる場合〔表XIII参照〕。
（２）土地Bがまったく無地代とはならない場合〔表XIV参照〕。
(730)
変化形態３――第二次資本投下の生産性が増加する場合。土地Aには、この場合も第二次投下が行なわれない〔表XV参照〕。
第二例。生産価格が低下する場合。
変化形態１――第二次資本投下の生産性が不変である場合。土地Aは競争圏外に脱落し、土地Bが無地代となる〔表XVI参照〕。

変化形態２――第二次資本投下の生産性が減少する場合。土地Ａは競争圏外に脱落し、土地Ｂが無地代となる〔表ⅩⅦ参照〕。

（731）変化形態３――第二次資本投下の生産性が増加する場合。土地Ａは競争圏内にとどまる。土地Ｂは地代を生む〔表ⅩⅧ参照〕。

第三例。生産価格が騰貴する場合。

Ａ〔第一のあり方〕。土地Ａが依然として無地代で価格規制的である場合。

変化形態１――第二次資本投下の生産性が不変である場合。これは第一次投下の生産性の減少を条件とする〔表ⅩⅨ参照〕。

変化形態２――第二次資本投下の生産性が減少する場合。これは、第一次投下の生産性が不変であることを排除しない〔表ⅩⅩ参照〕。

（732）変化形態３――第二次資本投下の生産性が増加する場合。これは、われわれの諸前提のもとでは、第一次投下の〔生産性の〕減少を条件とする〔表ⅩⅩⅠ参照〕。

Ｂ〔第二のあり方〕。より劣等な土地（ａで示される）が価格規制的となり、したがって土地Ａが地代をもたらす。これは、すべての〔三つの〕変化形態に、第二次*投下の生産性が不変であることを許す。

＊〔「第一次」の誤りと思われる〕

変化形態１――第二次資本投下の生産性が不変である場合〔表ⅩⅩⅡ参照〕。

表　XI

土地種類	生産費 シリング	生産物 ブッシェル	販売価格 シリング	収　益 シリング	地　代 シリング	地代増加
A	60	10	6	60	0	0
B	60	12	6	72	12	12
C	60	14	6	84	24	2×12
D	60	16	6	96	36	3×12
E	60	18	6	108	48	4×12
					120	10×12

表　XII

土地種類	生産費 シリング	生産物 ブッシェル	販売価格 シリング	収　益 シリング	地　代 シリング	地代増加
A	60＋60＝120	10＋10＝20	6	120	0	0
B	60＋60＝120	12＋12＝24	6	144	24	24
C	60＋60＝120	14＋14＝28	6	168	48	2×24
D	60＋60＝120	16＋16＝32	6	192	72	3×24
E	60＋60＝120	18＋18＝36	6	216	96	4×24
					240	10×24

表　XIII

土地種類	生産費 シリング	生産物 ブッシェル	販売価格 シリング	収　益 シリング	地　代 シリング	地代増加
A	60	10	6	60	0	0
B	60＋60＝120	12＋ 8 ＝20	6	120	0	0
C	60＋60＝120	14＋ 9⅓＝23⅓	6	140	20	20
D	60＋60＝120	16＋10⅔＝26⅔	6	160	40	2×20
E	60＋60＝120	18＋12* ＝30	6	180	60	3×20
					120	6×20

*〔初版では、誤って「20」となっていた〕

表　XIV

土地種類	生産費 シリング	生産物 ブッシェル	販売価格 シリング	収　益 シリング	地　代 シリング	地代増加
A	60	10	6	60	0	0
B	60＋60＝120	12＋ 9 ＝21	6	126	6	6
C	60＋60＝120	14＋10½＝24½	6	147	27	6＋21
D	60＋60＝120	16＋12 ＝28	6	168	48	6＋2×21
E	60＋60＝120	18＋13½＝31½	6	189	69	6＋3×21
					150	4×6＋6×21

表　XV

土地種類	生産費 シリング	生産物 ブッシェル	販売価格 シリング	収　益 シリング	地　代 シリング	地代増加
A	60	10	6	60	0	0
B	60＋60＝120	12＋15 ＝27	6	162	42	42
C	60＋60＝120	14＋17½＝31½	6	189	69	42＋27
D	60＋60＝120	16＋20 ＝36	6	216	96	42＋2×27
E	60＋60＝120	18＋22½＝40½	6	243	123	42＋3×27
					330	4×42＋6×27

表　XVI

土地種類	生産費 シリング	生産物 ブッシェル	販売価格 シリング	収　益 シリング	地　代 シリング	地代増加
B	60＋60＝120	12＋12＝24	5	120	0	0
C	60＋60＝120	14＋14＝28	5	140	20	20
D	60＋60＝120	16＋16＝32	5	160	40	2×20
E	60＋60＝120	18＋18＝36	5	180	60	3×20
					120	6×20

表　XⅦ

土地種類	生産費 シリング	生産物 ブッシェル	販売価格 シリング	収益 シリング	地代 シリング	地代増加
B	60+60=120	12+ 9 =21	5 5/7	120	0	0
C	60+60=120	14+10½=24½	5 5/7	140	20	20
D	60+60=120	16+12 =28	5 5/7	160	40	2×20
E	60+60=120	18+13½=31½	5 5/7	180	60	3×20
					120	6×20

表　XⅧ

土地種類	生産費 シリング	生産物 ブッシェル	販売価格 シリング	収益 シリング	地代 シリング	地代増加
A	60+60=120	10+15=25	4 4/5	120	0	0
B	60+60=120	12+18=30	4 4/5	144	24	24
C	60+60=120	14+21=35	4 4/5	168	48	2×24
D	60+60=120	16+24=40	4 4/5	192	72	3×24
E	60+60=120	18+27=45	4 4/5	216	96	4×24
					240	10×24

表　XⅨ

土地種類	生産費 シリング	生産物* ブッシェル	販売価格 シリング	収益 シリング	地代 シリング	地代増加
A	60+60=120	7½+10=17½	6 6/7	120	0	0
B	60+60=120	9 +12=21	6 6/7	144	24	24
C	60+60=120	10½+14=24½	6 6/7	168	48	2×24
D	60+60=120	12 +16=28	6 6/7	192	72	3×24
E	60+60=120	13½+18=31½	6 6/7	216	96	4×24
					240	10×24

*〔初版では、この欄に表XXIの数字が誤って記入されていた〕

表　XX

土地種類	生産費 シリング	生産物 ブッシェル	販売価格 シリング	収　益 シリング	地　代 シリング	地代増加
A	60＋60＝120	10＋5＝15	8	120	0	0
B	60＋60＝120	12＋6＝18	8	144	24	24
C	60＋60＝120	14＋7＝21	8	168	48	2×24
D	60＋60＝120	16＋8＝24	8	192	72	3×24
E	60＋60＝120	18＋9＝27	8	216	96	4×24
					240	10×24

表　XXI

土地種類	生産費 シリング	生産物 ブッシェル	販売価格 シリング	収　益 シリング	地　代 シリング	地代増加
A	60＋60＝120	5＋12½＝17½	6 6/7	120	0	0
B	60＋60＝120	6＋15　＝21	6 6/7	144	24	24
C	60＋60＝120	7＋17½＝24½	6 6/7	168	48	2×24
D	60＋60＝120	8＋20　＝28	6 6/7	192	72	3×24
E	60＋60＝120	9＋22½＝31½	6 6/7	216	96	4×24
					240	10×24

表　XXII

土地種類	生産費 シリング	生産物 ブッシェル	販売価格 シリング	収　益 シリング	地　代 シリング	地代増加
a	120	16	7½	120	0	0
A	60＋60＝120	10＋10＝20	7½	150	30	30
B	60＋60＝120	12＋12＝24	7½	180	60	2×30
C	60＋60＝120	14＋14＝28	7½	210	90	3×30
D	60＋60＝120	16＋16＝32	7½	240	120	4×30
E	60＋60＝120	18＋18＝36	7½	270	150	5×30
					450	15×30

表　XXⅢ

土地種類	生産費 シリング	生産物 ブッシェル	販売価格 シリング	収　益 シリング	地　代 シリング	地代増加
a	120	15	8	120	0	0
A	60＋60＝120	10＋ 7½＝17½	8	140	20	20
B	60＋60＝120	12＋ 9 ＝21	8	168	48	20＋28
C	60＋60＝120	14＋10½＝24½	8	196	76	20＋ 2×28
D	60＋60＝120	16＋12 ＝28	8	224	104	20＋ 3×28
E	60＋60＝120	18＋13½＝31½	8	252	132	20＋ 4×28
					380	5×20＋10×28

表　XXⅣ

土地種類	生産費 シリング	生産物 ブッシェル	販売価格 シリング	収　益 シリング	地　代 シリング	地代増加
a	120	16	7½	120	0	0
A	60＋60＝120	10＋12½＝22½	7½	168¾	48¾	15+33¾
B	60＋60＝120	12＋15 ＝27	7½	202½	82½	15+ 2×33¾
C	60＋60＝120	14＋17½＝31½	7½	236¼	116¼	15+ 3×33¾
D	60＋60＝120	16＋20 ＝36	7½	270	150	15+ 4×33¾
E	60＋60＝120	18＋22½＝40½	7½	303¾	183¾	15+ 5×33¾
					581¼	5×15+15×33¾

変化形態２――第二次資本投下の生産性が減少する場合〔表XXⅢ参照〕。

(733) 変化形態３――第二次資本投下の生産性が増加する場合〔表XXⅣ参照〕。

ところで、これらの表〔XIからXXⅣまで〕から以下のことが明らかになる。

まず第一に、諸地代の列は、無地代の規制的土地をゼロ点とした豊度の相違の列に正確に比例するということ。絶対的な収穫ではなく、収穫の格差だけが地代にとっては規定的である。異なる土地種類が一エーカーあたり一、二、三、四、五ブッシェルの収穫を提供しようと、一一、一二、一三、一四、一五ブッシェルの収穫を提供しようと、地代はどちらの場合にも、順番に〇、一、二、三、四ブッシェル、またはそれらの貨幣収益である。

　しかし、それよりもはるかに重要なのは、同じ土地で資本投下が繰り返し行なわれる場合の総地代額にかんする帰結である。

　研究された一三の場合のうちの五つでは、資本投下にともなって、地代総額も二倍になる。すなわち、それは 10×12 シリングではなく、10×24 シリング ＝240 シリングとなる。これら五つの場合とは、次の場合である――

　第一例の価格が不変な場合では、変化形態1――生産増加が不変である場合（表XII）。

　第二例の価格が低下する場合では、変化形態3――生産増加が増大する場合（表XVIII）。

　第三例の価格が騰貴する場合では、土地Aが依然として規制的である第一のあり方の、三つの変化形態全部（表XIX、XX、XXI）。

　四つの場合では、地代は二倍よりも増加する。すなわち――

　第一例の変化形態3、価格は不変であるが、生産増加が増大する場合（表XV）。地代総額は三三〇シリングに増加する。

　第三例の、土地Aが地代をもたらす第二のあり方の、三つの変化形態全部（表XXIIでは地代は 15×30＝450 シリング。表XXIIIでは地代は 5×20＋10×28＝380 シリング。表XXIVでは地代は 5×15＋15×$33\frac{3}{4}$＝$581\frac{1}{4}$ シリング）。

（734）
次の一つの場合では、地代は増加するが、第一次資本投下のもとで得られる地代の二倍の額には達しない――すなわち、

第一例の価格が不変な場合の、変化形態2――Bがまったく無地代とはならないという諸条件のもとで、第二次投下の生産性が減少する場合（表XIV、地代は 4×6＋6×21＝150 シリング）。

最後に、三つの場合だけで、第二次資本投下のもとでの総地代は――すべての土地種類についての合計で――第一次投下のもとでの総地代（表XI）と同じ水準にとどまる。それは、土地Aが競争圏外に駆逐され、土地Bが規制的になり、したがって無地代となる場合である。したがって、Bの地代がなくなるだけでなく、地代列のそのあとに続くどの項からもそれが控除される。成果はそのことによって条件づけられている。この三つの場合とは、次の場合である――

第一例の変化形態2の、土地Aが脱落するような条件の場合*（表XIII）。地代総額は 6×20 であり、したがって表XIの 10×12＝120 と同じである。

＊〔表XIIIは、第一例の変化形態2の（a）の場合（本訳書、第三巻、一二八四ページ参照）であるから、「土地Aが脱落するような条件の場合」は「土地Bも地代を生まなくなるような条件の場合」となるべきと思われる〕

第二例の変化形態1と2。ここでは土地Aは、諸前提にもとづいて必然的に脱落する（表XVIと表XVII）。そして地代総額はまたもや 6×20＝10×12＝120 シリングである。

つまり、以上のことは、すべてのありうる場合の大多数において、地代は、土地への資本投下の増

加の結果、地代を生む土地の一エーカーあたりでも、またことに地代の総額においても、増加することを意味している。研究された一三の場合のうち三つだけで、地代の総額は変化していない。これら三つの場合とは、これまで無地代で規制的であった最劣等質の土地が競争圏外に駆逐され、そのすぐ上の土地がそれに代わる——すなわち、無地代となる——場合である。* しかし、これらの場合にも、最優良の土地種類での諸地代は、第一次資本投下による地代〔表XI〕に比べて増加する。Cの地代は二四シリングから二〇シリングに減少しても、DおよびEの地代は、三六シリングおよび四八シリングから、四〇シリングおよび六〇シリングに増加する。

＊〔正しくは、三つの場合のうちの一つめ、第一例の変化形態2の（a）の場合、Bは無地代となるが、最劣等地Aは競争圏外に駆逐されてはいない〕

総地代が第一次資本投下のさいの水準（表XI）よりも減少しうるのは、土地A以外に土地Bも競争圏からはずされて、土地Cが規制的かつ無地代となる場合だけであろう。

このように、土地に使用される資本が多ければ多いほど、一国における農耕と文明一般との発展が高ければ高いほど、一エーカーあたりの地代も地代総額もますます増加し、社会が超過利潤の姿態で大地主たちに支払う貢物もますます巨大になる——ひとたび耕作圏内に引き入れられた土地種類のすべてが競争能力を保持する限りは。

(735) この法則は、大地主階級のおどろくべき生命力の強さを説明する。これほど浪費的な生活をする社会階級は他にはないし、この階級ほど、伝来の「身分相応な」ぜいたくをする権利を——そのための貨幣がどこからこようとおかまいなしに――要求する階級はなく、この階級ほど、気楽に債務に債務を積み重ねる階級はない。しかもなおこの階級は、いつもうまく切り抜ける――土地に投下された他人の資本、資本家がそれから引き出す利潤とはまったく不つり合いな地代をこの階級にもたらす他人の資本のおかげで。

しかし、この同じ法則はまた、大地主のこの生命力の強さがなぜしだいに尽き果てていくかをも説明する。

イギリスの穀物関税が一八四六年に撤廃されたときに、イギリスの工場主たちは、これによって地主貴族を受救貧民に転じさせたものと信じた。ところがそうなるどころか、地主貴族はこれまで以上に富裕になった。どうしてそうなったのか？　非常に簡単である。第一に、このとき以後、借地農場経営者たちにたいして、年々一エーカーあたり八ポンドではなく一二ポンド〔の資本〕を支出すべきことが、契約によって要求され、また第二に、下院にも非常に多数の代表を有する地主たちは、自分たちの地所の排水その他の恒久的改良のための多額の国庫補助金の交付をみずから可決したのである。最劣等地は完全に駆逐されたのではなく、せいぜいのところ、それもたいていはほんの一時的に、他の諸目的のために転用されたにすぎないから、地代は、資本投下の増加に比例して増加し、土地貴族の状態はこれまで以上によくなった。

しかし、すべてははかないものである。大洋横断汽船と、南北アメリカおよびインドの鉄道とが、まったく独特な諸地域をヨーロッパ穀物諸市場で競争しうる立場においた。一方には、北アメリカのプレーリー、アルゼンチンのパンパス、すなわち、自然そのものによって犂で耕作できるようになった数々の大草原、原始的耕作により肥料がなくても何年にもわたって豊かな収穫をもたらす未開拓地があった。また〔他方には〕、ロシアおよびインドの共産主義的共同体の諸地所があったが、これらの共同体は、国家の無慈悲な専制政治が彼らから――実にしばしば責め苦によって――むりやり取り立てる租税の支払いにあてる貨幣を手に入れるために、その生産物の一部を、しかもますます増大する一部を売却しなければならなかった。これらの生産物は、生産費にはおかまいなしに、商人の言い値で売られた。なぜなら、農民は支払期限までになにがなんでも貨幣を手に入れなければならなかったからである。そして、この競争――未開拓の大草原の土地との競争、また税の締め付けに打ちのめされているロシアおよびインドの農民との競争――にたいして、旧来の地代のもとではヨーロッパの借(736)地農場経営者および農民は太刀打ちできなかった。ヨーロッパの土地の一部は、穀作では決定的な形で競争圏外に脱落し、いたるところで地代は低下して、われわれの第二例の変化形態2――価格が低下し、追加資本投下の生産性が減少する場合――が、ヨーロッパの通例となったのであり、それゆえスコットランドからイタリアにいたる、また南フランスから東プロイセンにいたる大地主たちの嘆きとなった。幸いなことに、すべての大草原地が耕作圏内に引き入れられるにはまだ遠い。ヨーロッパの全大土地所有を破滅させ、そのうえ小土地所有をも破滅させるのには、まだ十分な大草原地が残存している。――F・エンゲルス｝

地代[*1]を論じるべき場合の諸項目は、次のものである――

――――――――――

A　差額地代。

1　差額地代の概念[*2]。水力での例証。本来の農耕地代への移行[*3]。

2[*4]　差額地代Ⅰ――異なる地片の豊度の相違から生じるもの。

3[*5]　差額地代Ⅱ――同じ土地での連続的資本投下から生じるもの。差額地代Ⅱ[*6]は、

（a）生産価格が不変な場合、

（b）低下する場合、

（c）騰貴する場合、

について研究されなければならない[*7]。

そしてさらに、

（d）超過利潤の地代への転化。

4[*8]　この地代の利潤率への影響。

B　絶対地代。

C　土地価格。

D　地代にかんする結論的諸考察。

＊1〔草稿では、本章の表題に続いて書かれ抹消された書きさしの文（本訳書、第三巻、一二八三ページの訳注＊参照）のあとに書きつけられている〕

＊2〔草稿では「差額地代一般の概念」となっている〕

＊3〔草稿では「それから本来の農耕地代への移行」となっている〕

＊4・5・8〔草稿では、それぞれ「Ⅱ)」「Ⅱ)」「Ⅲ)」となっている〕

＊6〔草稿では、この「差額地代Ⅱは」から「(d)　超過利潤の地代への転化」までは、「D　地代にかんする結論的諸考察」のあとに書かれている〕

＊7〔草稿では「について研究されなければならない」は「にわかれる」となっている〕

差額地代一般の考察での一般的結論として、次のことが判明する――

第一に――超過利潤の形成は、異なる道を経て行なわれうる。一方では、差額地代Ⅰにもとづいて、すなわち、異なる豊度の土地種類からなる一つの土地面積での総農業資本の投下にもとづいて形成される。さらに〔他方では〕、差額地代Ⅱとして、同じ土地での連続的な資本投下のそれぞれ異なる生産性格差にもとづいて、すなわち、この場合には、たとえば小麦のクォーター数でみて、最劣等で無地代であるが生産価格を規制する土地での同額の資本投下によって得られる生産性よりも、より大きな生産性にもとづいて形成される。しかし、この超過利潤がどのようにして成立するとしても、超過利潤の地代への転化、したがって借地農場経営者から土地所有者へのそれの移転は、先行条件としてい

（737）つでも、次のことを前提する。すなわち、個々の連続的な資本投下のそれぞれの部分生産物がもつ、それぞれ異なる現実の個別的な生産諸価格（すなわち、一般的な市場規制的な生産価格[*1]とは独立した〔個別的生産諸価格〕）が、一つの個別的な平均生産価格にまえもって均等化されることを前提する。一エーカーの生産物の一般的な規制的生産価格が、この生産物の右に述べた個別的平均生産価格を超える超過分が、一エーカーあたりの地代を形成し、その尺度となる。差額地代Iの場合には、結果の格差は、それ自体として区別可能である。なぜなら、そのような諸結果は、べつべつの、外的に併存している土地諸部分のうえで、標準的とみなされる一エーカーあたりの資本投下とそれに照応する標準的耕作とのもとで生じるからである。差額地代IIの場合には、そのような諸結果は、まず区別可能なものにされなければならない。それらは実際に差額地代Iに逆転化されなければならない。そしてこの逆転化は既述のやり方でのみ行なわれうる。たとえば、二二六ページ[*2]の表IIIをとってみよう。

*1 〔草稿では「市場規制的な生産価格」は「市場価格規制的な生産価格」となっている〕

*2 〔本訳書、第三巻、一二三九ページ参照。「二二六」は第三巻、初版、第二分冊のページ〕

土地Bは、二$\frac{1}{2}$ポンドの第一次資本投下にたいして一エーカーあたり二クォーターを、また同じ大きさの第二次資本投下にたいして一$\frac{1}{2}$クォーターを生み出す。同じ一エーカーで合計三$\frac{1}{2}$クォーターである。同じ土地で生育したこの三$\frac{1}{2}$クォーターを見ても、そのうちのどれが資本投下Iの生産物であり、またどれが資本投下IIの生産物であるかはわからない。それは、実際には、総資本五ポンドの生産物である。そして、現実の事実は、二$\frac{1}{2}$ポンドの資本は二クォーターを生み、五ポンドの資本は四クォーターではなく三$\frac{1}{2}$クォーターを生んだということでしかない。もしこの五ポンドが四クォーターを生み、その結果どちらの資本投下の収穫も同じであるとしても、あるいはまた五クォーターを生み、その結果、第二次資本投下が一クォーターの超過分を生むことになるとしても、事態はまったく同じであろう。最初の二クォーターの生産価格は一クォーターあたり一$\frac{1}{2}$ポンドであり、第二の一$\frac{1}{2}$クォーターのそれは一クォーターあたり二ポンドである。したがって、合計三$\frac{1}{2}$クォーターにかかるのは六ポンドである。これは総生産物の個別的生産価格であり、平均すれば一クォーターあたり一ポンド一四$\frac{2}{7}$シリング、すなわち約一$\frac{3}{4}$ポンド[*1]である。土地Aによって規定される一般的生産価格三ポンドのもとでは、これは一クォーターあたり一$\frac{1}{4}$ポンド[*2]の、したがって三$\frac{1}{2}$クォーターにたいしては合計四$\frac{3}{8}$ポンド[*3]の超過利潤をもたらす。Bの平均生産価格のもとでは、これは約一$\frac{1}{2}$クォーターとして現われる[*4]。Bの超過利潤は、したがって、Bの生産物の一可除部分である一$\frac{1}{2}$クォーターとして現われ、これは穀物で表わされた地代をなし、一般的生産価格にしたがって四$\frac{1}{2}$ポンドで売られる。しかし逆に、A一エーカーの生産物を超えるB一エーカーの生産物の超過分がただちに超過利潤を、
(738) したがって超過生産物を表わすわけではない。前提によれば、B一エーカーは三$\frac{1}{2}$クォーターを生産するが、A一エーカーは一クォーターを生産するにすぎない。したがって、Bにおける生産物の超過分は二$\frac{1}{2}$クォーターであるが、超過生産物は一$\frac{1}{2}$クォーターにすぎない。というのは、BにはAの二倍の資本が投下されており、したがって生産費がBでは二倍だからである。もしAに同じく五ポンドの資本投下が行なわれて、しかも生産性の率が不変のままであれば、生産物は一クォーターではなく

二クォーターであろう。そして、現実の超過生産物は、三1/2と一との比較によってではなく、三1/2と二との比較によって求められること、したがってそれは二1/2クォーターではなく、一1/2クォーターにすぎないことが明らかになるであろう。しかしさらに、Bに資本の第三の部分である二1/2ポンドが投下され、それが一クォーターしか生産しないとすれば、すなわち、この一クォーターはAでと同じく三ポンドかかるとすれば、この一クォーターの販売価格である三ポンドは生産費をつぐなうだけであり、平均利潤をもたらすだけであって、なにも超過利潤をもたらさず、したがってまた地代に転化しうるものをなにももたらさないであろう。任意の土地種類の一エーカーあたり生産物を、土地Aの一エーカーあたり生産物と比較してみても、それが同じ額の資本投下の生産物であるか、それともより大きな資本投下の生産物であるかはわからないし、追加生産物が生産価格をつぐなうだけであるか、それともそれが追加資本のより大きな生産性のおかげであるかもわからない。

＊1〔正確には「一5/7ポンド」である〕
＊2〔正確には「一2/7ポンド」である〕
＊3〔正確には「四1/2ポンド」である〕
＊4〔「Bの平均的生産価格のもとでは」以下は、「一般的生産価格〔三ポンド〕のもとでは、これは一1/2クォーターとして現われる」の誤りであろう〕

第二に——超過利潤の新形成が問題である限り、追加資本投下の限界[*1]は、生産費だけをつぐなうような資本投下、すなわち、一クォーターを、土地Aの一エーカーで同額の資本投下が生産するのと同様の高さで、したがって前提によれば三ポンドで、生産するような資本投下なのであるが、その追加資本投下の生産性の率が減少する場合には、上述の展開から次のような結論が生じる。すなわち、B一エーカーへの総資本投下がもはやなんらの地代も形成しなくなるであろう限界[*2]は、B一エーカーあたりの生産物の個別的平均生産価格が、A一エーカーあたりの生産価格にまで高騰する場合である、ということである。

＊1・2〔草稿では「限界」は「最低限界」となっている〕

もしBに追加される資本投下が、生産価格を支払うだけで、したがってなんの超過利潤も、したがってなんの新たな地代も形成しないとすれば、これは、確かに一クォーターあたりの個別的平均生産価格を騰貴させるが、しかし以前の資本諸投下によって形成された超過利潤には影響せず、結局は地代にも影響しない。というのは、平均生産価格は依然としてAのそれを下回っているのであり、一クォーターあたりの価格超過分は減少するにしても、クォーター数は同じ比率で増加するので、価格の総超過分は不変のままだからである。

ここで仮定された場合においては、Bでの最初の二回の資本投下五ポンドは三$\frac{1}{2}$クォーターを、したがって前提によれば地代一$\frac{1}{2}$クォーター＝四$\frac{1}{2}$ポンドを生産する。さらに第三次の資本投下二$\frac{1}{2}$ポンドがつけ加わるが、しかし一クォーターの追加分しか生産しないとすれば、四$\frac{1}{2}$クォーターの総生(739)産価格（二〇％の利潤を含む）は九ポンドであり、したがって一クォーターあたりの平均価格＝二ポンドである。だから、Bでの一クォーターあたりの平均生産価格は一$\frac{5}{7}$ポンドから二ポンドに騰貴し、したがって、Aの規制的価格〔三ポンド〕と比較した一クォーターあたりの超過利潤は一$\frac{2}{7}$ポンドから一ポンドに減少している。しかし、$1\times4\frac{1}{2}=4\frac{1}{2}$ ポンド〔一クォーターあたりの超過利潤とクォーター数との積〕であって、以前〔第三次資本投下が行われる前〕の $1\frac{2}{7}\times3\frac{1}{2}=4\frac{1}{2}$ ポンドとまったく同じである。

さらに第四次および第五次の各二$\frac{1}{2}$ポンドずつの追加資本投下がBで行なわれ、それぞれが一クォーターをその一般的生産価格でしか生産しないと仮定すれば、一エーカーあたりの総生産物はいまや六$\frac{1}{2}$クォーターであり、その生産費は一五ポンドであろう。Bにとっての一クォーターあたりの平均生産価格は、二ポンド*から二$\frac{4}{13}$ポンドにふたたび騰貴し、Aの規制的生産価格と比較した一クォーターあたりの超過利潤は、一ポンドから $\frac{9}{13}$ ポンドにふたたび減少するであろう。しかし、この $\frac{9}{13}$ ポンドは、いまや四$\frac{1}{2}$クォーターにたいしてではなく、六$\frac{1}{2}$クォーターにたいして計算されなければならないであろう。そして $\frac{9}{13}\times6\frac{1}{2}=1\times4\frac{1}{2}=4\frac{1}{2}$ ポンドである。

＊〔初版では「一ポンド」となっていた。アドラツキー版以後訂正〕

以上のことから、まずもって次の結論が生じる。すなわち、こうした事情のもとでは、地代を生む土地種類での追加資本投下を、追加資本がまったく超過利潤を提供しなくなり、もはや平均利潤しかもたらさない程度にいたるまで可能にするためには、規制的生産価格の騰貴はなにも必要ではない、ということである。さらに、この場合には、一エーカーあたりの超過利潤の総額は、一クォーターあたりの超過利潤がどれほど減少しようとも、不変のままである、という結論も生じる。こうした一クォーターあたりの超過利潤の減少は、それに照応する、一エーカーあたりに生産されるクォーター数の増加によって、つねに相殺される。〔個別的〕平均生産価格が一般的生産価格に騰貴するためには（すなわち、ここでは、土地Ｂについて三ポンドに騰貴するためには）、その生産物が三ポンドという規制的生産価格よりも高い生産価格をもつような資本追加が行なわれなければならないであろう。しかしのちに見るように、Ｂについて一クォーターあたりの平均生産価格を三ポンドという一般的生産価格に引き上げるのには、このことだけで十分であるというわけではない。

土地Ｂで以下のように生産が行なわれたものと仮定しよう——

（一）　三$\frac{1}{2}$クォーターがこれまでどおり六ポンドの生産価格で生産される。したがって、各二$\frac{1}{2}$ポンドの二回の資本投下〔第一次、第二次〕はいずれも超過利潤を形成する。ただし、その水準は減少する。

（二）　一クォーターが三ポンドで生産される。この一回の資本投下〔第三次〕では、〔その追加生産物の〕個別的生産価格は規制的生産価格[*]に等しい。

＊〔草稿では「規制的生産価格」は「規制的な一般的生産価格」となっている〕

（740）

（三）　一クォーターが四ポンドで生産される。この一回の資本投下〔第四次〕のもとでは、その個別的生産価格は規制的価格[*1]よりも三三$\frac{1}{3}$％[*2]高い。

＊1〔草稿では「規制的価格」は「一般的な生産価格」となっている〕
＊2〔初版では「二五％」となっていた。カウツキー版以後訂正〕

以上の場合には、一〇$\frac{5}{6}$ポンド[*1]の資本投下のもとで、一エーカーあたり五$\frac{1}{2}$クォーターが一三ポンドで得られることになるであろう。資本投下は最初の資本投下〔第一次〕の四$\frac{1}{3}$倍[*2]であるが、生産物は最初の資本投下の生産物の三倍にもなっていない。

＊1〔初版では「一〇ポンド」となっていた。しかし、〔三〕の場合、二〇%の平均利潤をふくむ生産価格が四ポンドであるから、資本投下は二$\frac{1}{2}$ポンドではなく三$\frac{1}{3}$ポンドに増えている。したがって合計も一〇ポンドではなく一〇$\frac{5}{6}$ポンドに増えることになる。カウツキー版、ヴェルケ版が「一〇$\frac{7}{10}$ポンド」としたのは計算違い〕

＊2〔初版では「四倍」となっていた〕

五$\frac{1}{2}$クォーターが一三ポンドであれば、一クォーターあたりの平均生産価格は二$\frac{4}{11}$ポンドとなり、したがって規制的生産価格が三ポンドであれば、一クォーターあたり $\frac{7}{11}$ ポンドの超過分が生じ、これが地代に転化しうる。五$\frac{1}{2}$クォーターを三ポンドの規制的価格で売れば一六$\frac{1}{2}$ポンドになる。生産費の一三ポンドを差し引けば三$\frac{1}{2}$ポンドの超過利潤または地代が残り、この三$\frac{1}{2}$ポンドは、B[*1]についての現在の一クォーターあたりの平均生産価格――すなわち、一クォーターあたり二$\frac{4}{11}$ポンド――で計算すれば、一$\frac{5}{72}$クォーターを表わす。貨幣地代は一ポンドだけ減少し〔四$\frac{1}{2}$から三$\frac{1}{2}$へ〕、穀物地代は約 $\frac{1}{2}$ クォーターだけ減少しているであろう。しかし、Bでの第四次追加投資は単に超過利潤を生産しないだけでなく、平均利潤よりも少なくしか生産しないにもかかわらず、相変わらず超過利潤と地代は存在する。上記の〔三〕の資本投下のほかに〔二〕の資本投下も規制的生産価格よりも高く〔四ポンドで〕生産すると仮定すれば、総生産は、生産費六ポンドで三$\frac{1}{2}$クォーター、プラス、生産費八ポンドで二クォーターであり、合計、生産費一四ポンドで五1/2クォーターである。一クォーターあたりの平均生産価格は二6/11ポンドであり、5/11ポンドの超過分を残すであろう。五1/2クォーターを〔一クォーターあたり〕三ポンドで売れば一六1/2ポンドとなる。これから一四ポンドの生産費を差し引けば、地代として二1/2ポンドが残る。これはB[*2]での現在の平均生産価格では55/56クォーターになるであろう。したがって、以前よりは少ないとはいえ、依然として地代が得られる。

＊1〔以下は、「一般的生産価格――すなわち、一クォーターあたり三ポンド――で計算すれば、一1/6クォーターを表わす。……穀物地代は〔一1/2から一1/6へ〕1/3クォーターだけ減少しているであろう」の誤りと思われる〕

＊2〔以下は、「一般的生産価格では5/6クォーターになるであろう」の誤りと思われる〕

いずれにしても、これによって次のことがわかる。すなわち、より優良な諸地所では、その生産物が規制的生産価格[*1]よりもより多くかかる追加資本投下が行なわれても、地代は、少なくとも実際に許される諸限界内では[*2]、消滅することはなく、減少せざるをえないだけであり、それも、一方ではこのより豊度の低い〔追加〕資本が総資本投下のなかで占める可除部分に比例して、他方ではこの資本の豊度の減少[*3]に比例して、減少せざるをえないだけである、ということである。この資本の生産物の平均価格は依然として規制的価格[*4]よりも低いであろうし、したがって依然として地代に転化されうる超過利潤を残すであろう。

＊1〔草稿では「規制的生産価格」は「一般的生産価格」となっている〕

資　本		利　潤	収　穫	生産費		販売価格	収　益	地代になる超過分	
ポンド		ポンド	クォーター	１クォーターあたり、ポンド	合計 ポンド	ポンド	ポンド	クォーター	ポンド
1	2½	½	2	1½	3	3	6	1	3
2	2½	½	1½	2	3	3	4½	½	1½
3	5	1	1½	4	6	3	4½	−½	−1½
4	5	1	1	6	6	3	3	−1	−3
	15	3	6		18		18	0	0

*2〔「少なくとも」以下の挿入句はエンゲルスによる〕

*3〔草稿では「豊度の減少に」は「豊度の減少に、またはその個別的生産価格が一般的生産価格を超えて上昇するのに」となっている〕

*4〔草稿では「規制的価格」は「一般的生産価格」となっている〕

(741)

こんどは、生産性が減少する四回の連続的資本投下（二½ポンド、二½ポンド、五ポンド、および五ポンド）の結果、Bの一クォーターの平均価格が一般的生産価格と一致するものと仮定しよう〔上の表参照〕。

借地農場経営者は、この場合には、各一クォーターをその個別的生産価格で、したがって全クォーター数を、それの平均生産価格――規制的価格*三ポンドと一致する一クォーターあたりの平均生産価格――で売る。だから彼は、自分の資本一五ポンドにたいして、相変わらず二〇％＝三ポンドの利潤を手に入れる。しかし、地代は消滅している。各一クォーターの個別的生産価格が一般的生産価格とこのように均等化される場合には、超過分はどこへ行ったのか？

*〔草稿では「規制的価格」は「一般的生産価格」となっている〕

最初の二½ポンド〔資本投下1〕にたいする超過利潤は三ポンドであった。第二の二½ポンド〔資本投下2〕にたいするそれは一½ポンドであった。合計では、前貸資本〔全体〕の $\frac{1}{3}$ すなわち五ポンドにたいする超過利潤は、四$\frac{1}{2}$ポンド＝九〇％であった。

資本投下３のもとでは、五ポンドがなんらの超過利潤ももたらさないばかりでなく、その生産物一$\frac{1}{2}$クォーターを一般的生産価格で売れば〔個別的生産費の合計六ポンドにたいして〕一$\frac{1}{2}$ポンドのマイナスになる。最後に、同じく五ポンドの資本投下４のもとでは、その生産物一クォーターを一般的生産価格で売れば三ポンドのマイナスになる。したがって、この二つの資本投下を合計すれば四$\frac{1}{2}$ポンドのマイナスになり、これは、資本投下１および２で得られた超過利潤四$\frac{1}{2}$ポンドに等しい。

超過利潤とマイナス利潤とが相殺される。したがって地代は消滅する。しかし、実際にこのことが起こりうるのは、〔1と2では〕超過利潤または地代になった剰余価値の諸要素が、こんど〔3と4で〕は平均利潤の形成にはいり込むからにほかならない。借地農場経営者は、一五ポンドにたいする三ポンド、すなわち二〇％というこの平均利潤を、地代の犠牲において手に入れるのである。

Ｂの個別的平均生産価格が、一般的な、市場価格を規制するＡの生産価格に均等化されるということは、最初の資本諸投下〔1および2〕の生産物の個別的価格が規制的価格[*1]を下回るその差額が、のちの資本諸投下〔3および4〕の生産物が規制的価格[*2]を上回るその差額によって、しだいに埋め合わされ、(742) ついには均等化されるということを前提する。最初の資本諸投下の生産物がそれだけで売られる限りは超過利潤として現われるものが、こうしてだんだんにそれらの資本投下の平均的生産価格の一部になっていき、それとともに平均利潤の形成にはいり込み、最後には平均利潤にすべて吸収されるのである。

＊1・2〔草稿では「規制的価格」は「一般的生産価格」となっている〕

もしBに一五ポンドの資本が投下されるのではなく、五ポンド〔資本投下1と2〕だけが投下されて、前掲の表の追加〔資本投下3と4〕の二$\frac{1}{2}$クォーターは、Aの二$\frac{1}{2}$エーカーが一エーカーあたり二$\frac{1}{2}$ポンドの資本投下で新たに耕作されることによって生産されるとすれば、支出される追加資本は六$\frac{1}{4}$ポンドにしかならず、したがって、この六クォーターを生産するためにAおよびBに行なわれた総支出は一五ポンドではなく一一$\frac{1}{4}$ポンドにすぎず、それの総生産費は利潤を含めて一三$\frac{1}{2}$ポンドにすぎないであろう。六クォーターは、相変わらず、合計して一八ポンドで売られるであろうが、資本支出は三$\frac{3}{4}$ポンドだけ減少しており、Bにおける地代は以前と同じように一エーカーあたり四$\frac{1}{2}$ポンド〔1と2との地代、Aは無地代〕であろう。もし追加の二$\frac{1}{2}$クォーターの生産のために、Aよりも劣等な土地A_{-1}、A_{-2}にたよらなければならず、そのために、土地A_{-1}での一$\frac{1}{2}$クォーターについては一クォーターあたりの生産価格が四ポンドに、A_{-2}での最後の一クォーターについてはそれが六ポンドになるとすれば、事態は異なってくるであろう。この場合には、六ポンドが一クォーターあたりの規制的生産価格となるであろう。Bの三$\frac{1}{2}$クォーターは一〇$\frac{1}{2}$ポンドではなく、二一ポンドで売られ、地代は四$\frac{1}{2}$ポンドではなく一五ポンドとなり、穀物では一$\frac{1}{2}$クォーターではなく二$\frac{1}{2}$クォーターとなるであろう。同じくAにおいては、その一クォーターがいままでは〔六ポンドで売られ〕三ポンド＝$\frac{1}{2}$ クォーターの地代を生むであろう。

この点にさらに立ち入るまえに、もう一つ注意しておこう。

Bの一クォーターの平均価格が、一クォーターあたり三ポンドという、Aによって規制される一般的生産価格と均等化して一致するのは、総資本のうち超過分一$\frac{1}{2}$クォーターを生産する部分〔1と2〕が、総資本のうち不足分一$\frac{1}{2}$クォーターを生産する部分〔3と4〕によって埋め合わされるときである。この均等化がどれほど早く達成されるか、または生産力の不足する資本がそのためにどれだけBに投下されなければならないかは、最初の資本諸投下の超過生産性を与えられたものと前提すれば、最劣等である規制的な土地Aでの同じ大きさの資本投下と比較しての、あとから投下される諸資本の相対的な不足生産性に、または規制的価格*と比較しての、あとから投下される諸資本の生産物の個別的生産価格に依存する。

* 〔草稿では「規制的価格」は「一般的な規制的生産価格」となっている〕

―――――――*

* 〔草稿には、この区分線はない〕

これまで述べたことから、まず明らかになるのは次のことである――

第一。同一の土地のうえで追加諸資本が超過生産性をもって投下される限りは、たとえ生産性が減
(743) 少していく場合でも、一エーカーあたりの絶対的な穀物地代および貨幣地代は増加する。とはいえ、地代は相対的には、つまり前貸資本にたいする比率においては（すなわち超過利潤の、または地代の

率は）、減少するのであるが。この場合には、限界[*1]は、平均利潤をもたらすにすぎない追加資本によって、またはその生産物にとっては個別的生産価格が一般的生産価格に一致する追加資本によって、形成される。このような事情のもとでは、供給の増加によって、より劣等な土地種類での生産が不要にならなければ、生産価格は同じままである。価格が低下する場合でも、これらの追加資本は、ある限界内では、たとえより少なくはなるにしても[*2]、依然としてなお、ある超過利潤を生産することができる。

*1〔草稿では、「限界は」は「そのように作用する諸資本にとっての最低限界は」となっている〕
*2〔草稿では「ある限界内では」以下は「新しい規制的な生産価格が古いそれよりも小さいので、量的には少なくなるにしても」となっている〕

第二。平均利潤しか生産しない追加資本、したがってその超過生産性がゼロである追加資本の投下は、形成された超過利潤の水準、したがって地代の水準を少しも変えない。その追加資本投下によって、優良な土地種類では、一クォーターあたりの個別的平均価格が増大する。一クォーターあたりの超過分は減少するが、この減少した超過分を担うクォーター数は増加し、したがってその積は不変である。

第三。その生産物の個別的生産価格が規制的価格[*]を上回る追加資本諸投下、したがって、その超過生産性が単にゼロなのではなく、ゼロよりも少なくマイナスである追加資本諸投下、すなわち、規制的な土地Aへの同額の資本投下の生産性よりも低い追加資本諸投下は、優良地の総生産物の個別的平均価格をますます一般的生産価格に接近させ、したがって、超過利潤または地代を形成する両価格のあいだの差額をますます小さくする。超過利潤または地代を形成していたもののうちますます多くが、平均利潤の形成にはいり込む。しかし、それでもなお、Bの一エーカーに投下された総資本は超過利潤をもたらし続ける。ただし、この超過利潤は、生産性が不足する資本の分量の増加につれて、またこの不足生産性の程度につれて、減少していく。地代は、この場合には、資本が増大し、生産が増加するもとで、一エーカーあたりで絶対的に減少するのであり、第二の場合でのように、投下された資本の大きさの増大に比べて単に相対的に減少するのではない。

地代は、優良地Bでの総生産物の個別的平均生産価格が規制的価格と一致する場合、したがって、最初のより生産的な資本諸投下の超過利潤全部が平均利潤の形成のために使い果たされてしまった場合にのみ消滅しうる。

＊〔草稿では「規制的価格」は「一般的生産価格」となっている〕

(744) 一エーカーあたりの地代の減少の最低限界は、この地代が消えうせる点である。しかし、この点は、生産性の不足する追加資本投下が生産を行なうとすぐに現われるのではなく、生産性の不足する資本諸部分の追加的投下がたいへん大きくなり、その結果、その作用が最初の資本諸投下の超過生産性を帳消しにして、投下総資本の生産性がAでの資本の生産性と等しくなり、したがってBでの一クォーターの個別的平均価格が、Aでの一クォーターのそれと等しくなるとすぐに現われるのである。

この場合にも——地代は消滅するであろうけれども——一クォーターあたり三ポンドという規制的生産価格は変わらないままであろう。* この点を超えてはじめて、生産価格は、追加資本の生産性の不足する程度が増加した結果としてであれ、同じだけ生産性の不足する追加資本の大きさが増加した結果としてであれ、騰貴せざるをえないであろう。たとえば、前掲の二六五ページ〔本訳書、第三巻、一三〇八ページ〕の表において、〔資本投下3で〕同じ土地で、一$1/2$クォーターではなく二$1/2$クォーターが一クォーターあたり四ポンドで生産される〔したがって3の生産費合計は一〇ポンド〕とすれば、全体としては七クォーターが二二ポンドの生産費で得られることになる。一クォーターは三$1/7$ポンドかかるであろう。すなわち、一般的生産価格よりも $1/7$ ポンドだけ高く、一般的生産価格は騰貴せざるをえないであろう。

＊〔草稿では、このあとに「実際には、最初の資本投下の超過利潤がのちの資本投下でのマイナス利潤を相殺するにすぎない」と続く〕

したがって、最優良地所での* 一クォーターあたりの個別的平均価格が一般的生産価格に等しくなるまでは、つまり、個別的平均価格を超える一般的生産価格の超過分が、したがって超過利潤および地代がすっかり消滅するまでは、なお長期間にわたって、生産性の不足する追加資本が、それどころか生産性がさらに不足しさえする追加資本が使用されることがありうるであろう。

＊〔草稿では「最優良地所」は「優良地所」となっている〕

そしてこの場合でさえ、より優良な土地種類での地代の消滅と同時に、それらの土地種類の生産物の個別的平均価格ははじめて一般的生産価格と一致したであろうし、したがって一般的生産価格の騰貴はまだ必要とはされないであろう。

上掲の事例〔本訳書、第三巻、一三〇八ページの表〕においては、優良地B――しかしこれは、優良な、または地代を生む土地種類の列のなかでは最下位のものである――では、超過生産性をもつ五ポンドの資本によって三$\frac{1}{2}$クォーターが、また不足生産性をもつ一〇ポンドの資本によって二$\frac{1}{2}$クォーターが、合計で六クォーターが生み出されたのであり、したがって〔総生産物の〕$\frac{5}{12}$が、後者の、不足生産性をもって投下された資本諸部分によって生み出されたのである。そして、この点にいたってはじめて、六クォーターの個別的平均生産価格は一クォーターあたり三ポンドに騰貴し、したがって一般的生産価格と一致する。

とはいえ土地所有の法則のもとでは、最後の二$\frac{1}{2}$クォーターは、それが土地種類Aの新たな二$\frac{1}{2}$エーカーで生産されうる場合をのぞけば、こうしたやり方で一クォーターあたり三ポンドで生産されることはなかったであろう。追加資本がもはや一般的生産価格でしか生産しない場合が限界をなしたで（745）あろう。これを超えれば、同じ土地での追加資本投下は中止されざるをえないであろう。

すなわち、借地農場経営者が最初の二回の資本投下〔資本投下1と2〕にたいして、いったん四$\frac{1}{2}$ポンドの地代を支払わなければならないとすれば、彼はそれを支払っておかなければならないのであり、[*1]一クォーターを三ポンド未満で[*2]生産するどの資本投下も、彼にとっては自分の利潤からの控除の原因となるであろう。[*3]生産性が不足する場合、個別的平均価格の均等化は、このことによってさまたげられているのである。

＊１〔「彼はそれを支払っておかなければならないのであり」はエンゲルスによる〕
＊２〔草稿でも「未満で」となっているが、「を超えて」の書き誤りであると思われる〕
＊３〔草稿では、「彼にとっては自分の利潤からの控除の原因となるであろう」は「彼の利潤にたいする控除によってしか生産されえないであろう」となっている〕

このような場合を、一クォーターあたり三ポンドという土地Ａの生産価格が〔土地〕Ｂにとっての価格を規制する前掲の事例のもとで、取り上げてみよう〔次ページの表参照〕。最初の二回の資本投下での三$\frac{1}{2}$クォーターの生産費は、借地農場経営者にとってはやはり、一クォーターあたり三ポンドである。というのは、彼は四$\frac{1}{2}$ポンドの地代を支払わなければならず、したがって、彼の場合には、彼の個別的生産価格と一般的生産価格との差額は彼のポケットには流れ込まないからである。したがって、彼にとっては、最初の二回の資本投下による生産物の価格の超過分は、第三次および第四次の資本投下の諸生産物に生じる欠損を相殺するのに用いることはできない。

資本投下３での一$\frac{1}{2}$クォーターは、借地農場経営者に、利潤を含めて六ポンドを費やさせる。しかし、一クォーターあたり三ポンドという規制的価格のもとでは、彼はそれを四$\frac{1}{2}$ポンドでしか売ることができない。したがって、彼は利潤全部〔一ポンド〕を失うだけではなく、そのうえさらに$\frac{1}{2}$ポンド、すなわち投下資本五ポンドの一〇％の損をするであろう。彼にとっては、利潤および資本における損失は、〔資本〕投下３では一$\frac{1}{2}$ポンド、資本投下４では三ポンド、合計四$\frac{1}{2}$ポンドとなり、こ

第43章　差額地代　II　第3例

資　本 ポンド	利　潤 ポンド	生産費 ポンド	収　穫 クォーター	生産費 1クォーターあたり、ポンド	販売価格 1クォーターあたり、ポンド	販売価格 合計 ポンド	超過利潤 ポンド	損　失 ポンド
2½	½	3	2	1½	3	6	3	—
2½	½	3	1½	2	3	4½	1½	—
5	1	6	1½	4*	3	4½	—	1½
5	1	6	1	6	3	3	—	3
15	3	18				18	4½	4½

＊〔初版では「3」となっていた〕

れは、より有利な資本諸投下〔1および2〕についての地代とちょうど同額であるが、しかしこのより有利な資本諸投下の個別的生産価格は、Bの総生産物の個別的平均生産価格にはいり込んでこれを均等化することができない。というのは、その超過分は地代として第三者に支払われてしまっているからにほかならない。

（746）

需要を充足するためには、[*1] 第三次資本投下によって追加の一½クォーターを生産することが必要であるとすれば、規制的市場価格は[*2] 一クォーターあたり四ポンドに騰貴せざるをえないであろう。規制的市場価格のこの騰貴の結果、[*3] 第一次および第二次の資本投下についてのBでの地代は増加するであろうし、またAでは地代が形成されるであろう。

＊1〔「需要を充足するためには」はエンゲルスによる〕

＊2〔草稿では「規制的市場価格」は「市場生産価格」となっている〕

＊3〔草稿では「規制的市場価格のこの騰貴の結果」は「それによって」となっている〕

このように、差額地代は超過利潤の地代への形式的転化にすぎず、土地所有は、この場合には、超過利潤を借地農場経営者の手から自分の手に移転することを〔土地〕所有者に可能にするにすぎないとはいえ、それにもかかわらず次のことが明らかになる。すなわち、同じ土地への資本の連続的投下、または同じことであるが、同じ土地で投下される資本の増加は、資本の生産性の率が減少しかつ規制的価格[*1]が不変のままである場合には、はるかに早くその限界にぶつかるということ、すなわち、土地所有の結果である、超過利潤の地代への単に形式的な転化によって、実際には、多かれ少なかれ一つの人為的な制限にぶつかるということである。したがって、この場合には、一般的生産価格の騰貴――この場合には他の場合よりもいっそう狭い限界のもとで必要になる――が差額地代の増加する原因であるだけでなく、差額地代の地代としての存在が、同時に、必要になっているより多くの生産物の供給を確保するために、一般的生産価格がより早くに、またより急速に騰貴する原因でもある。[*2]

＊1〔草稿では「規制的価格」は「生産価格」となっている〕

＊2〔草稿では、「同時に」以下は「生産価格が騰貴する原因、または、超過生産物の供給を確保するために、一般的生産価格がより早くに、またより急速に騰貴する必要性の原因でもある」となっている〕

さらに次のことも注意されるべきである――

土地Aが第二次資本投下によって追加生産物を〔一クォーターあたり〕四ポンドよりも安く供給するならば、または、Aよりも劣等な新しい土地――その生産価格は確かに三ポンドを超えるが、しかし四ポンドよりも安い土地――が競争圏内にはいってくるならば、土地Bでの資本の追加によって規制的価格＊は、上述のように四ポンドに騰貴することはありえないであろう。こうして、差額地代Ⅰおよび差額地代Ⅱは、前者が後者の基礎であると同時に、互いに限界を画しあっているのであって、それによって、ある場合には同じ土地での資本の連続的投下が引き起こされ、またある場合には新たな追加地での資本の並立的投下が引き起こされる、ということがわかる。それと同様に、他の場合、たとえばより優良な土地が列に加わる場合にも、差額地代ⅠおよびⅡは互いに限界として作用しあうのである。

＊〔草稿では「規制的価格」は「生産価格」となっている〕

（747）

第四四章　最劣等耕地にも生じる差額地代*

*〔草稿では、表題が「最劣等地A)での資本の連続的投下（最劣等地A)に生じる差額地代)」となっている〕

穀物にたいする需要が増加していき、供給は、地代を生む諸地所での生産性の不足する連続的資本投下によって、または同じように、土地Aでの生産性の下がっていく追加資本投下によって、またはAよりも劣等な質の新たな諸地所での資本投下によって満たされうるだけであると仮定しよう。地代を生む諸地所の代表として土地Bをとろう。

追加資本投下には、Bでの一クォーター（ここでは一クォーターが一〇〇万クォーターであってもよく、各一エーカーが一〇〇万エーカーであってもよい）の追加生産を可能にするために、一クォーターあたり三ポンドという従来の規制的生産価格を超える市場価格の騰貴が必要である。CおよびD等々、最高の地代をもたらす土地種類[*1]でも、そうなれば追加生産物[*2]が——ただし、超過生産力は減少していくだけであるが——生じるであろう。けれども、需要を満たすには、Bでの一クォーターが必要であると前提されている。[*3]もし、この一クォーターをBでの資本追加によって生産するほうが、Aでの同額の資本追加によって生産するよりも、または、土地A_{-1}——Aでの追加資本であればすでに一クォーターあたり三$\frac{3}{4}$ポンドで生産することができたであろうところを、たとえば一クォーターを四ポンドでしか生産することのできない〔Aよりも劣等な〕土地A_{-1}——に降下することによって生産するよりも、より安く生産することができるとすれば、Bでの追加資本が市場価格を規制することになるであろう。

＊1〔草稿では、「最高の地代をもたらす土地種類」は「より優良な地所」となっている〕

＊2〔草稿では、「追加生産物」は「追加生産」となっている〕

＊3〔「けれども」以下の一文はエンゲルスによる〕

Aはこれまでどおり一クォーターを三ポンドで生産したとしよう。Bもやはりこれまでどおり、合計三$\frac{1}{2}$クォーターを合計六ポンドの個別的生産価格で生産したとしよう〔本訳書、第三巻、一二一七ページの表参照〕。ところで、もう一クォーターを生産するのに、Bでは四ポンドの生産費（利潤を含む）の追加が必要であるが、他方、Aではそれが三$\frac{3}{4}$ポンドで生産されうるとすれば、自明のことながら、それはBでではなくAで生産されるであろう。そこでわれわれは、それがBで三$\frac{1}{2}$ポンドの追加的生産費で生産されうると仮定しよう。この場合には、三$\frac{1}{2}$ポンドが総生産にとっての規制的価格となるであろう。そうするとBは、いまや四$\frac{1}{2}$クォーターのその生産物を一五$\frac{3}{4}$ポンドで売るであろう。そ(748)のなかから、最初の三$\frac{1}{2}$クォーターの生産費六ポンドと、最後の一クォーターの生産費三$\frac{1}{2}$ポンド、合計九$\frac{1}{2}$ポンドが差し引かれるであろう。地代のために残る超過利潤は、以前はわずか四$\frac{1}{2}$ポンドであったのにたいし、六$\frac{1}{4}$ポンドである。この場合には、A一エーカーもやはり$\frac{1}{2}$ポンドの地代をもたらすであろうが、しかし、三$\frac{1}{2}$ポンドという生産価格を規制するのは、最劣等地Aではなく、優良地Bであろう。もちろんこの場合には、次のことが想定されている。すなわち、既耕地と同じ有利な位置にある、地味Aの新たな土地が入手できず、既耕地であるAでの第二次の資本投下――ただし、より大きな生産費での――か、または、さらに劣等な土地 A_{-1} を引き入れることが必要である、と想定されている。連続的な資本投下によって差額地代Ⅱが作用しはじめると、生産価格の騰貴の諸限界は優良地によって規制され、そうなれば、差額地代Ⅰの基礎である最劣等地が同じように、地代を生むこともありうる。こうして、その場合には、単なる差額地代であっても、すべての耕作地所が地代を生むことになるであろう。こうして、次の二つの表〔次ページ〕が得られるであろう。これらの表で生産費とは、前貸資本に二〇％の利潤を加えた額のことであり、したがって、各二$\frac{1}{2}$ポンドの資本にたいして $\frac{1}{2}$ ポンドの利潤、合計三ポンドである。*

＊〔「こうして、次の二つの表」以下の文はエンゲルスによる〕

これ〔次ページの上段の表〕は、一クォーターしかもたらさないBで三$\frac{1}{2}$ポンドの新資本投下が行なわれる以前の状態である。この資本投下後の事態は次〔下段の表〕のようになる。*

＊〔「これは」以下の文はエンゲルスによる〕

(749)

〔これもまた、完全に正確な計算ではない。Bの借地農場経営者には、四$\frac{1}{2}$クォーターは、まず第一に生産費に九$\frac{1}{2}$ポンド、第二に地代に四$\frac{1}{2}$ポンド、合計一四ポンドを費やさせる。一クォーターあたり平均では三$\frac{1}{9}$ポンドである。彼の総生産のこの平均価格がこうして規制的市場価格となる。それに応じてAでの地代は、$\frac{1}{2}$ ポンドではなく $\frac{1}{9}$ ポンドとなるであろうし、Bでの地代はこれまでどおり四$\frac{1}{2}$ポンドのままであろう。すなわち、一クォーターあたり三$\frac{1}{9}$ポンドで四$\frac{1}{2}$クォーター＝

土地種類	エーカー	生産費 ポンド	生産物 クォーター	販売価格 ポンド	貨幣収益 ポンド	穀物地代 クォーター	貨幣地代 ポンド
A	1	3	1	3	3	0	0
B	1	6	3½	3	10½	1½	4½
C	1	6	5½	3	16½	3½	10½
D	1	6	7½	3	22½	5½	16½
合計	4	21	17½		52½	10½	31½

土地種類	エーカー	生産費 ポンド	生産物 クォーター	販売価格 ポンド	貨幣収益 ポンド	穀物地代 クォーター	貨幣地代 ポンド
A	1	3	1	3½	3½	1/7	½
B	1	9½	4½	3½	15¾	1 11/14	6¼
C	1	6	5½	3½	19¼	3 11/14	13¼
D	1	6	7½	3½	26¼	5 11/14	20¼
合計	4	24½	18½		64¾	11½	40¼

一四ポンドであり、これから生産費九1/2ポンドを差し引けば四1/2ポンドが超過利潤として残る。これでわかるように、数字は変えられなければならないものの、この事例は、差額地代Ⅱを媒介にして、すでに地代を生んでいるより優良な土地がどうやって価格を規制しうるか、そのことによってすべての土地が、これまで無地代であった土地までもが、地代を生む土地に転化されうるかを示す。――F・エンゲルス〕

穀物の規制的生産価格が騰貴すれば、すなわち、規制的な土地での穀物一クォーター〔の生産価格〕が騰貴するか、または、土地諸種類の一つでの規制的な資本投下が増加するかすれば、穀物地代は増加せざるをえない。このことは、すべての土地種類の豊度が減少して、たとえば二1/2ポンドの新たな資本投下ですべての土地が一クォーターではなく $\frac{5}{7}$ クォーターしか生産しないのと同じことである。これらの土地が同じ額の資本投下で生産する穀物の追加分は、超過利潤を、したがって地代を表わす超過生産物に転化する。利潤率は不変のままであると仮定すれば、借地農場経営者が自分の利潤で買いうる穀物は減少する。利潤率が不変のままでありうるのは、以下のいずれかの理由によって労賃が騰貴しない場合である。すなわち、労賃が肉体的最低限にまで、つまり、労働力の正常な価値よりも下に[*1]押し下げられるからか、あるいは、その他の〔穀物以外の〕、製造業によって供給される労働者消費用の諸対象が比例して安くなっているからか、あるいは、労働日が延長されるか強化されるかしていて、したがって非農業生産諸部門における利潤率[*2]――しかし、それらが農業利潤を規制する――が、騰貴しているのでなければ、不変のままであるからか、あるいはそうではなくて、農業において、なるほど同額の資本が支出されているが、不変資本がより多く、可変資本がより少なく支出されているからか、いずれかの理由によるのである。

*1〔草稿では、「労働力の正常な価値よりも下に」は「労賃の正常な価値よりも下に」となっている〕
*2〔草稿では、「したがって非農業生産諸部門」からここまでの文章は丸括弧でくくられている〕

さて、これまで考察したのは、より劣等な土地が耕作圏内に引き入れられることなしに、従来の最劣等地Aで地代が成立しうる第一の様式であった。すなわち、土地Aにおける個別的な、従来の規制的な生産価格と、最後の、生産力の不足する追加資本がより優良な土地で必要な追加生産物を供給する場合の、新たな、より騰貴した生産価格との格差による地代の成立様式であった。

(750)
もし、一クォーターを四ポンドでしか提供できない土地A_{-1}の追加生産物が供給されなければならなかったとすれば、Aでのエーカーあたりの地代は一ポンドに増加しているであろう。しかし、この場合には、A_{-1}がAに取って代わって最劣等耕地となり、Aは、地代を生む土地種類の列に最下位の構成部分として加わるであろう。差額地代Ⅰは変化しているであろう。したがってこの場合は、同一の土地での連続的資本投下の生産性の相違から発生する差額地代Ⅱの考察の範囲外に属する。

しかし、これ以外になお、二通りの様式で差額地代が土地Aで成立しうる。

〔第一に〕価格——任意の与えられた価格、以前の価格と比べて低下した価格であってもかまわない——が不変のもとで、追加資本投下が超過生産性を生み出す場合。これは〝明らかに〟ある点までは、まさに最劣等地*ではいつもそうであるに違いない。

＊〔草稿では「最劣等地」は「より劣等な土地」となっている〕

しかし第二に、それとは逆に、土地Aでの連続的な資本投下の生産性が減少する場合。

どちらの場合も、需要の状態から生産の増加が必要になっていることが前提されている。

しかし、ここには、差額地代の立場からみて、以前に展開した法則——〔一般的生産価格を〕規定するものは、いつも総生産（または資本の総投下）について〔計算された〕一クォーターの個別的平均生産価格であるという法則——のせいで、一つの特有な困難が生じてくる。しかし、土地Aの場合には、より優良な土地種類の場合と異なり、新たな資本投下にたいして個別的生産価格と一般的生産価格との均等化を制限するような生産価格がその外部に与えられているわけではない。というのは、Aの個別的生産価格こそ、まさに市場価格を規制する一般的生産価格だからである。

次のように仮定しよう——

（二）連続的な資本投下の生産力が増加する場合に、Aの一エーカーでは五ポンドの資本前貸し——〔二〇％の利潤を含む〕生産費六ポンドに照応する——によって、二クォーターではなく三クォーターが生産されうる、としよう。第一次資本投下二$\frac{1}{2}$ポンドが一クォーターを供給し、第二次資本投下が二クォーターを供給する。この場合、六ポンドの生産費が三クォーターをもたらすので、一クォーターは平均二ポンドかかるであろう。こうして、三クォーターが〔一クォーター〕二ポンドで売られるとすれば、Aは相変わらず地代を生まず、差額地代Ⅱの基盤が変化しただけである。三ポンドに代わって二ポンドが規制的生産価格になっている。〔すなわち〕二$\frac{1}{2}$ポンドの資本が、いまや、一クォーターではなく一$\frac{1}{2}$クォーターを、最劣等地で平均的に生産するのであり、これがいまや、二$\frac{1}{2}$ポンドを投下した場合のすべてのより優良な土地種類にとっての公認の豊度である。これらの土地種類のこれまでの超過生産物の一部は、今後は、これらの土地種類の必要生産物の形成に加わるのであり、そ(751)れは、これらの土地種類の超過利潤の一部が平均利潤の形成に加わるのと同様である。

これに反して、より優良な土地種類にとっては、一般的生産価格は資本投下にたいする限界として与えられているから、これらの土地種類では平均計算は絶対的超過分についてはなにも変えないが、〔最劣等地Aでも〕それと同じように計算が行なわれるとすれば、第一次資本投下の一クォーターは三ポンドかかり、第二次資本投下の二クォーターは一クォーターあたり一$\frac{1}{2}$ポンドしかかからない。したがってAには穀物地代一クォーターが、そして貨幣地代三ポンドが生じるであろうが、この三クォーターは旧価格で、すなわち合計九ポンドで売られる。第三次資本投下$2\frac{1}{2}$ポンドが、第二次資本投下と同じ豊度で行なわれるとすれば、いまや合計五クォーターが九ポンドの生産費で生産されるであろう。もしAの個別的平均生産価格が規制的であり続けるとすれば[*1]、一クォーターはいまや$1\frac{4}{5}$ポンドで売られざるをえないであろう。平均生産価格はふたたび低下しているであろうが、それは、第三次資本投下の豊度が新たに増加したからではなく、第二次資本投下と同じ追加豊度をもつ新たな資本投下が追加されたからでしかない。土地Aでの、以前より高くはあるが同じ不変の豊度で行なわれる連続的な資本投下は、地代を生む土地種類でのように地代を増加させるのではなく、生産価格を比例的に低落させ、それにともなって、他の事情に変わりがなければ、他のすべての土地種類での差額地代を比例的に低落させるであろう。これに反して、一クォーターを三ポンドの生産費で生産する第一次資本投下がそれだけで基準であり続けるとすれば、五クォーターは一五ポンドで売られ、土地Aでのその後の資本投下の差額地代は六ポンドとなるであろう。Aの一エーカーへのより多くの資本の追加は、それがどのような形態で行なわれようと、この場合には一つの改良であろうし、この追加資本は最初の資本部分もいっそう生産的にしているであろう。資本の $\frac{1}{3}$ が一クォーターを生産し、残りの $\frac{2}{3}$ が四クォーターを生産したなどと言うのはナンセンスであろう。一エーカーあたり三ポンドは一クォーターしか生産しないが、九ポンドはいつも五クォーターを生産するであろう。地代、超過利潤がこの場合に生じるか、生じないかは、まったく事情しだいであろう。通常は規制的生産価格[*2]

(752)

が低下せざるをえないであろう。次の場合にはそうなるであろう。すなわち、この改良された、しかしより多くの費用をともなった耕作が、ただそれがより優良な土地種類でも行なわれるという理由で土地Aで行なわれる――すなわち、農業に一般的革命が起こる――場合である。したがって、いまや土地Aの自然的豊度のことが言われるときには、Aは三ポンドではなく六または九ポンドで耕作される、ということが想定されるのである。とくにこのことがあてはまるのは、この国の供給の大部分を提供する土地Aの耕作エーカーの大多数が、この新しい方法を採用させられる場合であろう。しかし、改良がさしあたりAの面積のごく一部分でしか行なわれないとすれば、この改良耕作部分は超過利潤をもたらすであろうし、地主はさっそくその全部または一部を地代に転化させ、地代として固定しようとするであろう。このようにして、もし需要が供給の増加と歩調を合わせるのであれば、土地Aがその全面積にわたって徐々に新しい方法を採用させられるのに応じて、Aの質をもつすべての土地でしだいに地代が形成され、超過生産性〔の成果〕は、市場関係に従って、全部または一部没収されうるであろう。資本支出が増加するもとでのAの生産価格の、Aの生産物の平均価格への均等化は、こうして、資本支出のこの増加から得られる超過利潤の地代の形態への固定化によって、さまたげられうるであろう。この場合においては、前に、追加諸資本の生産力が減少する場合のより優良な諸地所で見たように、[*3]またしても、超過利潤の地代への転化、すなわち土地所有の介入こそが生産価格を騰貴させるのであって、差額地代は単に個別的生産価格と一般的生産価格との差額の結果であるということが生産価格を騰貴させるのではないであろう。この介入は、土地Aにとっては、Aの平均的生産価格による生産価格の規制をさまたげるのだから、個別的生産価格と一般的生産価格との一致をさまたげるであろう。したがってそれは、必要な生産価格よりも高い生産価格を保持して、そのことによって地代を創造するであろう。外国からの穀物輸入が自由な場合でさえ、同じ結果が引き起こされうるか、または存続しうるであろう。というのは、借地農場経営者たちは、外部から規定された生産価格のもとでも地代を負担しなければ穀物耕作で競争できたであろう土地を、ほかの用途、たとえば牧場に使用することを余儀なくされ、それによって、地代を生む諸地所だけが、すなわち、その一クォーターあたりの個別的平均生産価格が外部から規定された生産価格より低い諸地所だけが、穀物耕作に充てられるであろうからである。全体としてみれば、このような場合には生産価格は低落するにしても、その平均価格までは低落せず、それよりは高い水準にあるであろうが、しかし最劣等耕地A[*4]の生産価格よりも低く、その結果、Aの新たな土地の競争は制限される、ということは認められるべきである。

(二)追加諸資本の生産力が減少する場合。土地A_{-1}は追加の一クォーターを四ポンドでしか生産できないが、土地Aは追加の一クォーターを三$3/4$ポンドで、すなわち、A_{-1}よりは安く、しかしAの第一

*1〔「もしAの」からここまでは、草稿にはない〕
*2〔草稿では、「規制的生産価格」は「生産価格」となっている〕
*3〔本訳書、第三巻、一三一七―一三一八ページ〕
*4〔草稿では、「最劣等耕地A」は「劣等耕地A」となっている〕

（753）

次資本投下によって生産された一クォーターよりは 3/4 ポンドだけ高く生産することができると仮定しよう。この場合には、Aで生産される二クォーターの総価格は六3/4ポンドであろう。したがって、一クォーターあたりの平均価格は三3/8ポンドであろう。生産価格は騰貴するが、しかし 3/8 ポンドだけにすぎないであろう。他方で、もし追加資本が、三3/4ポンドで生産する新たな土地で投下されるならば、生産価格はさらに 3/8 ポンドだけ騰貴して三3/4ポンドになり、それとともに他のすべての差額地代を比例的に増加させるであろう。

Aの一クォーターあたり三3/8ポンドという生産価格は、こうして、増加した資本投下のもとでのAの平均生産価格に均等化されており、規制的なものになるであろう。したがってそれは、超過利潤をもたらさないのだから、地代をもたらすことはないであろう。

しかし、第二次資本投下によって生産されたこの一クォーターが三3/4ポンドで売られるならば、いまや土地Aは 3/4 ポンドの地代をもたらすであろう。しかも、Aのすべてのエーカー——そこでは追加資本投下はなにも行なわれておらず、したがって相変わらず一クォーターを三ポンドで生産する——でそうなるであろう。Aの未耕作の土地がまだ存在する限り、価格はただ一時的に三3/4ポンドに騰貴しうるだけであろう。Aの新たな土地の獲得競争は、その有利な位置によって一クォーターを三3/4ポンドよりも安く生産できるAのすべての土地が利用し尽くされるまで、生産価格を三ポンドにとどめるであろう。したがって、地代を生む土地が一エーカーでもあれば、土地所有者は他のどの一エーカーをも地代なしでは借地農場経営者にまかせないであろうとはいえ、右のように仮定することができるであろう。

生産価格が平均価格に均等化されるか、それとも第二次資本投下の個別的生産価格が三$\frac{3}{4}$ポンドで規制的になるかは、またしても現存の土地Aでの第二次資本投下の一般化の程度の大小によって決まるであろう。後者の場合が生じるのは、一クォーターあたり三$\frac{3}{4}$ポンドの価格で需要が満たされることになるまでに得られるであろう超過利潤を地代として固定させるだけの時間を、地主が手に入れたときだけである。

連続的資本投下のもとでの生産性の減少については、リービヒ[*1]が参照されるべきである。すでに見たように[*2]、資本諸投下の超過生産力の連続的減少は、生産価格が不変である場合には、いつでも一エーカーあたりの地代を増加させるのであり、生産価格が低下する場合でさえもそれを増加させることがありうる。

*1〔J・リービヒ『耕作の自然法則序説』、ブラウンシュヴァイク、一八六二年、一四六―一四七ページ。リービヒについては、本訳書、第一巻、八八二―八八三ページ、原注三三五参照。なお、この原注は第二版で一部改訂されたものである〕

*2〔本訳書、第三巻、一二四〇―一二四二ページ、および一二六四―一二六六ページ参照〕

しかし、一般に以下のことが注意されるべきである。

（754）

資本主義的生産様式の立場から見れば、同じ生産物を得るためにある支出がなされなければならない場合、すなわち、以前には支払われなかったあるものが支払われなければならない場合には、いつでも生産物の相対的な騰貴が生じる。というのは、生産において消費された資本の補填とは、一定の生産諸手段として現われた諸価値の補填のことであるとだけ解すべきだからである。費用がかからずに作用諸因子として生産にはいり込む自然諸要素は、それらが生産においてどんな役割を演じるとしても、資本の構成諸部分として生産にはいり込むのではなく、資本の無償自然力として、すなわち労働の無償自然生産力として――しかしそれは、資本主義的生産様式の基盤の上では、すべての生産力がそうであるように、資本の生産力として現われるのであるが[*1]――生産にはいり込む。したがって、このようなもともとなにも費用のかからない自然力が生産にはいり込んでも、その助けで供給される生産物が需要を満たす限りは、それは価格決定にさいして計算にはいらない。ところが、発展が進んでいくなかで、この自然力の助けで生産されうるよりも多くの生産物が供給されなければならないことになれば、すなわち、この追加生産物がこの自然力の助けなしに、または人間の関与、人間の労働の援助のもとで生産されなければならないことになれば[*2]、一つの新たな追加的要素が資本にはいり込む。したがって、同じ生産物を得るために、相対的により大きな資本投下が行なわれる。他のすべての事情に変わりがなければ、生産の騰貴が生じる。

＊１〔「しかし」以下の挿入文はエンゲルスによる〕

＊２〔草稿では、「したがって、このような」以下ここまでは、「このような自然力はもともとなにも費用はか

からないが、生産のいっそうの発展のなかで人間の関与、人間の労働によって補填されなければならないことになれば」となっている〕

＊〔以下、本章末尾までは、この一冊からとられている。新メガ、第Ⅱ部、第一四巻、一五一―一五二ページ参照〕

〔「一八七六年二月なかばに開始」という一冊から。＊〕

差額地代と、土地に合体された資本の単なる利子としての地代。

いわゆる恒久的な土地諸改良――それらは、資本投下を必要とする諸操作によって、土地の物理的な、部分的にはまた化学的な性状を変化させるものであって、土地への資本の合体とみなされうる――は、ほとんどすべてが、次のことに、すなわち、ある一定の地片、ある一定の限定された場所にある土地にたいし、他の場所にある土地、またしばしばすぐ近くにある他の土地が天然にそなえている諸属性を与えるということに帰着する。ある土地は天然に平らになっているが、他の土地は平らにしなければならない。ある土地は天然の排水路をもっているが、他の土地は人工の排水が必要である。ある土地は天然に深い耕土をもっているが、他の土地ではそれを人工的に深く掘りさげなければならない。ある粘土質土壌は天然に適量の砂が混ざっているが、他の粘土質土壌ではこの割合をこれからつくらなければならない。ある牧草地は天然に潅漑されているか十分ぬかるんでいるが、他の牧草地

(755)

は労働によって、あるいはブルジョア経済学の用語によれば資本によって、そうしなければならない。

ところで、この場合に、他と比較して有利な諸点が人工的に獲得されている一方の土地では地代は利子であるが、しかしこれらの利点を天然にそなえている他方の土地ではそうでないというのは、まったく愉快な理論である。* （しかし実際には、一方の場合に地代は現実に利子と一致するから、事実としてそうでない他方の場合にも地代は利子と呼ばれ、利子にごまかされなければならないというふうに問題がねじ曲げられて仕上げられている。）しかし、資本投下がなされたのちに土地が地代を生むのは、資本がその土地に投下されたからではなく、資本投下がその土地を以前と比べてより生産的な投下場面にしたからである。一国の全部の土地がこの資本投下を必要とすると仮定しよう。その場合には、まだ資本が与えられていない地片はいずれも、これからこの段階を通過しなければならないのであり、そしてすでに資本投下のなされた土地が生む地代（この場合にはその土地がもたらす利子）は、あたかも、その土地が天然にこの利点をそなえており、他の土地はこれから人工的にそれを獲得しなければならないであろう場合と同じく、やはり一つの差額地代である。

＊〔本訳書、第三巻、一一二六―一一二七ページ参照〕

利子に帰着するこの地代も、支出された資本が償却されてしまうと、純粋な差額地代になる。そうでなければ、同じ資本が資本として二重に存在せざるをえなくなるであろう。

もっぱら労働による価値の規定に反論するリカードウ反対者たち全員が、土地の諸相違から生じる差額地代にたいして、ここでは労働ではなく自然が価値を規定するものになっていると主張し、しかし同時に、この規定を位置のせいにしたり、あるいはまた、それぱかりか、耕作にさいして土地に投下された資本の利子のせいにしたりするのは、最高に愉快な現象の一つである。同じ労働は、ある与えられた時間につくられる生産物について、同じ価値を生み出す。しかしこの生産物の大きさまたは分量は、したがってまたこの生産物の一可除部分に帰属する価値部分も、労働の量が与えられているとすれば、もっぱら生産物の分量に依存するのであり、この後者は、これまた与えられた労働分量の生産性に依存するのであって、労働分量の大きさに依存するのではない。この生産性が自然のせいであるか社会のせいであるかは、まったくどうでもよいことである。この生産性そのものが労働を、したがって資本を費やさせる場合にのみ、それは生産費を新たな一構成部分だけ増加させるのであって、これは単なる自然の場合には見られないことである。

＊〔草稿では、「労働の量が」以下は「労働の分量に依存するのではなく、生産物の分量に依存する」となっている〕

(756)

第四五章　絶対地代*

＊〔草稿では、第四五章―第四七章の部分に章の区分はなく、全体の表題として「C）絶対地代」と書かれているだけである〕

差額地代*の分析の場合には次の前提から出発した。すなわち、最劣等地は地代を支払わないということ、または、より一般的に表現すれば、その生産物にとって個別的生産価格が市場規制的生産価格よりも低い水準にあり、その結果、地代に転化する超過利潤がこのようにして生じる土地だけが、地代を支払うということである。まず注意しなければならないのは、差額地代としての差額地代の法則は、この前提の当否とはまったくかかわりがないということである。

＊〔草稿では、このパラグラフに先立って次の記述がある。「（bのところでまえもって差額地代が取り扱われるべきであり、このことはc）の取り扱いにあたって想定されている。）差額地代から絶対地代への移行は次のようになされるべきである。」〕

一般的な市場規制的生産価格をPとすれば、最劣等の土地種類Aの生産物にとって、Pは、その個別的生産価格*に一致する。すなわち、この価格が、生産において消費された不変資本および可変資本、プラス、平均利潤（＝企業者利得プラス利子）を支払う。

＊〔草稿では、「個別的生産価格」が「個別的な（実際の）生産価格」となっている〕

地代はこの場合にはゼロである。すぐ上のより優良な土地種類Bの個別的*生産価格はP'であり、$P>P'$である。すなわち、Pは土地等級Bの生産物の現実の生産価格よりも多くを支払う。そこで$P-P'=d$〔デルタ＝増分〕としよう。そうすると、PのP′を超える超過分であるdは、この等級Bの借地農場経営者が得る超過利潤である。このdは、土地所有者に支払われるべき地代に転化する。第三の土地等級Cにとっては、P''が現実の生産価格であり、$P-P''=2d$であるとしよう。その場合にはこの2dが地代に転化する。同じように、第四の等級Dにとっては、個別的生産価格はP'''であり、$P-P'''=3d$となり、3dが地代に転化する、等々。さてここで、土地等級Aにとって、地代＝ゼロであり、したがってその生産物の価格は$P+0$であるという前提が誤りであると仮定しよう。それどころかこの土地等級Aも、地代rを支払うとしよう。この場合には、次の二通りのことが起こる。

*〔草稿では「現実の」となっている〕

(757) 第一に——等級Aの土地生産物の価格は、その生産価格によっては規制されず、この生産価格を超える超過分を含み、$P+r$に等しいであろう。というのは、資本主義的生産様式は正常な状態にあることが前提されるならば、すなわち、借地農場経営者が土地所有者に支払う超過分rが労賃からの控除も、資本の平均利潤からの控除も表わさないと前提されるならば、借地農場経営者は、彼の生産物が、生産価格よりも高く売られ、したがって、もし彼がこの超過分を地代の形態で土地所有者に引き渡さなくてもよいのであれば、ある超過利潤を彼にもたらすであろう、ということによってのみ超過分rを支払うことができる。その場合には、市場に存在する、すべての土地種類の総生産物の規制的市場価格は、資本が一般にあらゆる生産部面でもたらす生産価格、すなわち、支出プラス平均利潤に等しい価格ではなく、生産価格プラス地代、$P+r$であって、Pではないであろう。というのは、等級Aの土地生産物の価格は、一般に、規制的な一般的市場価格の限界、その価格で総生産物が供給されうる価格の限界を表現し、その限りでこの総生産物の価格を規制するからである。

しかし、それでもなお第二に、この場合には、土地生産物の一般的価格が本質的に修正されるであろうとはいえ、差額地代の法則は決してそのことによって廃棄されはしないであろう。というのは、等級Aの生産物の価格が、したがって一般的市場価格が$P+r$であるとすれば、等級B、C、Dなどの価格も同じく$P+r$であろうからである。しかし、等級Bにとっては$P-P'$はdであるから、$(P+r)-(P'+r)$はやはりdであり、Cにとっては$P-P''=(P+r)-(P''+r)$は2dであり、最後にDにとっても同じく$P-P'''=(P+r)-(P'''+r)$は3dであろう、等々。したがって、差額地代は依然として同じであり、同じ法則によって規制されているであろう。ただし、地代は、この法則とかかわりのない一要素を含み、土地生産物の価格と同時に一般的に増大するであろうが。そこから、もっとも豊度の低い土地種類の地代がどのような状態にあるとしても、差額地代の法則はそれとかかわりがないだけでなく、差額地代そのものをその性格にそくしてとらえる唯一の方法は、土地等級Aの地代＝ゼロとすることにある、ということになる。すなわち、この地代がゼロであるかゼロより大であるかは、差額地代が考察される限りではどうでもよいことであり、実際にも考慮されない。

したがって、差額地代の法則は、以下の研究の結果とはかかわりがないのである。

（758）

ところで、さらに、最劣等の土地種類Aの生産物はなにも地代を支払わないという前提の基礎について問うならば、答えは必然的に次のようになる。すなわち、土地生産物たとえば穀物の市場価格がある高さ――土地等級Aに投下された資本の追加前貸しが通常の生産価格を支払い、したがって資本に通常の平均利潤をもたらすほどの高さ――に達しているとすれば、この条件は、土地等級Aで追加資本を投下するのに十分なのである。すなわち、この条件は、資本家にとって、新たな資本を通常の利潤で投下し正常な仕方で価値増殖するのに十分なのである。

ここで述べておかなければならないのは、この場合にも市場価格はAの生産価格よりも高い水準にあるに違いないということである。というのは、追加の供給が行われたときには、需要供給の関係は明らかに変わっているからである。以前には供給が不十分であったが、いまでは十分である。したがって価格は低下するに違いない。低下しうるためには、価格はAの生産価格よりも高い水準にあったに違いない。しかし、新たに耕作される等級Aはより豊度が低いという性格をもつため、価格は、等級Bの生産価格が市場を規制していたときほどの低さにはふたたび低下しない、ということになる。Aの生産価格は、市場価格の一時的な騰貴にとっての限界をなしているのではなく、その相対的に永続的な騰貴にとっての限界をなしている。――これに反して、新たに耕作される土地が従来の規制的等級Aよりも高い豊度をもち、それにもかかわらず追加需要を満たすのにはちょうど十分であるとすれば、市場価格は不変のままである。しかし、最下位の土地等級が地代を支払うかどうかの研究は、この場合にも、これから行なうべき研究と一致する。というのは、ここでもまた、土地等級Aは地代ラス平均利潤をちょうどつぐなうのに十分であるということから、要するに、市場価格は彼にたいして彼の商品の生産価格を与えるということから説明されるであろうからである。

いずれにしても、資本主義的借地農場経営者は、資本家として決定を下しうる限りで、このような事情のもとで土地等級Aを耕作することができる。土地種類Aにおける資本の正常な価値増殖のための条件が、いまでは存在しているのである。しかし、資本はいまや借地農場経営者によって――たとえ彼がなにも地代を支払う必要がないとしても――資本の平均的な価値増殖諸関係に沿って土地種類Aに投下されることができるという前提からは、等級Aに属するこの土地がそれ以上のことなしにこの借地農場経営者の自由にまかされるという結論は決して出てこない。借地農場経営者が、もし地代を支払わないとすれば、自分の資本を価値増殖して通常の利潤を手に入れることができるという事情は、土地所有者にとって、彼が自分の土地を借地農場経営者に無償で貸し付け、この取引仲間にたいして“無償信用”*を提供するほど博愛的であるという根拠には決してならない。このような前提が内包しているものは、土地所有の捨象、土地所有の廃除であるが、この土地所有の存在がまさに、土地への資本の投下とそこでの思うがままの資本の価値増殖にとっての一制限をなしているのである――この一制限は、もし地代を支払わないとすれば、すなわち、実際上は土地所有を存在しないものとして扱いうるとすれば、穀物価格の状態しだいでは、借地農場経営者は、土地種類Aの利用によって自分の資本から通常の利潤を手に入れることができる、と借地農場経営者が単に考えるだけでは、決し

(759)

てなくならない。しかし、土地所有の独占、資本の制限としての土地所有は、差額地代においては前提されている。というのは、それなしでは、超過利潤が、地代に転化することはないであろうし、借地農場経営者のものにならずに土地所有者のものになることもないであろうからである。そしてまた、差額地代としての地代が消滅するところ、すなわち土地種類Aにおいても、土地所有は制限として依然として存続する。資本主義的生産の行なわれている一国において地代の支払いなしに土地への資本投下が行なわれうる場合〔次述〕を考察すれば、これらの場合のすべては、土地所有の法律上の廃除ではないにしても、事実上のその廃除を内包しているが、しかしこの廃除は、まったく特定の、その性質上偶然な諸事情のもとでしか起こりえないということがわかるであろう。

＊〔「無償信用」については、本訳書、第三巻、五九〇―五九四、一〇九七ページ参照〕

第一に、土地所有者自身が資本家であるか、または、資本家自身が土地所有者である場合。この場合には、彼は、いま土地種類Aであるものから生産価格すなわち資本補塡分プラス平均利潤を手に入れるのに足りるほど市場価格が騰貴すれば、自分の地片を自分で経営することができる。しかしなぜそうなのか？　彼にたいしては、土地所有が彼の資本の投下にたいする制限にならないからである。彼は、土地を単なる自然的要素として扱うことができ、したがって、もっぱら自分の資本の価値増殖だけを考慮することによって、資本家的に考慮することによって決定することができる。このような場合は実際に起こるが、しかしただ例外としてだけである。土地の資本主義的な耕作は、それが機能資本と土地所有との分離を前提とするのとまったく同じように、通例として土地所有〔草稿では「土地

（760）

所有者」〕の自己経営を排除する。この自己経営が純粋に偶然であることは、すぐにわかる。もし穀物にたいする需要が増加し、自己経営する所有者の手にあるよりも大きな広さの土地種類Ａを耕作することが必要となれば、すなわち、およそ耕作が行なわれるためには土地種類Ａの一部が賃借されなければならないとすれば、土地所有が資本投下にたいしてつくりだす制限のこのような仮定的な廃除[*]はただちに消えてなくなる。資本主義的生産様式に照応する資本と土地、借地農場経営者と土地所有者とへの分離から出発しながら、次には逆に、土地所有者の自己経営を——もし土地所有が資本とは独立に資本に対立して存在しないとすれば、資本が土地の耕作から地代を引き出すこともないであろうそういう範囲にまで、またそういうところではどこでも——通例として前提するのは、ばかげた矛盾である。〔後段に引用した鉱山地代についてのＡ・スミスの文を見よ〔本訳書、第三巻、一三八一—一三八二ページ〕。〕こういう土地所有の廃除は偶然である。それは起こることもあれば、起こらないこともありうる。

＊〔初版では「見解」となっていた。草稿によりアドラツキー版で訂正〕

第二に——ひとまとめになった借地のなかには、市場価格の所与の高さでは地代を支払わず、したがって事実上無償で貸し出されている若干の地所があるかもしれないが、しかし土地所有者によってはそのようにはみなされない。なぜなら、土地所有者が念頭におくのは自分の賃貸地の総地代収入額であって、個々の構成地片の特殊的地代[*1]ではないからである。この場合には、借地のうちの無地代の構成地片が問題となる限りで、借地農場経営者にとっては、土地所有は資本投下にとっての制限としてはなくなっており、しかも土地所有者との契約そのものによってなくなっている。しかし、借地農場経営者がこの地片に地代を支払わないのは、この地片を付属部分としている土地に彼が地代を支払っているからにすぎない。この場合には、まさに一つの組み合わせが前提されているのであって、それは、供給の不足をまかなうために、自立した新しい生産場面としてより劣等な[*2]土地種類Aに頼らなければならないような組み合わせではなく、Aが優良地の切り離すことのできない混入地片[*3]になっているだけであるという組み合わせである。しかし、研究されなければならないのは、まさに、土地種類Aの地所が自立的に経営されなければならない場合、したがって資本主義的生産様式の一般的な諸前提のもとでは自立的に賃貸しされなければならない場合である。

＊1 〔「特殊的」はエンゲルスによる〕
＊2 〔草稿では「より劣等な」は「最劣等の」となっている〕
＊3 〔草稿では「混入地片」は「環」となっている〕

第三に――借地農場経営者は、同じ借地で追加資本を投下することによって得られる追加生産物が、現在の市場価格のもとでは生産価格しか彼に提供せず、通常の利潤をもたらしはするが追加地代の支払いを可能にはしないにもかかわらず、こうした追加資本を投下することがありうる。こうして、彼は、土地に投下された資本の一部については地代を支払うが、資本の他の部分については地代を支払わない。しかし、このような想定がどれほども問題を解決しないことは、次のことからわかる。すなわち、もし市場価格（および同時に土地の豊度）が、借地農場経営者に追加資本によってより多くの

（761）

収穫を得ることを可能にし、その収穫が彼に、旧資本と同じように、生産価格のほかに超過利潤をもたらすとすれば、彼は、この超過利潤を借地契約の続くあいだ自分のものにする。しかしなぜそうなのか？　借地契約が続くあいだは、土地における彼の資本の投下にとって土地所有の制限がなくなっているからである。しかしながら、彼にこの超過利潤を確保するためには[*1]、追加のより劣等な土地の耕作が自立的に開始され、自立的に賃貸しされなければならないという、ただそれだけの事情が、旧土地での追加資本の投下では必要な供給の増加[*2]を生産するのに十分でないことを、争う余地なく証明する。一方の仮定は他方の仮定を排除する。そこで、確かに人は、次のように言うことができるかもしれない——最劣等地Aの地代は、所有者自身によって耕作される（けれどもこれはまったく偶然的な例外として起こる）土地と比較するか、またはなにも地代をもたらさない〔以前から耕作されている〕旧諸借地での追加資本投下と比較すれば、それ自体、差額地代である、と。しかし、この地代は〔それが差額地代であるとすれば〕、（一）土地種類の豊度の相違から発生するのではない差額地代、したがって、土地種類Aは地代を支払わずにその生産物を生産価格で売るということを前提にはしない差額地代であろう。また、（二）同じ借地での追加資本投下が地代をもたらすかもたらさないかという事情は、新たに耕作されるべき等級Aの土地が地代を支払うか支払わないかという事情にとってはどうでもよいことであり、それは、たとえば、新たな自立的製造事業の設立にとっては、同じ事業部門の他の製造業者が、自分の資本の一部を、自分の事業ではまったく価値増殖できないという理由で利子生み証券に投下するか、それとも彼に十全な利潤をもたらしはしないが、それでも利子よりは多くをもたらすような若干の拡張を行なうか、ということが、どうでもよいことであるのと同じである。彼にとってそれは副次的なことである。それに反して、追加の新事業設立は、平均利潤をもたらさなければならず、平均利潤を期待して行なわれる。もちろん旧諸借地での追加資本投下と土地種類Aの新しい土地の追加耕作*3とは、互いに制限し合っている。より不利な生産諸条件のもとであっても、同じ借地で追加資本が投下されうる限界は、土地等級Aでの新たな資本諸投下の競争によって与えられる。他方では、この土地等級のもたらしうる地代は、旧諸借地での追加資本諸投下の競争によって限界を与えられる。

*1 〔「彼にこの」以下はエンゲルスによる〕
*2 〔草稿では「必要な供給の増加」は「追加的供給」となっている〕
*3 〔草稿では「土地種類Aの新しい土地の追加耕作」は「土地種類第一での追加耕作、新諸投資の投下」となっている〕

しかしながら、これらすべての誤った言い逃れは、問題を解決しない。その問題とは簡単に言えばこうである——穀物（これはわれわれにとってこの研究においてすべての土地生産物を代表する）の
(762) 市場価格は、土地等級Aの諸部分が耕作されうるのに十分であり、またこれらの新しい諸耕地で投下された資本が生産物の生産価格、すなわち資本補填プラス平均利潤を手に入れるのに十分であると仮定しよう。したがって、土地等級Aに資本の正常な価値増殖にとっての諸条件が現存するものと仮定しよう。これで十分であろうか？　この場合にこの資本は、現実に投下されうるのか？　それとも市

場価格は、最劣等地Ａもまた地代をもたらすところまで騰貴しなければならないのか？　すなわち、土地所有者の独占は、純粋な資本主義的立場からはこの独占の存在抜きには現存しないような制限を、資本の投下に設けるのか？　問題設定そのものの諸条件から明らかなように、たとえば、旧諸借地で、与えられた市場価格のもとでは地代をもたらさず、ただ平均利潤をもたらすだけの追加の資本諸投下が存在するとしても、この事情は、同じく平均利潤をもたらすが地代をもたらさないであろう土地等級Ａで、さて実際に資本が投下されうるかどうかという問題を、決して解決しない。これこそがまさに問題なのである。地代をもたらさない追加の資本諸投下では需要が満たされないということは、等級Ａの新しい土地を耕作に引き入れざるをえないという必要によって証明されている。土地Ａの追加耕作は、それが地代をもたらす限りでのみ、したがって生産価格よりも多くのものをもたらす限りでのみ行なわれるとすれば、これはただ二つの場合だけが可能である。一つの場合には、市場価格が、旧諸借地での最後の追加資本諸投下でさえも超過利潤をもたらす――この超過利潤が借地農場経営者の懐に収められようと、土地所有者の懐に収められようとかまわない――ほどの高さでなければならない。価格のこの騰貴、および、最後の追加資本諸投下のこの超過利潤は、この場合には、土地Ａが地代をもたらすことなしには耕作されえないということの結果であるであろう。というのは、耕作が行なわれるのには生産価格で、単なる平均利潤をもたらすことで十分であるとすれば、価格はそれほどまで騰貴することはないであろうし、また新たな諸地所がこの生産価格をもたらすようになっただけでも、その新たな諸地所の競争はすでに始まっているであろうからである。その場合には、なにも

（763）

地代をもたらさない旧諸借地での追加資本諸投下にたいして、同じくなにも地代をもたらさない土地Aでの資本諸投下*が競争することになる。――しかし、もう一つの場合には、旧諸借地での最後の資本諸投下はなにも地代をもたらさないが、それにもかかわらず市場価格は、土地Aの耕作が開始されうるほど、また地代をもたらすほど十分な高さに騰貴している。この場合には、なにも地代をもたらさない〔旧諸借地での〕追加資本諸投下が可能であったのは、市場価格が土地Aに地代の支払いを許すようになるまでは土地Aは耕作されえないからにすぎない。この条件がなければ、土地Aの耕作はより低い価格のもとですでに始まっていたであろうし、また、地代なしの通常の利潤をもたらすために高い市場価格を必要とするような、旧諸借地でのその後の資本諸投下は、行なわれえなかったであろう。なにしろ、旧諸借地でのその後の資本諸投下は、高い市場価格の場合にも平均利潤しかもたらさない。したがって、土地Aの耕作とともにより低い価格が土地Aの生産価格として規制的なものとなっている場合には、これらの資本諸投下はこの〔平均〕利潤をもたらさず、したがってこの仮定のもとでは決して行なわれなかったであろう。そこで、土地Aの地代は、なにも地代をもたらさない旧諸借地でのこれらの資本諸投下と比較すれば、確かに差額地代を形成するであろう。しかし、Aの諸地面がこのような差額地代を形成するのは、これらの諸地面は、それが地代をもたらさない限り、決して耕作には引き入れられない、ということの結果でしかない。すなわち、それ自体として土地種類の格差によって条件づけられない、こうした地代の必要が生じ、そのことが旧諸借地での追加諸資本の投下の可能性にたいする制限をなす、ということの結果でしかない。どちらの場合にも、土地Aの地代は、穀物価格の騰貴の単なる結果ではなく、その逆であろう。すなわち、およそ最劣等地の耕作が許されるためには、最劣等地は地代をもたらさなければならないという事情こそが、この条件の満たされうる点まで穀物価格が騰貴する原因であろう。

＊〔草稿では「資本諸投下」は「追加資本諸投下」となっている〕

差額地代のもつ独自性は、土地所有がなければ借地農場経営者が手に入れるであろうし、一定の諸事情のもとでは彼の借地契約の続くあいだ現実に手に入れる超過利潤を、この場合には、ただ土地所有が横取りする、ということにある。土地所有はこの場合には、商品価格のうち、土地所有の関与なしに（むしろ市場を規制する生産価格が競争によって規定される結果として）生じ、超過利潤に帰着する部分の移転——ある人から他の人への、資本家から土地所有者への、この価格部分の移転——の原因でしかない。しかし、土地所有はここでは、価格のこの構成部分を、またはこの構成部分の前提をなす価格騰貴を創造する原因ではない。これに反し、最劣等地Ａが——その耕作は生産価格をもたらすであろうが——この生産価格を超える超過分である地代をもたらすまでは耕作されえないとすれば、土地所有がこの価格騰貴を創造する根拠である。土地所有そのものが地代を生み出したのである。二番目に取り上げた場合でのように、生産価格のみを支払う、旧諸借地での最後の追加資本投下と比較すれば、いま土地Ａによって支払われる地代が差額地代を形成するとしても、事態に変わりはない。というのは、規制的市場価格が土地Ａに地代をもたらすことを許すほど十分に高く騰貴してしまうまでは、土地Ａは耕作されえないという事情、ただこの事情だけが、ここでは、市場価格が次のような

（764）点にまで——確かに、旧諸借地での最後の資本諸投下にはそれの生産価格だけを支払うが、しかし、同時に土地Aにたいしては地代をもたらす、そのような生産価格を支払う点にまで——騰貴することの根拠だからである。この土地Aがそもそも地代を支払わなければならないということが、ここでは、土地Aと旧諸借地での最後の資本諸投下とのあいだで差額地代が創造される原因である。

およそわれわれが——穀物価格が生産価格によって規制されるという前提のもとで——土地等級Aはどんな地代も支払わないと言う場合、われわれは地代という言葉をそのカテゴリー的な意味に解する。借地農場経営者が借地料を支払い、その借地料が、彼の労働者の正常な賃銀からのであれ、彼自身の正常な平均利潤からのであれ、一控除をなすとすれば、彼が支払うものは地代ではない、つまり、彼の商品の価格のうちで、労賃および利潤とは区別される自立的な構成部分ではないのである。こうしたことが実際には絶えず起こることは、すでに以前に述べた〔本訳書、第三巻、一一三一ページ以下参照〕。一国の農村労働者たちの賃銀が一般的に労賃の標準的な平均水準よりも低く押し下げられ、したがって労賃からの控除分、労賃の一部が一般的に地代にはいり込む限りでは、このことは、最劣等地の借地農場経営者にとってなんら例外的な事例ではない。最劣等地の耕作を可能にするその同じ生産価格において、すでにこの低い労賃は一構成項目をなしており、したがって、この土地の借地農場経営者は生産価格で生産物を売っても地代を支払うことはできない。土地所有者はまた、自分の土地を労働者に、すなわち、販売価格*が労賃を超えてもたらすもののすべて、またはそのほとんどを他人に地代の形態で支払ってもよいと考える労働者に、賃貸しすることもできる。けれども、これらすべての場合には、借地料が支払われるとはいえ、現実の地代は支払われない。しかし資本主義的生産様式に照応する諸関係が存在するところでは、地代と借地料とは一致しなければならない。そして、ここで研究しなければならないのは、まさにこの正常な関係なのである。

＊〔草稿では「販売価格」は「価格」となっている〕

以上で考察したもろもろの場合——資本主義的生産様式の内部で、地代をもたらすことなしに土地での資本諸投下が現実に行なわれうる場合——が、われわれの問題についてはなにも決定しないとすれば、植民地関係を引き合いに出すことは、なおのことそうである。植民地を植民地にするもの——ここでは本来の農耕植民地のみを問題とする——は、自然状態にある豊かな大量の地所があることだけではない。それはむしろ、これらの地所がだれにも取得されておらず、土地所有のもとに包摂されていないという事情である。土地が問題となる限りでは、古くからの諸国と植民地とを顕著に区別するものは、まさにこのことである——すなわち、土地所有が法律上または事実上存在しない、という(765)ことであって、それはウェイクフィールド（三五）が正しく述べ、彼よりもずっと以前に重農主義者である父親のほうのミラボー、その他の古い経済学者が発見していたとおりである。植民者たちがそれ以上のことはなにもせずに土地を取得するか、それとも名目的な土地価格という費目のもとに実際には土地にたいする適法な権原を得るための手数料だけを国家に支払うかどうかは、ここではまったくどうでもよい。また、すでに入植している植民者たちが土地の法律上の所有者＊1であるということも、どうでもよい。事実ここでは、土地所有は資本の投下、あるいはまた資本なしでの労働の投下にたいする制限をなにもなさない。すでに定住している植民者たちが土地の一部分を占拠していることは、新来者たちが新しい土地を自分たちの資本または自分たちの労働の使用場面とする可能性を排除しない。したがって、土地所有が資本の投下場面としての土地を制限している場所で、土地所有が土地生産物の価格および地代にどのような影響をおよぼすのかを研究することが問題であるときに、農業における資本主義的生産様式も、それに照応する土地所有の形態も存在しない――事実、土地所有が一般に存在しない――自由なブルジョア的植民地について論じることはきわめてばかげたことである。たとえばリカードウは、地代についての章[*2]でそうしている。彼は冒頭で、土地の取得が土地生産物の価値におよぼす影響を研究したいと述べながら、すぐそのあとで例証として植民地を取り上げ、そこでは土地が比較的自然のままの状態にあり、土地所有の独占によってはこの土地の利用は制限されていない、と想定している。

(三五)　ウェイクフィールド『イギリスとアメリカ』、ロンドン、一八三三年〔、一二五ページ。中野正訳、日本評論社、世界古典文庫、㈢、一九四八年、五七ページ〕。なお、第一部、第二五章参照〔本訳書、第一巻、一三三五ページ以下〕。

*1〔草稿では「法律上の所有者」は「占有者であり法律上の所有者」となっている〕

*2〔リカードウ『経済学および課税の原理』、第三版、ロンドン、一八二一年、第二章。なお、『資本論草稿集』6、大月書店、三三七―三四三ページ、邦訳『全集』第二六巻（『剰余価値学説史』）、第二分冊、三一〇―三一五ページ参照〕

単なる法律上の土地所有は、所有者のためになにも地代を創造しない。けれども、土地所有は、土地が本来の農業に使用されるのであれ、他の生産諸目的、たとえば建築などに使用されるのであれ、所有者に超過分をもたらす土地の価値増殖的利用を経済的諸関係が許すまでは自分の土地を利用させないでおく権能を、土地所有者に与える。彼は、この事業場面の絶対量を増減させることはできないが、しかし市場に存在するその量を増減させることはできる。だから、すでにフーリエが述べたように*、どの文明国においても土地の比較的大きな部分がいつでも耕作されない状態にあるということが特徴的な事実なのである。

＊〔フーリエ『産業的協同社会的新世界』、パリ、一八二九年、四〇二ページ〕

(766)

したがって、需要が新しい地所――たとえば従来耕作されていた諸地所よりも豊度の低い地所――の開墾を必要とする場合を仮定すれば、この土地での資本投下が借地農場経営者に生産価格を支払い、したがって普通の利潤をもたらすのに十分な高さに土地生産物の市場価格が騰貴したからといって、土地所有者がこの地所を無償で貸与するであろうか？　決してそうはしないであろう。資本投下は土地所有者に地代をもたらさなければならない。彼は、借地料が彼に支払われうる場合にはじめて貸与する。したがって、市場価格が生産価格を超えてP＋rにまで騰貴していて、その結果、土地所有者に地代が支払われうるのでなければならない。前提によれば、土地所有は賃貸しされなければなんの収益ももたらさず、経済的に無価値であるから、生産価格を超える市場価格のわずかな騰貴でも、最劣等の新しい土地を市場に引き入れるのに十分である。

そこで次のことが問題となる。豊度の格差からは導き出すことのできない最劣等地の地代ということから、土地生産物の価格は必然的に普通の意味での独占価格であるとか、または、その価格は地代が租税と同じような形態でそこにはいり込む価格であり、異なるところは国家ではなく土地所有者がこの租税を徴収するという点だけである、ということになるのか？　という問題である。この租税にはその所与の経済的諸制限があることは自明である。それは、旧諸借地での追加資本投下、外国の土地生産物――それの自由な輸入が前提されるのであれば――の競争、土地所有者たち相互の競争、最後に消費者たちの欲求および支払能力によって、制限されている。しかしここではそのことが問題なのではない。問題であるのは、最劣等地の支払う地代が、租税が課されている商品の価格に租税がはいり込むのと同じ仕方で、すなわち、その商品の価値とはかかわりのない要素として、この最劣等地の生産物の価格――前提によればそれが一般的市場価格を規制する――にはいり込むのかどうか、ということである。

これは決して必然的にそうなるのではないのであって、商品の価値と商品の生産価格とのあいだの区別がこれまで把握されていなかったからそのように主張されるにすぎない。*すでに見たように、諸商品の生産価格は、全体として考察すれば、それら諸商品の総価値によってのみ規制されているにもかかわらず、また、さまざまな商品種類の生産価格の運動は、他のすべての事情に変わりがないとすれば、もっぱらそれら商品種類の価値の運動によって規定されているにもかかわらず、一商品の生産価格は決してその商品の価値と同一ではない。すでに明らかにされたように、一商品の生産価格はその商品の価値よりも高かったり低かったりしうるのであり、例外的にのみその商品の価値と一致する。だから、土地諸生産物がそれらの生産価格よりも高く売られるという事実があっても、そのことは、この土地諸生産物がまたそれらの価値よりも高く売られるということを決して証明しない。それは、工業諸生産物が平均してそれらの生産価格で売られるという事実が、それらが価値どおりに売られるということを決して証明しないのと同じである。農業諸生産物がそれらの生産価格よりも高く、しかもそれらの価値よりも安く売られることは、他方において多くの工業諸生産物が、それらの価値よりも高く売られながら生産価格しかもたらさないのと同じように、ありうることである。

（767）

＊〔草稿では、ここで改行されている〕

一商品の生産価格のその価値にたいする比率は、もっぱら、その商品を生産する資本の可変部分がその資本の不変部分にたいして示す比率、すなわち、その商品を生産する資本の有機的構成によって、規定されている。もしある生産部面の資本の構成が社会的平均資本の構成よりも低度であれば、すなわち、労賃に支出されたこの資本の可変的構成部分が、物的労働諸条件に支出されたその不変的構成部分にたいする比率の点で、社会的平均資本の場合のそれよりも大きければ、その生産物の価値はその生産価格よりも高くなければならない。すなわち、そのような資本は、より多くの生きた労働を使用しているので、同じ労働の搾取〔度〕のもとで、社会的平均資本の同じ大きさの一可除部分よりもより多くの剰余価値、したがってより多くの利潤を生み出す。したがって、この資本の生産物の価値はそれの生産価格よりも高い。というのは、この生産価格は、資本補塡プラス平均利潤に等しく、そして平均利潤はこの商品において生産される利潤よりも少ないからである。社会的平均資本によって生産される剰余価値は、この低度な構成の一資本によって生産される剰余価値よりも少ない。ある生産部面に投下された資本が社会的平均資本よりも高度な構成であれば、事情はその逆になる。高度な構成の資本によって生産される諸商品の価値は、その生産価格よりも低く、たいていの発展した諸産業の生産物において一般的にそうである。

ある特定の生産部面における資本が社会的平均資本よりも低度な構成であるとすれば、そのことは、なによりもまず[*1]、この特殊な生産部面における社会的労働の生産力が平均水準よりも低いということを示す別の表現にすぎない。というのは、到達された生産力の段階は、可変資本部分にたいする不変資本部分の相対的な優位、または、与えられた資本によって労賃に支出される構成部分の恒常的減少として表わされるからである。逆に、ある生産部面における資本がより高度な構成であれば、そのことは、生産力[*2]の発展が平均よりも高い水準にあることを表現する。

＊1〔草稿では「なによりもまず」は「(〝明らかに〟)」となっている〕

＊2〔草稿では「生産力」は「社会的労働の生産力」となっている〕

（768）

ところで[*1]、本来の芸術的諸労働――その考察はことがらの性質上われわれの論題から除外されている――は別として、さまざまな生産部面がそれらの技術的特殊性[*2]に応じて不変資本と可変資本との異なる比率を必要とすること、また生きた労働はいくつかの部面ではより大きい割合を占め、他の諸部面ではより小さい割合を占めざるをえないことは、自明である。たとえば、農業と厳密に区別されなければならない採取産業においては、不変資本の一要素としての原料がまったく欠けており、補助材料もところどころでしか重要な役割を果たさない。とはいえ鉱山業では、不変資本の他の部分である固定資本が重要な役割を果たす。それにもかかわらず、ここでもまた、発展の進捗を、可変資本に比べての不変資本の相対的増大で測定することができるであろう。

＊1〔草稿では、このパラグラフ全体は角括弧でくくられている〕
＊2〔草稿では「技術学的」となっている〕

本来の農業において資本の構成が社会的平均資本の構成よりも低度であるとすれば、このことは〝明らかに〟、[*1]生産の発展した諸国では農業が加工産業と同じ程度には進歩していないこと[*2]を表現するであろう。このような事実は、他のすべての、部分的には決定的である経済的諸事情を度外視すれば、次のことからすでに説明されるであろう。すなわち、化学、地質学および生理学が、またとりわけそれらの農業への応用がより遅れて、一部はまったく最近になって発展したのに比べて、力学的諸科学のほうが、とりわけそれらの応用のほうがより早くから、より急速に発展したということから説明されるであろう。ところで、農業そのものの進歩がいつでも可変資本部分にたいする不変資本部分の相対的な増大として現われることは、疑う余地のない、ずっと以前から知られた〔三六〕事実である。資本主義的生産の行なわれている[*3]ある国、たとえばイギリスで、農業資本の構成が社会的平均資本の構成よりも低度であるかどうかは、統計的にだけ決定することのできる問題であり、これについて細部に立ち入ることはわれわれの目的にとって余計なことである。いずれにしても、この前提のもとでのみ農業生産物の価値がその生産価格よりも高い水準にありうるということ、すなわち、与えられた大きさの一資本によって農業において生み出される剰余価値、または同じことであるが、この資本によって運動させられ指揮命令される剰余労働（したがってまた使用される生きた労働一般）が社会的平均構成をもつ同じ大きさの一資本の場合よりも大きいということは、理論的に確実である。[*4]

（三六）　ドンバールおよびR・ジョウンズを見よ。[*5]

＊1〔草稿では「生産」は「資本主義的生産様式」となっている〕

＊2〔草稿では、「加工産業と」以下は「製造工業に比べて同じ程度には進歩しておらず、相対的にあまり進歩していない（すなわち進歩にかんしてではなく、ただその程度にかんして）こと」となっている〕

＊3〔草稿では「資本主義的生産様式が支配的である」となっている〕

＊4〔草稿では、このあとに丸括弧でくくって、「その場合に、生産で消費された資本の大きさ（すなわち本来の生産費）は生産価格の規定にとってはどうでもよいことである。生産価格は k＋p′ に等しいが、k は費用価格で可変的であり、p′はいつも同じ比例的な（前貸資本に比例した）剰余価値と表現される」と続いている〕

＊5〔マティユ・ド・ドンバール『ロヴィル農業年代記、または、農業、農村経済および農業立法資料集』第四分冊、パリ、一八二八年、三〇一―三〇七ページ、および、R・ジョウンズ『富の分配および課税の源泉にかんする一論』、ロンドン、一八三一年、二二七ページ（鈴木鴻一郎訳『地代論』、岩波文庫、下、一九五一年、五三―五四ページ）。『資本論草稿集』大月書店、6、二〇ページ、同8、五一三ページ、邦訳『全集』第二六巻、（『剰余価値学説史』）、第二分冊、一五―一六ページ、同第三分冊、五三二ページ。さらにまた、『資本論草稿集』8、一四四ページ参照〕

(769)

したがって、われわれがここで研究する、またこの仮定のもとでのみ生じうる地代の形態にとっては、この仮定をするだけで十分である。この仮定がなくなるところでは、この仮定に照応する地代の形態もなくなる。

とはいえ、農業諸生産物の価値がその生産価格を超過するという単なる事実[*1]は、それだけでは、土地種類の豊度の格差とも、または同じ土地での連続的資本投下の豊度の格差ともかかわりのない地代の存在、要するに、差額地代とは概念的に区別される地代、したがって絶対地代と名づけることのできる地代の存在を説明するには決して十分ではないであろう。製造業生産物のなかには、その価値がその生産価格を超えているという属性をもつものが相当数あるが、それだからといってこれらの生産物が、地代に転化されうるような、平均利潤を超える超過分、または超過利潤をもたらすことはないであろう。逆である。生産価格とそれに含まれる一般的利潤率との存在および概念は、個々の諸商品がその価値どおりには売られないということにもとづいている。生産価格は商品価値の均等化から生じるのであり、この均等化は、異なる生産諸部面で消費されたそれぞれの資本価値を回収したあと、総剰余価値を、それが個々の生産諸部面で生産され、したがってその生産物に含まれている比率に応じてではなく、前貸資本の大きさに比例して配分する。そのようにしてのみ、平均利潤と、平均利潤を特徴的要素とする諸商品の生産価格とが生じるのである。競争を通じて、総資本によって生産された剰余価値の配分においてこの均等化を生じさせること、またこの均等化にとってのあらゆる障害を克服することが、資本の恒常的な傾向である。だから、どんなことがあっても、諸商品の価値と生産

（770）

価格との相違からではなく、むしろ、市場を規制する一般的生産価格と、それとは区別される個別的生産諸価格と〔の相違〕から生じる超過利潤だけを許容するというのが、資本の傾向である。この超過利潤は、それゆえまた、二つの異なる生産部面のあいだに生じるのではなく、それぞれの生産部面の内部で生じるのであり、したがって、さまざまな部面の一般的生産諸価格には、すなわち一般的利潤率には影響せず、むしろ価値の生産価格への転化と一般利潤率[*2]とを前提とするのである。とはいいながらこの前提[*3]は、先に論究したように[*4]、異なる生産部面への社会的総資本の比率的配分の絶え間ない変動に、諸資本の絶え間ない流出入に、諸資本のある部面から他の部面への移転の可能性に、要するに、これらの異なる生産部面——社会的総資本の自立的諸部分にとっては同じ程度に自由に利用可能な投下場面としての——のあいだでの諸資本の自由な運動に立脚している。この場合に前提されているのは、たとえば、諸商品の価値がその生産価格を超えているか、または生産される剰余価値が平均利潤を超えている一生産部面において、諸資本の競争が、価値を生産価格に還元することをさまたげる制限、したがってこの生産部面の剰余価値の超過分を資本の利用するすべての生産諸部面のあいだに比率的に配分することをさまたげる制限は、なにもないか、あっても偶然的で一時的なものでしかない、ということである。しかし、もし反対のことが起こり、資本がある外的な力——資本が部分的にしか克服できないか、またはまったく克服できない外的な力——にぶつかり、それが特殊な生産諸部面での資本投下を制限して、資本投下を、前述したような剰余価値の平均利潤への一般的均等化をまったく、または部分的に排除する諸条件のもとでしか許さないとすれば、そのような生産諸部面においては、商品の生産価格を超える商品価値の超過によって、超過利潤、すなわち、地代に転化され、地代として利潤にたいして自立しうる超過利潤が生じるであろうことは、明らかである。そして、土地への資本諸投下のさいには、まさにこのような外的な力および制限として、土地所有が資本に、または土地所有者が資本家に相対するのである。

＊1〔草稿では「単なる事実」は「事情」となっている〕
＊2〔「と一般的利潤率と」はエンゲルスによる〕
＊3〔草稿では「前提」は「均等化」となっている〕
＊4〔本訳書、第三巻、三三六―三三八ページ参照〕

　ここでは土地所有は、関税を徴収することなしには、すなわち地代を要求することなしには、これまでの未耕作地または未賃貸地での新たな資本投下を許さない障壁である。しかも、新たに耕作圏内に引き入れられる土地が、差額地代をもたらさない種類に属し、そして、もし土地所有がなかったならば、市場価格がほんのわずか騰貴しただけで[＊1]すでに耕作されていたであろう、したがって、規制的市場価格がこの最劣等地の耕作者にちょうど彼の生産価格をつぐなったであろう種類に属しているにもかかわらず、新たな資本投下を許さないのである。しかしながら、土地所有が設けるこの制限の結果、市場価格は、土地が生産価格を超える超過分すなわち地代を支払いうる点まで騰貴せざるをえない。しかし、前提によれば、農業資本によって生産される諸商品の価値は諸商品の生産価格より高いから、この地代は（ただちに研究すべき一つの場合をのぞけば）生産価格を超える価値の超過分、ま

（771）たはその一部分をなす。地代が価値と生産価格との差額の全部に等しいか、それとも、この差額の大なり小なりの一部分に等しいだけであるかは、まったく、需要にたいする供給の状態と、新たに耕作圏内に引き入れられた地域の広さとに依存するであろう。地代が、農耕諸生産物の生産価格を超えるそれらの価値の超過分に等しくないあいだは、この超過分の一部はつねに、異なる個別資本のあいだでのすべての剰余価値の一般的均等化および比例的配分にはいり込むであろう。地代が生産価格を超える価値の超過分と等しくなれば、平均利潤を超える剰余価値の超過分のこの部分全体がこの均等化には加わらないことになるであろう。しかしこの絶対地代が生産価格を超える価値の全超過分に等しいにせよ、その一部分に等しいだけであるにせよ、農業諸生産物はつねに独占価格で売られるであろう。その理由は、農業諸生産物の価格がその価値よりも高いからではなく、それがその価値に等しいから、または、それがその価値よりも低いがその生産価格よりも高いだろうからである。[*2] 農業生産物の独占は、その価値が一般的生産価格よりも高い水準にある他の工業諸生産物が生産価格に平準化されるのと違って、生産価格に平準化されないことにあるであろう。価値も生産価格もその一部分は、実際には与えられた不変量、すなわち、生産中に消費された資本である費用価格＝kであるから、価値と生産価格との相違は、他の可変的部分である剰余価値にある。それは、生産価格においては利潤pに等しい、すなわち社会的資本について計算され、またそれの可除部分としての資本各個について計算される総剰余価値に等しい。しかし、商品の価値においては、それは、この特定の資本が生み出した、そしてこの資本によって生み出された諸商品価値の不可欠な一部分をなす現実の剰余価値に等しい。商品の価値が商品の生産価格よりも高ければ、生産価格は k+p で、価値は k+p+d であり、したがって p+d が商品に含まれている剰余価値に等しい。したがって価値と生産価格との差額は、d に、すなわち、この資本によって生み出された剰余価値のうち一般的利潤率によってこの資本に割り当てられる[*3]ものを超える超過分に等しい。このことから、農業諸生産物の価格は、それがその価値に達することなしに、その生産価格を超えうる、ということが出てくる。さらに、ある点までは、農業諸生産物の価格がその価値に達するまえに、農業生産物の持続的な価格騰貴が生じうる、ということが出てくる。同じくまた、土地所有の独占の結果としてのみ、農業諸生産物の、その生産価格を超える価値超過分が農業諸生産物の一般的市場価格の規定的契機になりうる、ということも出てくる。最後に、この場合には、生産物の騰貴が地代の原因ではなく、地代が生産物の騰貴の原因である、ということが出てくる。最劣等地の単位面積の生産物の価格が P+r であるとすれば、前提によれば P+r が規制的市場価格となるのだから、すべての差額地代は、r の相応倍数だけ増加する。

*1〔草稿では、「騰貴しただけで」のあとに「資本が自由に使用できれば」と書かれている〕
*2〔草稿では、「等しいから、または」のあとは「その価値と生産価格との中間にあるだろうからである」となっている〕
*3〔草稿では、「この資本に割り当てられる」は「はかられる」となっている〕

(772) 農業以外の社会的資本の平均構成が 85c＋15v で、剰余価値率が一〇〇％であるとすれば、生産価格は一一五であろう。農業資本の構成が 75c＋25v であるとすれば、同じ剰余価値率のもとでは、生産物の価値および規制的市場価値は一二五であろう。農業生産物が非農業生産物と平均価格に均等化されるとすれば（簡単にするために両生産部門の総資本は等しいとする）*、総剰余価値は四〇、すなわち二〇〇の資本にたいし二〇％であろう。どちらの生産物も一二〇で売られるであろう。したがって、生産価格への均等化のもとでは、非農業生産物の平均市場価格はその価値よりも高くなり、農業生産物の平均市場価格はその価値よりも低くなるであろう。もし農業諸生産物がちょうどその価値どおりに売られるとすれば、それらは、均等化の場合よりも五だけ高く、工業諸生産物のほうは五だけ低いことになる。市場諸関係が、農業生産物をその価値どおりに、生産価格を超える超過分全部を含めて売ることを許さないとすれば、結果は両極の中間になる。工業諸生産物はいくらかその価値よりも高く、農業諸生産物はいくらかその生産価格よりも高く、売られるであろう。

＊〔（　）の文はエンゲルスによる〕

土地所有は土地生産物の価格をその生産価格よりも高く引き上げることができるとはいえ、市場価格が生産価格を超えてどれだけ価値に近づくかは、したがって、所与の平均利潤を超えて農業で生み出された剰余価値がどの程度まで地代に転化するか、それともどの程度まで平均利潤への剰余価値の一般的均等化にはいり込むかは、土地所有に依存するのではなく、一般的な市場の状況*1に依存する。どの場合でも、生産価格を超える価値の超過分から生じるこの絶対的な地代は、単に農業の剰余価値の一部であり、この剰余価値の地代への転化、土地所有者*2によるこの剰余価値の横取りである。それはちょうど、差額地代が、一般的規制的生産価格のもとで、超過利潤の地代への転化、土地所有による超過利潤の横取りから生じるのと同じことである。地代のこの両形態〔絶対地代と差額地代〕は、唯一正常な形態である。これら以外には、地代は、本来の独占価格――諸商品の生産価格によっても価値によっても規定されず、購買者の欲求と支払い能力とによって規定される本来の独占価格――にもとづきうるだけであり、この独占価格の考察は、市場価格の現実の運動が研究される競争論に属する。

(773)

＊1〔草稿では「市場の状況」は「市場関係」となっている〕

＊2〔草稿では「土地所有者」は「土地所有」となっている〕

農耕に使用されうる一国のすべての土地が賃貸しされているとすれば――資本主義的生産様式と正常な諸関係とを一般的に前提して――地代をもたらさない土地はないであろうが、しかし地代をもたらさない資本諸投下、土地に投下された資本の、地代をもたらさない個々の諸部分はありえよう。というのは、土地が賃貸しされてしまえば、土地所有は、必要な資本投下にたいする絶対的制限として作用することをやめるからである。その場合でも、土地に合体された資本が土地所有者のものになるということがここでは借地農場経営者にとって非常に明白な諸制限となる限りで、土地所有は相対的制限としてなお作用し続ける。この場合〔地代をもたらさない資本投下の場合〕にだけ、すべての地代は差額地代に転化するであろう。と言っても、土地の地味における格差によって規定される差額地代にではなく、一定の土地への最後の資本諸投下によって生じる超過利潤と、最劣等級の土地の賃借にたいして支払われる地代とのあいだの格差によって規定される差額地代に、である。土地所有が制限として絶対的に作用するのは、ただ、およそ土地を資本投下場面として使用することが土地所有者への貢納を条件として許可される限りでのことである。これが許可されてしまえば、土地所有者は、当の地片への資本諸投下の量的規模にたいして、もはや絶対的制限を課すことはできない。およそ家屋建築には、家屋が建てられるべき土地にたいする第三者の土地所有によって制限が加えられている。しかしこの土地がひとたび家屋建築用に賃貸しされた場合には、そこに高い家を建てるか低い家を建てるかは借地人しだいである。

＊〔草稿では、「相対的制限として」は「このような制限として、ただ相対的にその限りで」となっている〕

もし農業資本の平均構成が社会的平均資本の構成と同じであるか、またはそれよりも高度であるとすれば、つねにすでに展開されてきた意味での絶対地代――すなわち、差額地代とも異なり、また本来の独占価格にもとづく地代とも異なる地代――は消滅するであろう。その場合には、農耕生産物の価値は、その生産価格より高くはなく、また農業資本は、非農業資本に比べて、より多くの労働を運動させることはなく、したがって、より多くの剰余労働を実現することもないであろう。耕作の進歩につれて農業資本の構成が社会的平均資本の構成と均等化する場合には、同じことが起こるであろう。

一方では農業資本の構成が高度化し、したがってその不変部分がその可変部分に比べて増大すると仮定し、他方では土地生産物の価格が十分に騰貴し、従来の土地よりも劣等な新しい土地が地代を支払う――この場合、地代は、価値と生産価格とを超える市場価格の超過分からのみ、要するに生産物の独占価格からのみ、生じうるであろう――と仮定することは、一見したところ矛盾しているように見える。

（774）

ここでは次のような区別がなされなければならない。

まず、利潤率の形成の考察のさいに見たように〔本書、第三部、第八章、第九章参照〕、技術学的に見て均等な構成の諸資本、すなわち、機械および原料にたいする比率において等量の労働を運動させる諸資本でも、不変資本諸部分の価値の相違によって構成が異なりうる。原料または機械は、一方の場合のほうが他方の場合よりも高価なことがありうる。同じ分量の労働を運動させる（そしてこのことは、前提により、同じ量の原料を加工するのに必要であろう）ためには、一方の場合のほうが他方の場合よりもより大きな資本が前貸しされなければならないであろう。というのは、たとえば、同じく一〇〇の資本から支弁されなければならない原料費が一方の場合には四〇で、他方の場合には二〇であるとすれば、この一〇〇で等量の労働を運動させることはできないからである。しかし、それにもかかわらずこれらの資本が技術学的には均等な構成であることは、高額なほうの原料の価格にまで低下すれば、ただちに判明するであろう。その場合には、使用される生きた労働と使用される労働諸条件の総量および性質とのあいだの技術的比率[*1]にはなんの変化も起きてはいないが、可変資本と不変資本とのあいだの価値比率は同じになっているであろう。他方では、低度な有機的構成の資本は、単なる価値構成の見地から見れば、その不変部分の価値が増大するだけで、外見上は、高度な有機的構成の資本と同じ段階に達しうるであろう。生きた労働力に比べて多くの機械と原料を使用するので 60c＋40v である一資本と、多くの生きた労働（六〇％）、少ない機械（たとえば一〇％）、および、労働力に比べて少なく安い原料（たとえば三〇％）を使用するので40c＋60v で

(775)

ある他の一資本があるとしよう。その場合には、〔後者の資本で〕原料および補助材料の価値が三〇から八〇へ増大するだけで、資本の構成は均等化されうるであろう――こうして、いまや二番目の資本においては一〇の機械に八〇の原料と六〇の労働力、すなわち 90c＋60v となり、百分率になおせば同じく 60c＋40v に等しいが、技術的構成の変動はなにも起きていないであろう。[*2] したがって、同じ有機的構成[*3]をもつ諸資本が異なる価値構成をもつこともありうるし、同じ百分率の価値構成の諸資本が、有機的構成[*4]の異なる段階にある、すなわち、労働の社会的生産力の異なる発展段階を表現する、ということもありうる。したがって、価値構成から見て農業資本が一般的水準にあるという事情だけでは、労働の社会的生産力が農業資本においても同じ高さに発展していることを証明するものではないであろう。それは、この〔農業〕資本自身の生産物――これはふたたびこの資本の生産諸条件の一部分をなす――がより高価であること、または、肥料のような以前は手近にあった補助材料がいまでは遠方から取り寄せられなければならないことなどを示すだけであるかもしれない。

＊1〔草稿では「技術学的」となっている〕

＊2〔「技術的構成の変動はなにも起きていないであろう」はエンゲルスによる〕

＊3・4〔「技術的構成」の意と思われる。資本の価値構成、技術的構成と有機的構成については、本訳書、第一巻、一〇六九ページ参照〕

しかしこの点を別として、農業の独自な性格が考慮されなければならない。

労働を節約する機械、化学的補助手段などが農業においてより大きな割合を占め、したがって不変資本が技術的[*1]に、価値の面からだけでなく量の面から見ても、使用労働力に比べて増大すると仮定すれば、農業においては（鉱山業の場合と同じく）、労働の社会的生産性だけでなく、労働の自然発生的生産性――これは労働の自然諸条件に依存する――もまた問題である。農業における社会的生産力の増加は、自然力の減退を埋め合わせるだけか、または埋め合わせることさえなく――この埋め合わせはいつも一時的に作用するだけである――、そのため農業では技術的発展[*2]にもかかわらず、生産物は安くはならず、それがいっそう騰貴することがさまたげられるだけであるということがありうる。また、穀物価格が騰貴する部分には、生産物の絶対的分量が減少し、他方で相対的な超過生産物が増大するということもありうる。すなわち、その大部分は機械または家畜からなる不変資本――これらは摩滅分を補填するだけでよい――が相対的に増加し、労賃に支出される可変資本部分――これはいつでも全部が生産物から補填されなければならない――がそれに照応して減少する場合である。

＊１〔草稿では「技術学的に」となっている〕
＊２〔草稿では「技術的」は「産業的」となっている〕

しかしまた、劣等地は、それが耕作され、同時に地代をもたらしうるためには、技術的補助手段[*1]がより低い水準にあった場合には市場価格のいっそうの騰貴を必要としたであろうが、農業が進歩している場合には、市場価格が平均を超えて適度に騰貴する[*2]ことしか必要としない、ということもありうる。

＊１〔草稿では「技術的」は「産業的などの」となっている〕

＊2〔草稿では「平均」は「平均価格」となっている〕

（776）たとえば、大規模な畜産の場合に、家畜そのものとして存在する不変資本と比べれば、使用労働力の量が非常に少ないという事情は、百分率的に見れば農業資本が非農業の社会的平均資本よりもより多くの労働力を運動させるということとは決定的に対立する、とみなされるかもしれない。しかしここでは、次のことに注意しなければならない。それは、地代の展開にあたってわれわれが、規定的なものとして、農業資本のうち、重要な植物性食糧すなわち一般に文明諸国民の主要生活手段を生産する部分から出発する、ということである。畜産においては、そして一般的に言えば、主要生活諸手段すなわちたとえば穀物の生産に投下されたのではない、土地に投下されたすべての資本の平均においては、まったく別の価格規定が行なわれるということは、すでにA・スミスの指摘したところであり、これは彼の功績の一つである。すなわちこの場合には、価格は、次のことによって――たとえば人工牧草地として畜産に利用されているが、しかし同様に一定の質をもった耕地にも転化されうる土地の生産物の価格は、同じ質をもつ耕地と同額の地代をもたらすほど十分な高さに騰貴しなければならない、ということによって規定されている。したがって、この場合には、穀作地の地代が規定的なものとして家畜の価格にはいり込むのであり、だからこそラムジーは正当にも、このようにして家畜の価格は、地代によって、土地所有の経済的表現によって、したがって土地所有によって人為的に高められる、と述べている。＊

＊〔G・ラムジー『富の分配にかんする一論』、エディンバラ、ロンドン、一八三六年、二七八―二七九ペー

ジ〕

「耕作が拡張されることによって、未耕の荒地は、食肉を供給するにはもはや不十分となる。耕作された土地の大きな部分が、家畜の飼育や肥育のために使用されなければならないし、したがって家畜の価格は、それに使用される労働〔原文は「それを世話するのに必要な労働」〕にたいして支払いをするのに足りるだけでなく、このような土地が耕地として耕作されていたなら、地主がそこから引き出しえたはずの地代や、借地農場経営者がそこから引き出しえたはずの利潤をも支払うのに足りるほど高くなければならない。まったく未耕作の泥炭地で育成された家畜でも、同じ市場へ連れていけば、重量や品質に応じて、もっともよく耕作〔原文は「改良」〕された土地で飼育された家畜と同じ価格で販売される。こういう泥炭地の所有者たちは、それによって利潤をあげ、自分たちの土地の地代をその家畜の価格に比例して引き上げるのである」（A・スミス〔『諸国民の富』〕、第一篇、第一一章、第一節〔大内・松川訳、岩波文庫、(二)、一六ページ〕）。したがってこの場合にはまた、穀物地代とは異なるものとして、差額地代が劣等地にもたらされる。

絶対地代は、一見したところでは地代が単なる独占価格のせいであるように思わせる、若干の現象を説明する。A・スミスの事例に関連づけるために、たとえば、まったく人間が関与しない、したがって造林の産物として存在するのではない、ノルウェーなどにあるような森林の所有者を取り上げてみよう。もしこの所有者に、たとえばイギリスからの需要によって木材を伐採させる資本家から地代が支払われるか、またはこの所有者が資本家として自分自身でも木材を伐採させるならば、彼には、前貸資本への利潤以外に、多かれ少なかれ地代が木材で支払われるであろう。これは、このような純粋な自然の産物の場合には、純粋な独占的割増金のように見える。しかし実際には、資本はこの場合にはほとんど労働に支出される可変資本だけからなっており、したがってまた、同じ大きさの他の資本よりも多くの剰余労働を運動させる。したがって木材価値には、より高度の構成をもつ諸資本の生産物に含まれているよりもさらに大きな、不払労働または剰余価値の超過分が含まれている。だから、平均利潤が木材から支払われうるし、多大な超過分が地代の形態で森林所有者に帰属しうる。逆に、(777)木材伐採が容易に拡張され、したがってこの生産が容易に急速に増加されうる場合には、木材の価格がその価値に等しくなり、したがって不払労働の全超過分（不払労働のうち、平均利潤として資本家に帰属する部分を超えるもの）が地代の形態で所有者に帰属するためには、需要が非常にいちじるしく増大しなければならない、と仮定しなければならない。

われわれはこれまで、新たに耕作に引き入れられる土地は、最劣等の最後の耕作地よりもより質の劣っている土地である、と仮定してきた。もしその土地がより優良な土地であれば、その土地は差額地代を生む。しかし、われわれがここで研究するのは、まさに地代が差額地代として現われない場合である。そこではただ二つの場合だけがありうる。新たに耕作に着手される土地が最後の耕作地よりも劣等であるか、またはそれと同等の質であるか、のいずれかである。この土地がより劣等であるとすれば、それはすでに研究されている。したがって、なお研究されなければならないのは、この土地が同等の質である場合だけである。

すでに差額地代のところで展開されているように、耕作が進むにつれて、同等の質の土地およびより優良な土地さえもが、より劣等な土地と同様に、新たに耕作されるようになることがありうる。

第一に、なぜなら、差額地代の場合には（また地代一般の場合には——というのは、非差額地代の場合でも、一方では土地の豊度一般が、他方では土地の位置が、規制的市場価格のもとで利潤と地代とをともなってその土地を耕作することを許すかどうかという問題が生じるからである）[*1]、二つの条件〔豊度と位置〕が逆方向に作用するからであり、これらは相互に麻痺させ合うこともあれば、一方が他方にたいして決定的な影響を与えることもありうるからである。市場価格の騰貴は——耕作の費用価格が低下していないこと、言い換えれば、技術的性質[*2]の進歩が新たな開墾をうながす新規の契機にはなっていないことを前提にすれば——以前には位置のために競争から排除されていた、より豊度の高い土地を耕作に引き入れることがありうる。または、この騰貴が、豊度のより低い土地で、より低い収益能力が埋め合わされるほど、位置の利益を高めることもありうる。または、市場価格の騰貴がなくても、位置が、交通諸手段の改良によって——北アメリカのプレーリー〔大草原〕諸州で大規模に見られるように——より優良な地所を競争に加わらせることもありうる。このことは、ウェイクフィールドが正しく述べているように[*3]位置が決定的である植民地と同じほどではないが、旧文明諸国においても絶えず起こることである。このように、第一には、位置と豊度との相反する作用、および、位置という要因——これは、絶えず均等化されるとともに、均等化をもたらそうと絶えず進行する諸変化をたどっていく——の可変性、これらが交互に、等質地、優良地、または劣等地を旧耕作地との新たな競争に加わらせる。

＊1〔草稿では、このあとに「市場価格がそうするのに十分なほど高いかどうかは、いつも土地のこの二つの条件に依存している。」と続いている〕

＊2〔草稿では「機械的その他の」となっている〕

＊3〔ウェイクフィールド『イギリスとアメリカ』、第一巻、ロンドン、一八三三年、二一四―二一五ページ（中野訳、同前、㈡、一〇―一一ページ）。なおマルクスはまた、「ロンドン・ノート」（一八五〇―一八五三年）においても、アダム・スミス『諸国民の富』にたいするウェイクフィールドの注釈に関連して、この点を指摘している〔新メガ、第Ⅳ部、第八巻、二八二―二八三ページ〕〕

（778）

第二に。自然科学と農学の発展につれて、土地の諸要素をただちに利用可能な状態にしうる諸手段が変化するので、土地の豊度も変化する。こうして、フランスとイギリス東部諸州の軽質地〔砂質のやせた土地〕が、以前には劣等地とみなされていたのに、ごく最近、一級地に向上した。（パッシーを見よ。＊）他方では、その化学的組成のせいで劣等とされたのではなく、一定の機械的‐物理的諸障害によって耕作がさまたげられていたにすぎない土地が、これらの障害を克服する諸手段が発見されて、優良地に転化される。

＊〔パッシー「地代について」、所収『経済学辞典』、第二巻、パリ、一八五四年、五一五ページ〕

第三に。すべての旧文明諸国では、古い歴史的および伝統的な諸関係が、たとえば国有地、共同地などの形態で、まったく偶然的に広大な土地を耕作から遠ざけてきて、これらの土地は徐々にしか耕作に引きいれられてこなかった。これらの土地が耕作されていく順序は、その地味にも、またその位置にも依存せず、まったく外部的な事情に依存する。もし、イギリスの共同地がどのように、土地〝囲い込み法案〟*1によってつぎつぎに私的所有に転化され、開墾されたのかという歴史をたどるならば、近代的農芸化学者、たとえばリービヒが、この順序の選択を指導して、土地の化学的属性を理由に一定の農地を耕作適合地と呼び、その他の農地を排除したのだ、とする空想的な考えほど滑稽なものはないであろう。ここで決定的であったのは、むしろ、盗人になるチャンス*2であり、大地主たちに提供された、多かれ少なかれもっともらしい土地取得の法律的口実であった。

*1〔本訳書、第一巻、一二六五―一二七二ページ参照〕
*2〔ドイツの諺「チャンスが盗人をつくる」（盗みは一時の出来心という意味）にちなむ〕

第四に。そのときどきの到達である人口と資本との増大の発展段階が土地耕作の拡大に、弾力的ではあるが、一つの制約をもうけることを度外視すれば、また、一連の有利および不利な季節のような、市場価格に一時的に影響をおよぼす偶然の作用を度外視すれば、土地耕作の空間的な拡大は、一国の資本市場と商売との状況全体に左右される。〔資本の〕逼迫期には、追加資本を耕作に振り向けるには、未耕地が借地農場経営者――彼が地代を支払うにせよ支払わぬにせよ――に平均利潤をもたらしうる
(779) ということだけでは不十分であろう。別の資本過多《プレトーラ》期には、市場価格が騰貴しなくても、他の正常な諸条件が満たされていさえすれば、資本は農耕に流れていく。従来耕作された土地よりも優良な土地が競争から排除されるとすれば、それは、実際には、位置の要因によるか、またはこれまでは打ち

破ることのできなかった、この土地の排除を可能にする諸制限によるか、または偶然によるか、だけであろう。だから、われわれは最後の耕作地と同等の質をもつ土地種類を取り上げさえすればよい。しかし、新しい土地と最後の耕作地とのあいだにはいつも開墾費という相違点があり、そして、開墾が始められるか始められないかは、市場価格や信用関係の状態*に左右される。この土地がそのとき実際に競争に参加すると、他の諸関係が同じであれば、市場価格はふたたび以前の水準に低下するが、そのさいこの新たに加わった土地は、それに照応する旧来の土地と同じ地代を生むであろう。この土地が地代を生まないであろうという仮説は、それを支持する者たちにより、まさに証明されるべきことを仮定することによって、すなわち、最後の土地は地代を生まなかったということを仮定することによって、証明されるのである。同じやり方をすれば、最後に建築された家屋は、賃貸しされるが、この建物にとっての本来の家賃以外にはなんの地代ももたらさない、ということも証明できるであろう。〔しかし〕その家屋は、家賃をもたらす以前に——というのは、家屋はしばしば長く空き家になるから——すでに地代を生んでいる、というのが事実である。ある地片への連続的資本諸投下がそれに比例した追加収穫をもたらし、したがって最初の資本投下と同じ地代をもたらしうるのとまったく同様に、最後の耕作地と同等の質をもつ農地はそれと同じ費用で同じ収穫をもたらしうる。そうでなければ、どうして同じ地味の農地がこれまで徐々に耕作されてきて、すべてが一挙に耕作されないのか、あるいはむしろ、どうしてすべての農地の競争を招かないために一つも耕作されないのか、ということは、およそ不可解であろう。土地所有者はいつでも、地代を引き出そうと、すなわち無償でなにかを手に入れようと待ちかまえている。しかし、土地所有者のこの望みをかなえるには、資本には一定の諸事情が必要である。地所相互の競争は、だから、土地所有者がそれらの地所を競争させようと望むことに依存するのではなく、新たな農地で〔古い〕他の農地と競争しようとする資本が存在することに依存する。

＊〔草稿では、「市場価格の状態や市場全体の姿態」となっている〕

本来の農耕地代が単なる独占価格である限りでは、この独占価格は小さなものでしかありえず、同じくこの場合には絶対地代もまた、正常な諸関係のもとでは――生産物の生産価格を超える生産物の価値の超過分がどのようなものであれ――小さなものでしかありえない。したがって絶対地代の本質は、次のことにある――すなわち、異なる生産諸部面にある同じ大きさの諸資本は、同じ剰余価値率または同じ労働搾取のもとでは、それらの資本の平均構成の相違に応じて異なる量の剰余価値を生産する、ということにある。工業においては、この異なる量の剰余価値が平均利潤に均等化されて、社会資本の可除部分としての個々の資本に均等に配分される。生産が――農業のためであれ、原料採取のためであれ――土地を必要とするやいなや、土地所有は、土地に投下された諸資本にたいするこの均等化をさまたげ、土地所有がなければ一般的利潤率への均等化に加わるであろう剰余価値の一部分を横取りする。(780) その場合、地代は、諸商品の価値の一部分、詳しく言えば剰余価値の一部分をなすが、この部分は、それを労働者たちからしぼり出した資本家階級にではなく、それを資本家たちから取り上げる土地所有者たちのものになる。この場合には、農業資本は非農業資本の同じ大きさの部分よりも多くの労働を運動させる、ということが前提されている。両者のこの背離がどれほどなのか、またはもともとこの背離が存在するのかどうかは、工業に比べての農業の相対的な発展に依存する。資本の可変部分が不変部分に比べて減少する割合が、工業資本の場合のほうが農業資本の場合よりも依然として大きいということでなければ、事の性質上当然ながら、農業の進歩につれてこの格差は減少するに違いない。

この絶対地代は、本来の採取産業――そこでは、不変資本の一要素である原料がまったく見られず、また、機械その他の固定資本からなる部分が非常に重要である部門を除外すれば、もっとも低い資本構成が無条件に支配している――では、なおいっそう重要な役割を演じる。地代がもっぱら独占価格によるものであるように見えるこの場合にこそ、諸商品がその価値どおりに売られるためには、または地代が商品の剰余価値のうち商品の生産価格を超える超過分全体に等しくなるためには、例外的に好都合な市場諸関係が必要である。たとえば漁場、採石場、原生林などの地代の場合がそうである。(三七)

(三七)　リカードウはこのことをたいへん皮相にかたづけている。ノルウェーの森林地代についてアダム・スミスに反対している個所、『原理』第二章の冒頭を見よ。*

*〔リカードウ『経済学および課税の原理』、第三版、ロンドン、一八二一年、五四―五五ページ（堀訳『リカードウ全集』Ⅰ、雄松堂書店、八〇―八一ページ）。『資本論草稿集』6、大月書店、三五〇―三五四ページ参照〕

（781）

第四六章　建築地地代。鉱山地代。土地価格*

＊〔草稿には章の区分も表題もなく、第四五章の末尾の文章に続けて、その次の行から書かれている。「地代を論じるべき場合の諸項目」では表題は「土地価格」となっている（本訳書、第三巻、一二九八ページ）〕

差額地代は、およそ地代の存在するところにはどこでも登場し、またどこでも農業における差額地代と同じ法則に従う。自然諸力が独占可能であり、この諸力を使用する産業家たちに超過利潤を保証するところではどこでも――それが落流であろうと、豊かな鉱山であろうと、魚類の豊富な水域であろうと、位置にめぐまれた建築地であろうと――、地球の一部分にたいする自分の権原によってこの自然諸対象の所有者であると刻印されている者が、機能資本から、この超過利潤を地代の形態で横領する。建築を目的とする土地について言えば、Ａ・スミスは、その地代の基礎が、すべての非農業地所のそれと同じく、どのように本来の農耕地代によって規制されているかを論述した（〔『諸国民の富』〕第一篇、第一一章、第二節および第三節）。この地代は次のことによって特徴づけられる。第一に、この場合に位置が差額地代におよぼす圧倒的影響によって（たとえば、ブドウ園の場合および大都市における建築敷地の場合に、この影響が非常に顕著である）。第二に、一目瞭然に明白な、所有者のまったくの受動性によって。所有者の能動性はもっぱら（とくに鉱山の場合）、社会的発展の前進を搾取することにあり、産業資本家とは異なって、みずからはそうした前進にはなんの貢献もせず、またそのためになんの危険もおかさないのである。最後に、多くの場合には独占価格が支配的であり、とくに貧困の破廉恥きわまりない搾取が支配的であることによって（というのは家賃にとって貧困は、スペインにとってかつてのポトシ鉱山[*1]がそうであった以上に儲かる源泉だからである）[三八]、また、この（782）土地所有が、同じ人の手のなかで産業資本と結合して、この産業資本に、労賃をめぐって闘争中の労働者たちを彼らの住居である大地から実際に締め出すことを可能にする場合に[三九]、この土地所有が与える途方もない力によって。およそ土地所有には、大地の身体、大地の内臓、大気を、したがって生命の維持および発達を利用する所有者の権利が含まれているものであるが、この場合には、社会の一部分が、他の部分に、この大地に住むことを許す権利にたいする貢納を要求するのである。人口の増加、したがって住居にたいする需要の増大ばかりでなく、大地に合体されるか、または大地に根をおろし、大地に基礎をおく固定資本――すべての産業用の建物、鉄道、倉庫、工場用建物、ドックなどのような――の発展も、必然的に建築地地代を増加させる。家屋に投下された資本の利子および償却である限りでの家賃と、単なる土地にたいする地代とを混同することは、この場合、たとえケアリ流の善意によるものであっても不可能であり[*2]、とくに、イングランドにおけるように、土地所有者と建築投機師とがまったく別人物である場合にはそうである。ここでは二つの要素が問題となる。すなわち、一方では、再生産または採取を目的とする大地の利用であり、他方では、あらゆる生産およびあらゆる人間活動の要素として必要とされる空間である。そして、どちらの側面からも土地所有はその貢納を要求する。建築地にたいする需要は、空間および地盤としての土地の価値を高め、他方、そのことに

よって同時に、建設材料として役立つ大地の身体の諸要素にたいする需要も増大する。(四〇)

(三八)　ラング、ニューマン。*3

(三九)　クラウリントンのストライキ。*4 エンゲルス『イギリスにおける労働者階級の状態』、〔一八四五年版、〕三〇七ページ（一八九二年版、二五九ページ）〔浜林正夫訳、古典選書、新日本出版社、二〇〇〇年、下、一〇二ページ、邦訳『全集』第二巻、四九〇―四九一ページ〕。

(四〇)　「ロンドンの街路の舗装は、スコットランドの海岸の若干の裸岩の所有者が、これまで絶対に無用であった岩地から地代を引き出すことを可能にした」（A・スミス〔『諸国民の富』〕、第一篇、第一一章、第二節〔大内・松川訳、岩波文庫、(二)、四五ページ〕）。

＊1〔一五四五年に発見された南米ボリヴィア南部の銀山。一五四七年のスペイン征服後、スペイン支配階級に莫大な富をもたらした〕

＊2〔英語の rent は「地代」と「家賃」の両義を含み、混同されることにちなむ〕

＊3〔マルクスが指示しているのは、S・ラング『国民的困窮』、ロンドン、一八四四年、およびF・W・ニューマン『経済学講義』、ロンドン、一八五一年のことである〕

＊4〔一八六五年にイングランド北部ノーサンバランド州クラムリントンの炭鉱で起きたストライキのことと思われる。六月半ばから賃上げを求めてストライキにはいっていた労働者たちとその家族にたいして、炭鉱所有者たちは一〇月、炭鉱付属の住宅からの退去を求めた。なお、以下『イギリスにおける労働者階級の状態』についてはエンゲルスによる追加〕

急速に発展しつつある諸都市では、とくにロンドンでのように、建築が工場式に経営されるところでは、家屋ではなく地代が建築投機の本来の根本対象となっているが、その一例は、すでに、第二部、

（783）

第一二章、二一五、二一六ページ〔本訳書、第二巻、三七六―三七七ページ〕に、一八五七年の銀行委員会でのロンドンの大建築投機師エドワード・キャップスの供述というかたちで掲げておいた。その供述の第五四三五号〔『銀行法にかんする報告書』、一八五七年、第一部〕で、彼は次のように言う――「出世を願う者は、堅実な事業を守りぬくことで出世できると期待することはほとんどできないと思います。……彼は、さらに、必ず思惑で建築をしなければなりません。〔……〕しかも、大規模にです。というのは、建築請負業者は、建築物そのものからはほんのわずかの利潤をあげるだけだからです。彼はその主要な利潤を地代の増加から得るのです。彼が、たとえば、一片の土地を借り受けて、これに年々三〇〇ポンドを支払うとしましょう。もし彼が、綿密な建築計画に従って、適当な種類の住宅をその土地に建てるとしますと、彼は、そこから、年々四〇〇または四五〇ポンドをあげることができますが、彼の利潤は、〔……〕建築物からの利潤――こういうものは多くの場合、ほとんどいささかも彼の念頭にありません――であるよりは、むしろ、年々一〇〇または一五〇ポンドの地代増加分だということになりましょう」。この場合、忘れてならないことは、たいてい九九ヵ年の賃貸借契約が満了したのちには、土地は、その上に建てられているすべての建築物とともに、また、その期間中に普通二、三倍以上に増加した地代とともに、建築投機師またはその権利継承者から、ふたたび元の最終土地所有者に復帰するということである。

本来の鉱山地代は、農耕地代とまったく同様に定められている。*「鉱山〔原文は「炭鉱」。以下同じ〕によっては、その生産物が、労働に支払いをし、それに投下される資本を通常の利潤とともに補填するのにやっとであるようなものもある。これらの鉱山は、企業家にはいくらかの利潤をもたらすが、土地所有者にはなんの地代ももたらさない。これらの鉱山が有利に採掘されうるのは、自分自身の企業家として自分の投下した資本から通常の利潤をあげる土地所有者によってのみである。スコットランドの多くの炭鉱がこの方法で経営されており、他の方法では経営することができない。土地所有者は、地代を支払わずにこれを経営することを他のだれにも許さない〔であろう〕が、しかしそれにたいして地代を支払える者はだれもいない」（A・スミス〔『諸国民の富』、第一篇、第一一章、第二節〔同前訳、岩波文庫、㈡、四九ページ〕〕）。

＊〔草稿では、「定められている」は「規制される」となっている〕

地代とはかかわりのない、諸生産物または土地そのものの独占価格が存在するから地代が独占価格から流出してくるのか、それとも地代が存在するから諸生産物が独占価格で売られるのか、ということを区別しなければならない。われわれが独占価格という場合に、一般にわれわれが意味するのは、一般的生産価格によって規定される価格にも、諸生産物の価値によって規定される価格にもかかわりなく、買い手たちの購買欲と支払能力とによってのみ規定されている価格のことである。まったく異例に良質なブドウ、一般に、比較的少量しか産出されえないブドウを産するブドウ畑は、独占価格をもたらす。ブドウ栽培者は、この独占価格――生産物の価値を超えるこの独占価格の超過分は、もっぱら上流階級のブドウ酒愛飲家たちの富と嗜好とによって規定されている――の結果、多額の超過利潤を実現するであろう。この場合に独占価格から出てくるこの超過利潤は、地代に転化し、地代の形

（784）

態で土地所有者に帰属するが、それは、大地の身体のうち特別な諸属性をそなえたこの地片にたいする土地所有者の権原の結果である。したがって、この場合には独占価格が地代を創造する。[*1] 逆に、土地所有が未耕地での無地代の資本投下に加える制限の結果として、穀物がその生産価格を超えるだけでなくその価値を超えて売られる場合には、地代が独占価格を創造するであろう。[*2] 若干の人々に、社会の剰余労働の一部分を貢納として取得し、生産の発展につれてますます大きな度合いで取得することを可能にするのは、地球の所有[*3]にたいするそれらの人々の権原にほかならないということは、次のような事情によって隠蔽される、すなわち、資本還元された地代、したがって、まさにこの資本還元された貢納が土地の価格として現われ、したがって、土地は他のあらゆる取引物品と同じように販売されうるという事情である。だから、〔土地の〕買い手にとっては、地代にたいする彼の請求権は、無償で与えられるもの――資本の労働、危険、および企業精神なしに無償で与えられるもの――として現われるのではなく、その等価を支払ったものとして現われる。彼にとっては、すでに以前に述べたように、地代は、彼が土地を、したがって、地代の請求権を買うのに投じた資本の利子としてのみ現われる。それは、黒人を買った奴隷所有者にとっては、彼の黒人所有が、奴隷制度そのものによって得られたのではなく、商品の売買によって得られたものとして現われるのとまったく同じである。しかし、権原そのものは、販売によって生み出されるのではなく、ただ移転されるにすぎない。権原は、それが販売されうる前に、存在していなければならないのであり、一回の販売が権原を創造することができないのと同じように、一連のこうした販売も、販売の恒常的な反復も、この権原を創造することはできない。およそ権原を創造したものは、生産諸関係であった。この生産諸関係が脱皮せざるをえない点に到達すれば、権原の、および権原にもとづいたいっさいの取り引きの、物質的な源泉、経済的・歴史的に正当化された源泉、社会的生活生産の過程から生じる源泉は、消滅する。より高度の経済的社会構成体の立場からは、各個人による地球の私的所有は、ある人間による他の人間の私的所有と同じくまったくばかげたものとして現われるであろう。一社会全体でさえ、一国民でさえ、それどころか同時代のすべての社会を一まとめにしたものでさえ、大地の所有者ではない。それらは大地の占有者、土地の用益者であるにすぎないのであり、〝よき家父長たち〟として、これを改良して次の世代に遺さなければならない。

*1〔「したがって」以下の文はエンゲルスによる〕
*2〔草稿では、ここで改行され、「若干の人々」からこのパラグラフの末尾まで角括弧でくくられている〕
*3〔草稿では、「所有」は「私的所有」になっている〕

―――――――*

*〔草稿にはこの区分線はない〕

(785) 以下に行なう土地価格の研究では、競争のすべての変動、* すべての土地投機を度外視し、あるいは、大地が生産者たちの主要な用具をなし、したがってどのような価格ででも彼らによって購入されなければならない事情にある小土地所有をも度外視する。

＊〔草稿では、「競争のすべての変動」は「すべての競争諸関係」となっている〕

Ⅰ　土地の価格は、地代が騰貴しなくても騰貴しうる。すなわち、

（一）　利子率の単なる下落によって。これによって地代がより高く売られるようになり、したがって、資本還元された地代である土地価格が増大することになる。

（二）　土地に合体された資本の利子が増大するから。

Ⅱ　土地の価格は、地代が増大するから騰貴しうる。

地代が増大しうるのは、土地生産物の価格が騰貴するからである。この場合には、最劣等耕地での地代が大きいか、小さいか、全然現存しないかを問わず、つねに差額地代の率は高まる。ここで率というのは、剰余価値のうち地代に転化する部分の、土地生産物を生産する前貸資本にたいする比率のことである。この率は、超過生産物の総生産物にたいする比率とは異なる。というのは、総生産物は、前貸資本全体を、すなわち、生産物とならんで存在し続ける固定資本を含まないからである。これに反して、差額地代を生む土地種類では、生産物のますます増大する部分が過剰な超過生産物に転化するということには、これ〔右の率〕が含まれている。最劣等地では、土地生産物の価格騰貴がはじめて地代を、したがって、土地の価格を創造する。

＊〔草稿では、ここまでは前の文に続けて書かれており、そのあと改行し、そこに「1)」と付されている〕

しかし、地代は、土地生産物の価格が騰貴しなくても増大しうる。＊土地生産物の価格は不変のままのこともありうるし、低下することさえありうる。

＊〔草稿では、「しかし」以下が「(2)　土地生産物の価格が騰貴しない場合。」となっている〕

＊1土地生産物の価格が不変のままである場合には、地代は（独占価格を度外視すれば）、次の二つの理由のいずれかによってのみ増大しうる。＊2すなわち、一つには、旧来の地所での資本投下の大きさは同じままで、より優良な新しい地所が耕作されるからである――ただしこの地所は、増大した需要を満たすにちょうど足りるだけであり、その結果、規制的市場価格は不変のままである。この場合には、旧来の地所の価格は騰貴しないが、新たに耕作に着手した土地の価格は旧来の地所の価格を超えて騰貴する。

＊1〔草稿では、このパラグラフの冒頭に「a)」と書かれている。この「a)」に続く「b)」は、本訳書、第三巻、一三九〇ページの訳注＊を見よ〕

＊2〔草稿では、「すなわち、一つには」の前に、「α)」と書かれている〕

＊1もう一つには、地代が増加するのは、不変のままの相対的豊度と不変のままの市場価格のもとで、土地を利用する資本の総量が増大するからである。したがって、地代は前貸資本にたいする比率においては同じままであるとはいえ、たとえば地代の総量は、資本そのものが二倍になったから、二倍になる。価格の低下は生じていないから、第二次資本投下も第一次資本投下と同等の超過利潤をもたらすのであり、この超過利潤は借地期間の経過後には同じように地代に転化する。この場合に地代の総
(786)量が増加するのは、地代を生む資本の総量が増加するからである。同じ土地での別々の連続的資本投下は、それらの収益が等しくなく、したがって差額地代が生じる限りでのみ、地代を生み出しうると

いう主張は、次の主張、すなわち収益の等しい二つの農地にそれぞれ一〇〇〇ポンドの二つの資本が投下されている場合には、この二つの農地が差額地代をもたらすより優良な土地等級に属していても、その一方だけが地代をもたらしうるという主張に帰着する。（だから、地代収入の総額、一国の総地代は、個々の地片の価格、または地代率、あるいはまた、個々の地片での地代量が必ずしも増大しなくても、資本投下の総量とともに増大する。この場合には、地代収入の総額は、耕作の空間的拡張とともに増大する。しかもこの増大は、個々の諸地所での地代の減少とも結びつきうる。）そうでないとすれば、この主張は、もう一つの別の主張、すなわち、二つの異なる地片での並立的資本投下は、同じ地片での連続的資本投下とは別の法則に従うという主張に帰着するであろう——ところが一方で人は、まさにこの差額地代を、双方の場合における法則の同一性から、つまり、同一の農地でも別々の農地でも、そこでの資本投下の収益の増大から、導き出すのである。この場合に存在していて見落とされる唯一の相違は、連続的資本投下は、それが空間的に異なる土地になされる場合には土地所有の制限[*2]にぶつかるが、同一の土地での連続的資本諸投下の場合には、そうはならない、ということである。ここから、資本投下のこれらの異なる諸形態が実際上相互に制限し合うという対立的作用も生じる[*3]。この場合には、資本による区別は決してはいり込まない。資本の構成が同じままで、剰余価値率も同じままであれば、利潤率も不変のままであり、したがって、資本が二倍になれば利潤量も二倍になる。同様に、仮定された諸関係のもとでは、地代率も同じままである。一〇〇〇ポンドの資本が2xという地xという地代をもたらすとすれば、前提された事情のもとでは、二〇〇〇ポンドの資本は2xという地代をもたらす。しかし、土地面積――仮定によれば二倍の資本が同一の農地で働くのだから、これは不変のままである――について計算すれば、地代の総量の増加の結果として地代の高さも増加している。二ポンドの地代をもたらした同じ一エーカーが、いまでは四ポンドをもたらす。(四一)

(四二)　この点を展開したことはロートベルトゥスの功績の一つであり、地代にかんする彼の重要著作については、第四部で立ち返るであろう。[*4] ただし、彼は次の諸点で誤りを犯している。第一には、資本については、利潤の増大がいつも資本の増大としても表現され、その結果、利潤の総量が増大しても比率は変わらないと想定していることである。しかし、これは誤りである。というのは、資本の構成が変化する場合には、労働の搾取が同じままであるにもかかわらず、利潤率は、まさに、資本の可変部分と比べた不変部分の価値の割合が減少するという理由で、増加しうるからである。[*5]――第二に、彼が犯している誤りは、ある量的に決まった地片、たとえば一エーカーの土地にたいする貨幣地代の右のような比率を、古典派経済学が地代の増減にかんして研究するさいに、一般的に想定しているものとして取り扱っていることである。これもまた、誤りである。古典派経済学は、地代をその現物形態で考察する限りでは、いつでも、地代の率を生産物との関連で取り扱い、地代を貨幣地代として考察する限りでは、いつでも、地代の率を前貸資本との関連で取り扱う。なぜなら、事実、そうするのが合理的な表現だからである。

＊1〔草稿には、「もう一つには、地代が増加するのは、」はなく、このパラグラフの冒頭に「β)」と書かれている〕

＊2〔草稿では、「制限」は「限界」となっている〕

＊3〔草稿では、「実際上」以下は「相互に相手にたいして形成する抑制も」となっている〕

＊4〔草稿では、いったん「のちに」と書かれ、「第四部で」と訂正されている〕

＊5 〔「重要著作」とは、ロートベルトゥスの『フォン・キルヒマン宛の社会的書簡。第三書簡』、ベルリン、一八五一年（山口正吾訳『改訳　地代論』、岩波文庫、一九五〇年）をさす。これについてのマルクスの批判は、『資本論草稿集』6、大月書店、五一一五四、二一一―二二七ページ、または、邦訳『全集』第二六巻（『剰余価値学説史』）、第二分冊、三―一三七、一八八―二〇四ページ、に示されている〕

(787)

剰余価値の一部分の、すなわち貨幣地代の――というのは、貨幣は価値の自立的表現であるから――、土地にたいする比率とは、それ自体で、ばかげた不合理なことである。というのは、ここで互いにはかり比べられるのは、同じ単位で計量できない大きさ、すなわち、一方では一定の使用価値である何平方フィートかの地片と、他方では価値、とくに剰余価値であるからである。事実、このことが表現しているのは、所与の諸関係のもとでは、何平方フィートかの土地の所有は、土地所有者に、その何平方フィートかを豚がジャガイモを掘り返すように掘り返す資本〔草稿では、ここで括弧の中にリービヒと書いてから消してある〔F・エンゲルス〕〕が実現した不払労働の一定分量を横取りすることを可能にする、ということだけである。しかし、この表現は、〝明らかに〟、一枚の五ポンド券の地球の直径にたいする比率を論じようとするのと同じことである。[＊1]けれども不合理な諸形態――一定の経済的諸関係がそこに現われ、しかも実際そこに総括される――の諸媒介は、こうした諸関係の実際の担い手たちにはその日常生活のなかではなんのかかわりもない。また、彼らはこの諸関係のなかで動くことに慣れているので、彼らの理性はそれと少しの衝突も感じない。まったくの矛盾も、彼らにとっては決して不可思議でもなんでもない。内的連関から疎外された、それだけ孤立してとらえられた、ばかばかしい現象諸形態のなかで、彼らは、まるで水中の魚のようにくつろぎを覚える。ここでは、ヘーゲルがある種の数学〔幾何学〕の諸定式について述べていること、すなわち、常識が不合理と見るものは合理的なものであり、常識にとって合理的なものは不合理そのものであるということ[*2]があてはまる。[*3]

＊１〔草稿では、「地球の」は「地球の、または他の一天体の」となっている〕

＊２〔ヘーゲル『エンチクロペディー』、第一部「論理学」、所収『著作集』、第六巻、ベルリン、一八四〇年、〔第三部、概念論、第二三一節、〕四〇四ページ（真下信一・宮本十蔵訳『ヘーゲル全集』１「小論理学」、岩波書店、一九九六年、五〇七ページ）〕

＊３〔草稿では、このあと改行なしで、角括弧でくくられた文章が続く。マルクスは、この文章を、「三位一体的定式」の章に移すことを指示した。エンゲルスは、これを第七篇第四八章におき、「Ⅲ」とした〕

土地面積そのものに関連して考察すれば、こうして、地代の総量の増加が、地代の率の増加とまったく同じものとして表現されるのであり、一方の場合を説明するであろう諸条件が他方の場合に欠けているときに、そこから当惑が生じる。

(788) しかし、土地価格は、土地生産物の価格が下がる場合でも、騰貴しうる。[*]

＊〔草稿では、「しかし」以下は「b）　土地生産物の価格が下がる場合。」となっている〕

この場合には、格差の拡大によって、より優良な諸地所の差額地代、したがって土地価格が増加していることがありうる。または、そうでない場合には、労働の生産性の増加によって土地生産物の価格は低下したが、生産の増加がこの低下を補って余りがあるということもありうる。一クォーターが六〇シリングかかったとしよう。同じ一エーカーから、同じ資本で一クォーターでなく二クォーターが生産され、そして一クォーターが四〇シリングに低下するとすれば、二クォーターでは八〇シリングとなり、その結果、一クォーターあたりの価格は三分の一だけ低下しているにもかかわらず、同じ一エーカーでの同じ資本の生産物の価値は三分の一だけ増加している。このようなことが、生産物がその生産価格または価値よりも高く売られることなしに、どのようにして可能となるのかは、差額地代のところで展開された。それは、実際には、二つの仕方でのみ可能である。一つには、差額地代が増大する場合、すなわち、一般的改良が異なる土地種類に不均等に作用する場合には、より劣等な土地は競争圏外に駆逐されるが、より優良な土地の価格は増大する。もう一つには、最劣等地で同じ生産価格が（また、絶対地代が支払われる場合には同じ価値が）、労働の生産性が増加したせいで、より大きな総量の生産物で表わされる場合である。生産物は相変わらず同じ価値を表わし、その可除部分の価格は低下しているが、他方でこの可除部分の総数は増加している。〔前と〕同じ資本が使用される場合には、これは不可能である。というのは、この場合には、つねに同じ価値が生産物の任意の各量に表現されるからである。しかし、それは、石膏、グアノ〔南米ペルー太平洋岸に多い海鳥の糞で、肥料に用いられる〕などのために、要するに多年にわたって作用する諸改良のために、資本追加が行なわれた場合には、可能である。そのための条件は、一クォーターあたりの価格は低下するが、クォーター数が増大するのと同じ比率では低下しない、ということである。

Ⅲ　地代が騰貴する場合の、したがって土地価格が全般的にまたは個々の土地種類について騰貴する場合の、こうしたさまざまな条件は、部分的に競合しうるし、部分的に排除し合って、ただ交互に作用しうるだけである。しかし、これまで展開したことから言えることは、土地価格の騰貴からただちに地代の増加を推論することはできないし、また、地代の増加——これはつねに土地価格の騰貴をともなう——からただちに土地諸生産物の増加を推論することはできない、ということである。(四二)

(四二)　地代が増加しながら土地価格が低下する場合の事実については、パッシーを見よ。*

＊〔H・パッシー「地代について」、所収『経済学辞典』、第二巻、パリ、一八五四年、五一一ページ〕

---

(789)

土地疲弊の真の自然的諸原因——なおこれは、差額地代について書いたすべての経済学者に、その当時の農芸化学の水準のせいで知られていなかったものであるが——をさかのぼって究明する代わりに、空間的に限定された農地に思うがままの量の資本を投下することはできない、という浅薄な見解が利用されてきた。たとえば、『エディンバラ・レヴュー』*がリチャード・ジョウンズに反対して、ソーホー・スクウェア〔ロンドンのウェストミンスター区の一地域〕の耕作によって全イングランドを養うことはできない、と主張したように。もし、これが農業の特殊な短所とみなされるとすれば、まさにその反対こそが真実である。農業では、連続的資本諸投下が実りをもたらすものとして行なわれうるが、それは、大地そのものが生産用具として作用するからであり、そうしたことは、大地が、土台として、場所として、空間的作業基地としてしか機能しない工場では、見られないか、非常に狭い限界内でのみ見られることである。確かに〔工場では〕、細分されている手工業と比べて、小さな空間に巨大な生産設備を集中することが可能であるし、大工業はそうするのである。しかし、生産力の発展段階を与えられたものとすれば、いつも一定の空間が必要であり、高層建築にも一定の実際的限界がある。この限界を超えれば、生産の拡張にはまた土地面積の拡大が必要になる。機械などに投下された固定資本は、使用によって改良されるのではなく、反対に摩滅する。新たな諸発明によって、ここでも個々の諸改良は行なわれうるが、生産力の発展を与えられたものと前提すれば、機械は劣化しうるだけである。生産力が急速に発展する場合には、古い機械全体はいっそう有利な機械によって置き換えられ、したがって滅失せざるをえない。これに反して、大地は、正しく取り扱えば、絶えず改良される。以前の資本諸投下が滅失することなしに連続的資本諸投下が利益をもたらすことができる、という大地の長所は、同時に、これらの連続的資本諸投下の収益格差の可能性を含んでいる。

＊〔初版では『ウェストミンスター・レヴュー』となっていた。モスクワ英語版、ヴェルケ版で訂正。その当時出版されたばかりのジョウンズの『富の分配……にかんする一論』にたいする無署名の書評をさしている。『エディンバラ・レヴュー』第五四巻、一八三一年八―一二月、九四―九五ページ参照〕

（790）

第四七章　資本主義的地代の創生記*

＊〔草稿には章の区分および表題はない〕

第一節　緒　論*

＊〔草稿には節の区分および表題はない〕

資本主義的生産様式の理論的表現としての近代の経済学の立場からみて、地代を取り扱う困難はそもそもどこにあるのか——人はそのことを明らかにしなければならない。比較的新しい著述家たちの大多数によってさえ、このことが、依然として理解されていないことは、地代を「新たに」説明しようとして繰り返されるあらゆる試みが証明している。この場合、新しさはと言えば、ほとんどつねに、ずっと前に克服された立場への逆もどりということなのである。困難は、農業資本によって生み出される剰余生産物およびそれに照応する剰余価値[*1]一般を説明することにあるのではない。この問題は、むしろ、投下される部面がどこであるかにかかわりなく、すべての生産的資本が生み出す剰余価値の分析によって解決されている。困難は次の点を証明することにある。すなわち、異なる諸資本のあいだで剰余価値が平均利潤に——すなわち、すべての生産部面で社会的資本が一緒に生み出した総剰余

（791）

価値のなかから諸資本がその相対的大きさに照応して受け取る比例的分け前に――均等化されたのちに、この均等化ののちに、すなわち、およそ分配の可能ないっさいの剰余価値が外見上すでに配分され終わったのちに、さらになお、土地に投下された資本が地代という形態で土地所有者に支払う、この剰余価値の超過の部分はいったいどこから生じてくるのか、ということを証明することにある。土地所有に対抗する産業資本の代弁者としての近代の経済学者を刺激して、この問題を研究するよう駆り立てた実際的諸動機――これらの動機についてはは地代〔論〕の歴史にかんする章で詳しく述べるであろう[*2]――をまったく度外視すれば、この問題は理論家としての彼らにとって、決定的に興味のあるものであった。農耕に投下された資本にとって、地代という現象は、投下部面そのものの特殊な作用から生じるもの、地殻そのものに備わっている諸属性から生じるものであると認めるとすれば、それは、価値概念そのものを放棄すること、したがって、この領域における科学的認識のいっさいの可能性を放棄することを意味した。地代は土地生産物の価格から支払われるということ――これは、地代が現物形態で支払われるところで、借地農場経営者が彼の生産価格を手に入れようとする場合にさえ、生じることである――に単に気づきさえすれば、この価格が通常の生産価格を超過していること、したがって農耕生産物が相対的に高価であることを、農業の自然発生的生産性が他の産業諸部門の生産性を超過していることから説明することのばかばかしさは明らかであった。というのは、逆に、労働が生産的であればあるほど、同じ分量の労働したがって同じ価値を表わす使用価値の総量がますます大きくなるので、労働の生産物の各可除部分はますます廉価になるからである。

＊１〔草稿では、「剰余生産物」以下は「剰余価値およびそれに照応する超過生産物」となっている〕
＊２〔『資本論草稿集』６、大月書店、一五五―二二七ページ、または邦訳『全集』二六巻（『剰余価値学説史』、第二分冊、一三八―二〇四ページ参照〕

したがって、地代の分析における全困難は、平均利潤を超える農業利潤の超過分を説明することに、剰余価値をではなく、この生産部面に独自な超過剰余価値を、したがってまた、「純生産物」をではなく、他の産業諸部門の純生産物を超えるこの純生産物の超過分を説明することにあった。平均利潤そのものは、まったく特定の歴史的生産関係のもとで行なわれる社会的生活過程の産物、その形成物であり、すでに見たように、非常に入り組んだ媒介を前提とする産物である。およそ、平均利潤を超える超過分について語りうるためには、この平均利潤そのものが度量基準として、また――資本主義的生産様式においてそうであるように――生産一般の調節器として確立されていなければならない。したがって、いっさいの剰余労働を強制し、いっさいの剰余価値を直接にみずから取得するという機能を果たす資本がまだ存在せず、したがって、資本がまだ社会的労働を包摂していないか、またはただ散発的にしか包摂していない社会諸形態においては、近代的な意味での地代、平均利潤を超える超過分としての地代、すなわち、社会的総資本によって生産された剰余価値にたいする各個別資本の比例的な分け前を超える超過分としての地代は、およそ問題になりえないのである。たとえばパッシー氏（後段を見よ）が、すでに原始状態においてさえ、地代のことを、利潤――歴史的に規定された、剰余価値の社会的形態――を超える超過分として語るならば、＊そのことは彼の愚かさを示すものである。つまり、パッシー氏によれば、それはおそらくは社会なしにでも存在しうる形態であるというのである。

＊〔H・パッシー「地代について」、所収『経済学辞典』、第二巻、パリ、一八五四年、五一一ページ〕

(792)
およそ、その当時なお未発達であった資本主義的生産様式の分析にはじめてとりかかった古い経済学者たちにとっては、地代の分析にはおよそなんの困難もなかったか、困難はあっても、それはまったく別種のものであった。ペティ、カンティロン、一般に、封建期により近いところにいる著述家たちは、地代を剰余価値一般の正常な形態とみなしており、＊他方、利潤は、彼らにとっては、まだ不明確に労賃と溶け合っているか、または、せいぜいのところ、この剰余価値のうち、資本家によって土地所有者から強奪された一部分として現われるか、である。したがって、彼らはまた次のような状態から、すなわち、第一に、農業人口がまだ国民のはるかに圧倒的な部分をなし、また第二に、土地所有者がまだ、土地所有の独占を媒介として、直接生産者たちの超過労働を直接に取得する人物として現われ、したがって土地所有もまだ生産の主要な条件として現われる、という状態から出発する。彼らにとっては、逆に、資本主義的生産様式の立場から、土地所有が、資本によって生産され（すなわち、直接的生産者たちからしぼり取られ）、かつ、すでに直接に取得された剰余価値の一部分を、どのようにしてふたたび資本から奪い取ることができるのかを探究させようとする問題提起は、なおまだ存在しえなかった。

＊〔剰余価値の正常な形態としての地代については、ペティ『租税貢納論』、ロンドン、一六六七年、一二三―

二四ページ（大内兵衛・松川七郎訳、岩波文庫、一九五二年、七六―七七ページ）で述べられている。なおマルクスのペティの見解の検討については、『資本論草稿集』5、大月書店、一九八〇年、二七九―二八〇、三二二ページ、同9、一九九四年、四八四―四九四、六〇一―六〇六ページ、または邦訳『全集』第二六巻（『剰余価値学説史』）、第一分冊、一九九―二〇一、四四三―四五九ページ参照。カンティロンの同様な見解については、『商業一般の性質にかんする論考』、所収『政治論集』、第三巻、アムステルダム、一七五六年（初版、一七五五年、パリで刊行。津田内匠訳『商業試論』、名古屋大学出版会、一九九二年）参照）

重農主義者たちの場合には、困難はすでに性質が異なっている。実際に資本の最初の体系的な代弁者として、彼らは剰余価値一般の性質を分析しようとする。この分析は、彼らにとっては、剰余価値が存在する唯一の形態である地代の分析と一致する。だから、地代を生む資本または農業資本は、彼らにとっては、剰余価値を生み出す唯一の資本であり、また、この資本によって運動させられる農業労働は、剰余価値を生産する唯一の労働、したがって資本家的立場からすれば、まったく正当に、唯一の生産的労働なのである。剰余価値を生産することは、彼らにとっては、まったく正当に、規定的なものとしての意義をもつ。彼らは、第四部で論述する予定の他の功績を別とすれば[*1]、まず第一に、重商主義とは対立して、流通部門でのみ機能する商業資本から生産的資本に立ち返るという偉大な功績をあげている。重商主義はその粗野な実利主義によって、当時の真の俗流経済学を形成し、この俗流経済学の実用的関心の前には、ペティとその後継者たちとによって始められた科学的分析はまったく後景に押しやられたのである。ちなみに、ここで重商主義の批判のさいに問題とするのは、その資

（793）本と剰余価値とについての見解だけである。すでに、以前に述べておいたように、*2 重金主義は、世界市場のための生産と、生産物の商品への、したがって貨幣への転化とを、正しく資本主義的生産の前提であり条件であると布告する。重金主義の後継である重商主義では、決定的なのは、もはや商品価値の貨幣への転化ではなく、剰余価値の生産――ただし、流通部面の没概念的立場から見ての、しかも同時に、この剰余価値が超過貨幣として、貿易差額の超過として現われるような剰余価値の生産である。しかし重商主義は、同時に、当時の利己的な商人たちと製造業者たちを正しく特徴づけるものであり、また次の点で、彼らによって代表される資本主義的発展の時代にふさわしいものである――すなわち、封建的農耕諸社会から産業的諸社会に転化するさいには、またそれに照応する世界市場での諸国民の産業戦のさいには、資本の加速的発展が重要であり、それはいわゆる自然にのっとった方法によってではなく、強制手段によって達成されなければならないとする点で。国民的な資本が漸次的に緩慢に産業資本に転化していくのか、それとも、保護関税を媒介として、主として土地所有者たちや中小の農民たちや手工業に課される租税によって、自立的な直接的生産者たちの加速的収奪によって、諸資本の強行的に加速された蓄積と集中とによって、要するに、資本主義的生産様式の諸条件の加速的確立によって、この転化が時間的に速められるのかでは、非常に大きな相違が生じる。同時にそれは、自然的な国民的生産力の資本主義的、産業的利用という点で、大きな相違を生じさせる。だから、重商主義の国民的性格は、その代弁者たちが口にする単なる決まり文句ではない。もっぱら国民の富と国家の資金源を問題にするという口実のもとに、彼らは実際には、資本家階級の利益と致富一般とを最終の国家目的であると明言し、また、古い神聖な国家にたいして市民社会を宣言する。しかし同時に、そこにあるのは、資本と資本家階級との利益の発展、資本主義的生産の発展が、近代社会における国民的な力と国民的優越との土台になっている、という意識である。

*1〔草稿では「あとで論述する予定のことを別とすれば」となっている〕

*2〔マルクス『経済学批判』、第二章、C（邦訳『全集』第一三巻、一三四―一三六ページ）参照〕

(794)

さらに、事実、剰余価値のすべての生産、したがってまた、資本のすべての発展は、自然的な基礎から見れば、農業労働の生産性に立脚するということは、重農主義者たちの正しい点である。およそ、人間に、一労働日のうちに労働者各自が自分自身の再生産に必要とするよりも多くの生活諸手段、したがってもっとも狭い意味での、より多くの農耕生産物を生産する能力がなければ、すなわち、もし労働者各自の全労働力の日々の支出が、彼の個人的必要に不可欠な生活諸手段を生産するのに足りるだけであれば、およそ剰余生産物も剰余価値も問題になりえないであろう。労働者の個人的欲求を超える農業労働の生産性は、すべての社会の土台であり、とりわけ資本主義的生産の土台であって[*1]、資本主義的生産は、社会のますます増大する一部分を直接的生活諸手段の生産から解放し、彼らを、スチュアトの言うように〝自由な勤労者たち《フリー・ハンズ》〟[*2]に転化させ、他の諸部門で自由に搾取できるようにする。

*1〔草稿では、「資本主義的生産」が「資本主義的生産様式」となっている〕

*2〔初版では、「〝自由な頭脳たち《フリー・ヘッズ》〟」となっていた。ヴェルケ版で訂正。草稿も「〝自由な勤労者たち〟」となっている。J・スチュアト『経済学原理』、再版、第一巻、ダブリン、一七七〇年、第一部、第八章、第

九章（中野正訳、岩波文庫、㈠、一九六七年、一三二、一三八―一三九ページ）ほか、とくに第二部、三九六ページ（同前訳、㈢、一九八〇年、八四―八五ページ）。『資本論草稿集』2、大月書店、一九九三年、六〇八―六〇九ページ参照〕

しかし、デールやパッシー[*1]などのような近頃の経済学の著述家たち、すなわち、古典派経済学全体の晩年[*2]に、というよりむしろその臨終の床で、剰余労働の、したがって剰余価値一般の、自然諸条件についてのもっとも素朴な諸観念を繰り返し、そうすることによって、地代がとっくに剰余価値の特殊な一形態および独特な一部分として展開されてしまったあとになって、この地代についてなにか新しい決定的なことを提示してでもいるかのように思っている著述家たちにたいしては、なにを言うべきであろうか？　すでに過去のものとなった一定の発展段階でこそ斬新でもあれば独創的でもあり、深遠でもあれば根拠のあるものでもあったことを、もはやそれが平凡となり、時代遅れのものとなり、まちがったものとなっている時代に繰り返すことこそ、まさに俗流経済学を特徴づけるものである。そうすることによって、俗流経済学は、古典派経済学が取り組んできた諸問題に感づきさえしないことを告白する。俗流経済学は、これらの問題を、市民社会の発展のより低い段階でのみ提起されることのできた諸問題と取り違える。自由貿易にかんする重農主義者たちの諸命題を、俗流経済学が飽くことなく自己満足的に反芻《はんすう》しているのも、同じ事態である。これらの命題は、たとえあれこれの国家の関心を実際上どれほど引くとしても、理論的関心はとっくにすっかり失われてしまっているのである。

*1〔E・デール「序文」、所収『重農主義学派……E・デールによる重農主義学派の学説にかんする序文、注解、歴史的注つき』、第一部、パリ、一八四六年。H・パッシー「地代について」、所収『経済学辞典』、第二巻、パリ、一八五四年〕

*2〔草稿では、「晩年に」は「経過後に」となっている〕

本来の現物経済のもとでは、たとえば古代ローマの多くのラティフンディウム〔奴隷、のちにコロヌス〔隷属借地人〕を使って経営された貴族の大農場〕、カール大帝〔八―九世紀。フランク王、西ローマ皇帝〕の荘園《ヴィレン》*1でそうであったように、また多かれ少なかれ中世全体を通じてそうであった〔ヴァンサール『〔フランスの〕労働の歴史』〔第一―二巻、パリ、一八四五―一八四六年〕を見よ〕ように、農業生産物*2はまったく流通過程にはいり込まないか、または、そのきわめてわずかな部分がはいり込むだけであり、また、生産物のうち土地所有者の収入を表わしている部分でさえも、相対的にわずかな部分が流通過程にはいり込むだけであるが、そのような現物経済のもとでは、大所有地の生産物も剰余生産物も、決して農業労働の諸生産物だけから成り立っているのではない。それは、農業労働の諸生産物と同様(795)に、工業労働の諸生産物も含んでいる。土台をなす農耕の副業としての家内手工業労働とマニュファクチュア労働とは、この現物経済の立脚する生産様式の条件なのであり、ヨーロッパの古代および中世でもそうであったし、また、こんにちでもなお、その伝統的な組織がまだ破壊されていないインドの共同体ではそうである。資本主義的生産様式は、この連関を完全に廃棄するのであり、この過程は、全体として、ことにイングランドでは一八世紀の最後の三分の一期にわたって、研究することができる。多かれ少なかれ、なかば封建的な諸社会で成長した人々、たとえばヘレンシュヴァント[*3]は、一八世紀の末になってもまだ、農業と製造業とのこうした分離を、無鉄砲な社会的冒険、理解しがたい危険なあり方とみなしている。また、カルタゴやローマにおける、資本主義的農業ともっともよく類似している古代の農耕経営においてさえも、現実に資本主義的搾取様式に照応する形態よりも、むしろプランテーション経営のほうがよく似ている[四二a]。ある形式的類似——ただし、資本主義的生産様式を把握した人にとっては、また、どの貨幣経済のなかにもすぐに資本主義的生産様式を発見するモムゼン氏のような人[四三]ではない人にとっては、これは、またすべての本質的な点で、完全に錯覚であると見えるのであるが——このようなある形式的類似は、古代の大陸イタリアでは決して見られず、おそらくシチリアのようなところでだけ見られる。なぜなら、シチリアはローマにとっての農業貢納国として存在し、したがって、農耕は本質的に輸出を目的としていたからである。ここでは、近代的な意味での借地農場経営者が見いだされる。

（四二(a)）　アダム・スミスは、彼の時代に（このことは、また、熱帯および亜熱帯諸国[*4]のプランテーション経営についてはいまの時代にもあてはまるが）、土地所有者が同時に資本家でもある——たとえばカトー[*5]が彼の領地でそうであったように——ので、地代と利潤とがまだ分離していないことを強調している[*6]。しかし、この分離こそは、まさに資本主義的生産様式の前提であり、さらに、奴隷制という基盤も、資本主義的生産様式の概念とは、およそ矛盾する。

（四三）　モムゼン氏は、彼の『ローマ史』〔第二版、全三巻、ベルリン、一八五六—一八五七年〕のなかで、資本家という言葉を決して近代経済および近代社会で用いられる意味でではなく、通俗的な観念――イギリスまたはアメリカでのそれではなく、大陸において、過去の状態の古風な伝統としていまなおはびこっているようなそれ――のやり方で、用いている。

＊1〔フランス北部からドイツを中心に、八―九世紀に広がりはじめ、一〇世紀には支配的な体制となった封建的土地所有の主要な形態。農民は領主直営地での夫役労働と現物貢納の義務を負った〕

＊2〔「生産物」は、草稿にエンゲルスの手で書き込まれている〕

＊3〔スイスの経済学者。一七二八―一八一二年〕

＊4〔草稿では、「熱帯および亜熱帯諸国」は「合衆国」となっている。スミス原文では「北アメリカおよび西インド」となっている〕

＊5〔古代ローマの政治家。本訳書、第三巻、六六二ページ、訳注＊1参照〕

＊6〔『諸国民の富』、邦訳、大内・松川訳、岩波文庫、㈠、一九五九年、一九八ページ〕

(796)

地代の性質についての誤った一見解は、次のような事情にもとづいている。すなわち、現物形態での地代が、部分的には教会の十分の一税[＊1]として、部分的には古い契約によって永久化された骨董品として、中世の現物経済から、しかも資本主義的生産様式の諸条件とはまったく矛盾しながら、現代まで引きずられてきた、という事情である。そこから、地代は農業生産物の価格からではなくその総量から、したがって社会的諸関係からではなく土地から生じるという外観がもたらされる。すでに以前に明らかにしたように、剰余価値は超過生産物として現われるとはいえ、その逆に、生産物の分量の単なる増加分という意味での超過生産物が剰余価値を表わすとは限らない。それは、価値のマイナスを表わしうる。そうでなければ〔超過生産物が必ず剰余価値を表わすとすれば〕、綿工業は、一八六〇年には一八四〇年に比べて、[*2]莫大な剰余価値を表わしたはずであるのに、糸の価格は、反対に低下した。地代は、不作年が続いた結果、穀物の価格が騰貴するから、法外に増大することがありうる——とはいえ、この超過価値は、高くなった小麦の絶対的に減少した量で表わされる。逆に、豊作年が続いた結果、価格が低落するから、地代は減少することがありうる——とはいえ、この減少した地代は安くなった小麦のより大きな量で表わされるのである。さて、生産物地代については、なによりもまず、次の点に注意しなければならない。すなわち、生産物地代は、時代遅れになった生産様式から引きずってきた、廃墟として生き残っている、単なる伝統にすぎないということであり、それが資本主義的生産様式と矛盾していることは、それが私的諸契約からひとりでに消えうせたこと、また、イギリスにおける教会十分の一税の場合のように、立法が介入できたところでは、不合理なものとして、強権的に廃棄されたことを[*3]見れば明らかである。しかし第二に、生産物地代が資本主義的生産様式の基盤の上で存続した場合には、それは、貨幣地代の中世的に扮装された表現以外のなにものでもなかったし、また、ありえなかった。小麦一クォーターがたとえば四〇シリングであるとしよう。この一クォーターのうち、一部分は、それに含まれている労賃を補填しなければならないし、労賃を新たに支出できるように売られなければならない。もう一つの部分は、一クォーターあたりにかかる租税部分を支払うために売られなければならない。種子と肥料の一部分とは、資本主義的生産様式およびそれにともなって社会的分業が発展しているところでは、それら自体が商品として再生産にはいり込むので

(797)

あり、したがって補塡のためには買われなければならない。そして、そのための貨幣を供給するために、さらに、その一クォーターの一部分が売られなければならない。[*4] 種子と肥料の一部とが現実に商品として買われる必要がなく、生産物そのもののなかから〝現物で〟取り出されて、また新たに生産諸条件としてその生産物の再生産にはいり込む限りでは――こうしたことは農耕でのみならず、不変資本を生産する多くの生産部門で起こることである――それらは計算貨幣で表現されて計算にはいり込み、費用価格の構成諸部分として控除される。機械および固定資本一般の摩滅は、貨幣で補塡されなければならない。最後は利潤であって、これは、現実の貨幣か、または、計算貨幣かで表現されたこれらの費用の総額にもとづいて計算される。この利潤は、総生産物のうち、その価格によって規定される一定部分として表わされる。そして、そのあとに残る部分が地代を形成する。もし契約上の生産物地代が、価格によって規定されるこの残りよりも大きければ、それは地代を形成するのではなく、利潤からの控除である。すでにこのような可能性からだけでも、生産物地代――生産物の価格[*5]には従わず、したがって現実の地代よりも大きいことも小さいこともありうえ、したがって、利潤からの控除だけではなく、資本補塡の構成諸部分からの控除をもなすことがありうる生産物地代――は、時代遅れな形態である。実際、この生産物地代は、それが名目的にではなく実質的に地代である限り、もっぱら生産物の価格がその生産費を超える超過分によって規定されている。ただ、生産物地代はこの可変の大きさを不変の大きさと想定しているにすぎない。しかし、生産物が〝現物で〟、第一に、労働者たちを養うに足り、次に、資本主義的借地農場経営者にその必要とする以上の食糧を残すに足りるということ、そして、それ以上の超過分が自然的地代を形成するということは、実にありふれた観念である。キャラコ製織業者が、二〇万エレを製織する場合とまったく同じである。この二〇万エレは、彼の労働者たちに着せ、その妻とそのすべての子供たち、また彼自身に着せて余りあるだけではなく、さらになお売るためのキャラコを彼の手に残すに足り、そして最後に、莫大な地代をキャラコで支払うに足りる。事態は実に簡単である！　二〇万エレのキャラコから生産費を差し引いてみよ。そうすれば、キャラコの超過分が地代として残るはずである。キャラコの販売価格を知らなくても、二〇万エレのキャラコから、たとえば一万ポンドの生産費を差し引き、すなわち、キャラコから貨幣を、使用価値そのものから交換価値を差し引き、そうやってこのポンド数を超えるキャラコのエレ数の超過分を決定する――これは、まことに素朴な観念である。これは、円積法[*7]――この基礎には、少なくとも、直線と曲線とが一つになっていく極限という概念がある――よりも悪い。しかし、これがパッシー氏の処方箋なのである。キャラコが頭のなかでかまたは現実に貨幣に転化するまえに、キャラコから貨幣を差し引いてみよ！　残額が地代である――しかし、それは〝現物のまま〟（たとえばカール・アルントを見よ[*8]）つかまえられるべきものであって、「ソフィスト的〔詭弁的〕」悪だくみによってつかまえられるべきものではない！　現物地代のこの復位全体は、このばかげたやり方に、何シェッフェルかの小麦から生産価格を差し引くことに[*9]、体積から貨幣額を差し引くことに帰着する。

*1〔教会維持のために、キリスト教会が教区民にその収入の十分の一を納めさせた税〕

*2〔草稿では、「一八六〇年には一八四〇年に比べて」は「一八六六年には一八四六年に比べて」となって

いる〕

＊3〔マルクスが言っているのは、十分の一税を金納とする一八三六年の「十分の一税金納法」以後の一連の法律のこと。この廃止をめざすブルジョアジーと国教会の争いのエピソードについては、邦訳『全集』、第八巻「議会の討論――社会主義に反対する僧侶――餓死」（五二五ページ）参照〕

＊4〔草稿では、「再生産にはいり込むのであり」以下は「再生産にはいり込むはずであり、そしてそれらを補填するために一部分が売られなければならない」となっている〕

＊5〔草稿では「生産物の価格」は「商品の不変の価格」となっている〕

＊6〔草稿では、「キャラコの販売価格」以下は「キャラコの価格を知ることなしに、二〇万エレのキャラコから、たとえば一万五〇〇〇ポンドの生産価格を、生産費を差し引き」となっている〕

＊7〔古代ギリシアの三大作図問題の一つで、定規とコンパスのみを用いて、与えられた円と同面積の正方形をつくる幾何学的方法。とくにソフィストたちがこの解決に取り組み、アンティポン（前四三〇年ごろ）は、円に内接する多角形辺を「極限」にまで増やすことを考えたが多くの批判をまねいた。一九世紀に幾何学的手法では不可能であることが証明されるまでさまざまな試みが続けられ、この言葉は「不可能なこと」を表わす慣用句となった〕

＊8〔カール・アルント『独占主義魂と共産主義とに対立する自然適応的国民経済……』、ハーナウ、一八四五年、四六一―四六二ページ。なお、本訳書、第三巻、六二五ページを参照〕

＊9〔草稿では「生産価格」は「生産費すなわち生産価格」となっている〕

（798）

第二節　労働地代*

*〔草稿には節の区分および表題はない〕

労働地代というもっとも単純な形態において、すなわち、直接的生産者が、一週間のうちのある期間は、事実上または法律上彼に属する労働諸道具（鋤、家畜など）を用いて、事実上彼に属する土地を耕作し、一週間の残りの期間は、領主の農地で領主のために無償で労働するという形態において、地代を考察するならば、この場合には、事態はまだまったく明瞭であり、地代と剰余価値とはここでは同じものである。利潤ではなく地代が、この場合には不払いの剰余労働を表現する形態である。*1 労働者（〝自活する農奴〟）が、この場合、どの程度まで自分の必要不可欠の生活維持諸手段を超える超過分、すなわち、資本主義的生産様式のもとでは労賃*2と呼ばれるであろう部分を超える超過分を得ることができるかどうかは、他の事情に変わりがなければ、彼の労働時間が、彼自身のための労働時間と領主のための夫役労働時間とに分かれる比率に依存する。*3 したがって、最低必要な生活維持諸手段を超えるこの超過分、資本主義的生産様式では利潤として現われるものの萌芽は、まったく、地代の高さによって規定されているのであって、その地代は、この場合には、直接に不払いの剰余労働であるだけでなく、次のようなものとして、すなわち、生産諸条件――この場合には土地と一致し、また、それらが土地と区別される限りでは、土地の付属物としかみなされない生産諸条件――の「所有者」のための不払いの剰余労働としてもまた現われる。夫役民の生産物が、この場合、彼の生活維持のほかに、彼の労働諸条件を補填するのにも足りなければならないということは、すべての生産様式のもとで変わることのない事情である。というのは、それは、生産様式の独特な形態の結果ではなく、すべての継続的で再生産的な労働一般の自然条件、あらゆる持続的な生産の自然条件であるからであり、この生産は、つねに、同時に再生産であり、したがってまた、それ自身の活動諸条件の再生産でもある。さらに明らかなことは、直接的労働者が自分自身の生活維持諸手段の生産に必要な生産諸手段および労働諸条件の「占有者」にとどまり続けるすべての形態においては、所有関係は、同時に直接的な支配‐隷属関係として現われざるをえず、したがって、直接的生産者は不自由人として現われざるをえないということである——不自由といっても、それは夫役労働をともなう農奴制[*4]から、単なる貢納義務にいたるに従って弱まりうるのであるが。この場合、直接的生産者は、前提によれば、自分自身の生産諸手段、自分の労働の実現と自分の生活維持諸手段の生産とのために必要な対象的労働諸条件を占有している。彼は、自分の農耕、および、それと結びついた農村家内工業を自立して営んでいる。この自立性[*5]は、たとえば、インドでそうであったように、これらの小農民[*6]が互いに、多かれ少なかれ自然発生的な生産共同体を形成しているということによっては廃棄されない。というのは、ここではただ、名目的領主[*7]にたいする自立性が問題になるだけだからである。このような諸条件のもとでは、名目的土地所有者のための剰余労働は、ただ経済外的強制——この強制がどのような形態をとるかを問わず——によってのみ、彼らから強奪されうる。（四四）この形態が奴隷経営またはプランテーション経営と異なるのは、奴隷はこの場合には他人の生産諸条件をもって労働するのであって、自立して労

(799)

働するのではないということである。したがって、必要なのは、人身的従属諸関係であり、程度はどのようなものであれ人身的不自由、および、土地の付属物としての土地への緊縛、本来の意味での隷属である。彼ら〔直接的生産者たち〕に直接に土地所有者および同時に主権者として相対する[*8]のが、私的土地所有者たちではなく、アジアでのように国家であるとすれば、地代と租税とは一致する。というよりもむしろ、そのときは、この地代形態と異なる租税は存在しないのである。こうした事情のもとでは、従属関係は、政治的にも経済的にも、この国家にたいするすべての臣従状態に共通な形態以上に苛酷な形態をとる必要はない。国家は、ここでは最高の領主である。主権は、ここでは国家的規模で集中された土地所有である。しかしその代わり、この場合には、私的土地所有も存在しない——といっても、土地の私的ならびに共同体的な占有および用益は存在する。

（四）　国土を征服したあとでは、征服者の次の課題は、いつも、人間をもわがものにすることであった。ランゲ参照[*9]、またメーザーをも見よ[*10]。

＊1　〔草稿では、この文のあとに「（第一部第六章でこの形態について述べられていることを参照せよ。）」と続いている。この「第一部第六章」は、現行版の第一巻、第七篇、第二二章の夫役労働にかんする記述（本訳書、第一巻、九八七―九八九ページ）をさすものであろう。なお、新メガでは草稿の「第一部第六章」を「第一部第二章」と判読している。この場合には、第三部草稿に先立って執筆した、第一部草稿の第二章「絶対的剰余価値」でのドナウ諸侯国における夫役労働にかんする詳論を念頭においていると思われる。この草稿部分は残されていないが、問題の夫役労働については、一八六一―一八六三年草稿や第一巻、第八章、第二節（本訳書、第一巻、四〇八―四一四ページ）に詳しい記述がある〕

＊２〔草稿では、「労賃」は「賃銀の最低限」となっている〕
＊３〔草稿では、「他の事情に」以下は「他の事情すべてに変わりがないと前提すれば、その夫役労働の大きさ（広がり）に依存する」となっている〕
＊４〔草稿では、「夫役をともなう農奴制」は、「奴隷制」といったん書かれたのち、「農奴制、夫役」と書きなおされている〕
＊５〔草稿では、「この自立性は」から「問題になるだけだからである」までは角括弧でくくられている〕
＊６〔草稿では、「小農民」は「〝自活する農民〟」となっている〕
＊７〔草稿では、「領主」は「土地所有者」となっている〕
＊８〔草稿では「土地所有者」以下は「土地所有者（および主権者）として」となっている〕
＊９〔ランゲ『民法の理論』、ロンドン、第一巻、一七六七年、三〇九ページ。大津真作訳『市民法理論』、京都大学学術出版会、二〇一三年、二二八ページ。なお、『資本論草稿集』５、大月書店、五二八―五三七ページ、または、邦訳『全集』第二六巻（『剰余価値学説史』）、第一分冊、四二九―四三八ページ参照〕
＊10〔J・メーザー『愛国的夢想』、第四巻、ベルリン、シュテッティン、一八二〇年、一六四―一六七ページ〕

不払いの剰余労働が直接的生産者たちからくみ出されるその独特な経済的形態は、支配‐隷属関係――直接に生産そのものから発生し、それがこんどは生産にたいして規定的に反作用するような支配‐隷属関係――を規定する。ところで、この経済的形態を基礎として、生産関係そのものから発生する経済的社会《ゲマインヴエーゼン》の全姿容が、それと同時に、この社会の独自の政治的姿態が築かれる。生産諸条件の所有者たちの、直接生産者たちにたいする直接的関係——その関係のそのときどきの形態は、つねに自然に、[*1]労働の仕方の、したがってまた労働の社会的生産力の一定の発展段階に照応する——こそは、毎回つねに、そのなかにわれわれが全社会構造の、したがってまた主権‐および従属諸関係の政治的形態の、[*2]要するに、そのときどきの独特な国家形態の、最奥の秘密、隠された基礎を見いだすものである。このことは、同一の経済的土台——主要な諸条件から見て同一の——でも、無数の異なる経験的事情、すなわち自然諸条件、[*3]種族諸関係、外部から作用する歴史的諸影響などによって、現象においては、無限の変化およびニュアンスを示しうるということをさまたげるものではなく、こうした変化およびニュアンスは経験的に与えられたそれらの諸事情の分析によってのみ把握されうるのである。(800)

*1 〔草稿では、「直接的関係」以下は「直接的関係——それはそれで自然に、」となっている〕
*2 〔草稿では、「政治的形態」は「一般的な政治的形態」となっている〕
*3 〔草稿では、「自然諸条件」は「自然諸関係」となっている〕

地代の、もっとも簡単で、もっとも本源的な形態である労働地代にかんしては、地代は、ここでは、剰余価値の本源的形態であり、剰余価値と一致するということだけは明瞭である。しかしさらに剰余[*1]価値が他人の不払労働と一致するということは、ここではなにも分析する必要はない。なぜなら、この一致がまだ目に見え、手でつかめる形態で存在するからである。というのも、直接的生産者が自分自身のために行なう労働は、ここではなお、空間的にも時間的にも、彼が領主の[*2]ために行なう労働からは分離されていて、領主のための労働は、直接に、第三者のための強制労働という野蛮な形態で現われるからである。同様に、地代を生むという土地のもつ「属性」も、ここでは、手に取るように知れわたっている秘密に還元されている。というのは、地代をもたらす自然には、土地に縛りつけられた人間の労働力も、また所有関係――労働力の所有者にたいし、彼自身の不可欠の諸欲求の充足に必要な程度を超えてこの労働力を大いに働かせ、活動させることを強制する所有関係――も属しているからである。地代とは、まさに、土地所有者による、労働力のこの超過支出の取得のことである。というのは、それ以上には、直接的生産者は土地所有者になんら地代を支払わないからである。剰余価値と地代とが同一であるばかりでなく、剰余価値がなお明白に剰余労働の形態をとるこの場合には、地代の自然的諸条件または諸制限*3は、実際また自明である。なぜなら、それらは剰余労働一般の自然的諸条件または諸制限*4だからである。直接的生産者に、自分自身の不可欠な諸欲求を充足するのに必要な労働を超えて超過労働をする可能性が残るためには、彼は、（一）それに十分なだけの労働力をもたなければならず、また、（二）彼の労働の自然諸条件、すなわちまず第一には耕作される土地の自然諸条件がそれに十分なだけ豊かでなければならない――ひとことで言えば、彼の労働の自然発生的生産性がそれに十分なだけ大きくなければならない。この〔超過労働の〕可能性*5が地代を創造するのではなく、この可能性を現実性に変える強制がはじめて地代を創造するのである。しかし、この可能性そのものは、主体的および客体的な自然諸条件に結びつけられている。この点でも、神秘的なもの(801)はまったくない。労働力が小さく、労働の自然諸条件が貧弱であれば、剰余労働も小さいが、しかしその場合には、一方では生産者たちの諸欲求、他方では剰余労働の搾取者たち[*6]の相対的な数も小さく、結局は、このより少数の搾取を行なう所有者たちのためにこの生産性の乏しい剰余労働が実現される剰余生産物も小さい。

＊1〔草稿では、「しかしさらに」は「他方で」となっている〕
＊2〔草稿では、「領主」は「所有者」となっている〕
＊3〔草稿では、「自然的諸条件または諸制限」は「自然的諸制限または諸条件」となっている〕
＊4〔草稿では、「剰余労働一般」以下は「ここではやはり剰余労働一般の自然的諸制限または諸条件と一致する」となっている〕
＊5〔草稿では、「可能性」は「単なる可能性」となっている〕
＊6〔草稿では、「剰余労働の搾取者たち」は「剰余労働を手に入れる所有者たち」となっている〕

最後に、労働地代では自明のことであるが、他のすべての事情に変わりがないと前提すれば、直接的生産者がどの程度まで自分自身の状態を改善し、豊かになり、不可欠な生活維持諸手段を超えるある超過分を生産しうるか、または、もしわれわれが資本主義的な表現法を先取りするつもりであるなら、直接的生産者が自分自身のためになんらかの利潤、すなわち、自分自身によって生産される自分の労賃[*]を超える超過分を生産しうるのか、もしくはどの程度まで生産しうるのかということは、まったく、剰余労働または夫役労働の相対的大きさに依存する。地代は、ここでは、剰余労働の正常な形態、いっさいを吸収する、いわば正当な形態であり、利潤――すなわち、この場合には労賃を超える他のなんらかの超過分――を超える超過といったようなものではまったくなく、そのような利潤の大きさだけでなく、その定在さえもが、他の事情に変わりがなければ、地代の大きさに、すなわち所有者のために強制的に遂行されるべき剰余労働の大きさに依存する。

＊〔草稿では、「労賃」は「労賃の最低限」となっている〕

若干の歴史家たちは、次のように述べた。すなわち、直接的生産者は所有者ではなく、単なる占有者にすぎず、しかも、事実、〝法的には〟彼の全剰余労働は、土地所有者のものであるから、およそこういう事情のもとで、夫役義務者または農奴の側に、財産の、相対的に言って富の自立的発展が生じうるということは、おどろくべきことだ、と。しかしながら、この社会的生産関係とそれに照応する生産様式との基礎をなす自然発生的で未発展な状態においては、伝統が非常に大きな役割を演じるはずである、ということは明らかである。さらに、いつもそうであるのと同じようにこの場合にも、現存するものを法律として神聖化し、慣習と伝統とによって与えられたその諸制限を法律的諸制限として固定化することは[*1]、社会の支配者層の利益とするところだということも、明らかである。なお、他のいっさいのことがらを度外視すれば、こうしたことは、現存状態の基盤――現存状態の基礎にある関係――の恒常的な再生産が[*2]、時の経過につれて、規律ある秩序づけられた形態をとるようになれば、ひとりでに生じる。そして、この規律および秩序は、それ自身が、社会的強固さや、単なる偶然や恣意からの独立性をもつべきあらゆる生産様式の不可欠の契機なのである。この規律および秩序こそは、まさに、あらゆる生産様式が社会的に確立され、したがってまた、単なる恣意と単なる偶然か

（802）

ら相対的に解放される形態である。どの生産様式も、生産過程ならびにそれに照応する社会的諸関係が定常状態にある場合には、それ自身の単なる反復的再生産によってこの形態に到達する。この再生産がしばらく続けば、それは慣習および伝統[*3]として確立され、ついには明文の法律[*4]として神聖化される。ところで、この剰余労働の形態、すなわち夫役労働は、労働のあらゆる社会的生産諸力の未発展性に立脚し、労働様式そのものの未熟に立脚しているのだから、それは、当然ながら、発展した生産様式の場合に比べて、とくに資本主義的生産の場合に比べて[*5]、直接的生産者たちの総労働のうちのはるかに小さい可除部分を奪い取ることにならざるをえない。たとえば、領主のための夫役労働はもともと週のうち二日であったと仮定しよう。週に二日というこの夫役労働は、こうして確定されていて、慣習法または成文法によって法律的に規制された不変の大きさである。しかし、直接的生産者自身が自由に使用することのできる残りの週日の生産性は一つの可変の大きさであって、彼の経験が進めば成長するはずである。それは、彼が知るところとなる新しい諸欲求、また、彼の生産物のための市場の拡張、彼が自分の労働力のこの部分を自由にしうる確実性の増大とまったく同様に、彼を刺激して自分の労働力の緊張度を高めさせるであろう。この場合には、この労働力の使用が決して農耕に限られず、農村家内工業をも含むことを忘れてはならない。一定の経済的発展の可能性は、もちろん諸事情の有利さや生得の種族的性格[*6]などに依存するが、ここでは与えられているのである。

＊1 〔草稿では、「慣習と伝統と」以下は「その諸制限を法律的諸制限に、法と慣習と伝統とによって神聖化された諸制限に転化すること」となっている〕

＊2〔草稿では、「現存状態」以下は「現存するもの、および、それの基盤のうえでの現存するものの恒常的な再生産、むしろこの基盤――現存するものの基礎にある関係――の恒常的な再生産」となっている〕
＊3〔草稿では、「慣習および伝統」は「伝統」となっている〕
＊4〔草稿では、「ついには明文の法律」は「社会的な規律、秩序、法律」となっている〕
＊5〔草稿では、「とくに資本主義的生産様式の基盤のうえでの場合に」となっている〕
＊6〔草稿では、「種族的性格」は「種族的特性とその発展能力」となっている〕

第三節　生産物地代＊

＊〔草稿には節区分はなく、次のパラグラフの文頭に下線を引いて、英語で「生産物地代」と書かれている〕

労働地代の生産物地代への転化は、経済学的に言えば、地代の本質をなにも変えない。地代の本質は、ここでわれわれが考察する諸形態においては、地代が剰余価値または剰余労働の唯一の支配的で正常な形態であるということにある。このことはまた次のようにも表現される。すなわち、地代は、自分自身の再生産に必要な労働諸条件を占有している直接的生産者が、この状態においてはいっさいを包括する労働条件である土地の所有者に給付しなければならない唯一の剰余生産物であり、また他方では、他人に所有されていて、自分にたいして自立化していて、土地所有者において人格化＊1されている労働条件として直接的生産者に相対するのは、土地だけである、と。ところで、生産物地代が地代の支配的でもっとも発展した形態である限り、それは、いつでもまだ多かれ

（803）少なかれ以前の形態の残滓《ざんし》——すなわち、直接に労働の形で、したがって夫役労働で支払われなければならない地代——をともなうのであり、このことは領主が私人であろうと国家であろうと変わりはない。生産物地代は、直接的生産者の文化水準がより高いことを、したがって彼の労働と社会一般との発展段階がより高いことを想定する。そして、生産物地代は、剰余労働がもはやこの労働の現物姿態で行なわれる必要がなく、したがってまた、もはや領主またはその代理人の直接の監督および強制のもとで行なわれる必要はないということによって、先行形態と区別される。むしろ、直接的生産者は、直接の強制の代わりに諸事情の力によって、また鞭の代わりに法律の規定によって駆り立てられ、自分自身の責任のもとに剰余労働を行なわなければならない。剰余生産、すなわち、直接的生産者の不可欠の諸欲求を超えて行なわれる生産、しかも以前のように、彼の土地と並んで、彼の土地の外にある領主の農場で行なわれる生産ではなく、事実上彼自身のものになっている生産場面、すなわち彼自身によって利用される土地の内部で行なわれる生産という意味での剰余生産は、この場合にはすでに自明の通則となっている。このような関係においては、直接的生産者は多かれ少なかれ自己の全労働時間を自由に使用する。もっとも、この労働時間の一部分、もともとはその超過部分のほとんど全部が相変わらず無償で土地所有者のものになるのであるが。ただし、土地所有者は、この労働時間を、もはや直接にそれ自身の現物形態では受け取らず、それが実現される生産物の現物形態で受け取る。土地所有者のための労働によって引き起こされる、やっかいな、また夫役労働の規定しだいでは多かれ少なかれ妨害的にはいり込む中断（第一部、第八章、第二節、工場主とボヤール〔本訳書、第一巻、四〇八―四一二ページ〕参照）[*2]は、生産物地代が純粋な形である場合には消滅しており、または、なんらかの諸夫役が生産物地代とならんで存続している場合には、それは少なくとも年間のうちのわずかな期間に圧縮されている。生産者が自分自身のために行なう労働と、土地所有者のために行なう労働とは、もはや時間のうえでも、空間のうえでも、はっきりと分離されてはいない。その純粋な形でのこの生産物地代は、さらに発展した生産諸様式および生産諸関係のなかに断片的に残存しうるとはいえ、依然として現物経済を前提とする。すなわち、経営諸条件の全部または少なくともその最大部分は経営自体で生産され、経営の総生産物から直接に補填され再生産されるということを前提とする。それはさらに、農村家内工業と農耕との結合を前提とする。地代を形成する剰余生産物は、農業と工業とが結合されたこのような家族労働の生産物なのであり、中世でしばしばそうであったように、生産物地代が多かれ少なかれ工業諸生産物を含んでいるか、または本来の土地生産物の形態でだけ給付されるかは問題ではない。地代のこの形態の場合には、剰余労働を表わす生産物地代は、必ずしも農村家族の超過労働全部をくみ尽くすとは限らない。それどころか、労働地代に比べれば、生産者には、超過労働――その生産物は、自分のもっとも不可欠な諸欲求を満たす自分の労働の生産物とほとんど同じように、自分自身のものとなる――を行なう時間を獲得するための余地がより大きく与えられている。それと同様に、この地代形態とともに、個々の直接的生産者たちの経済的状態に、より大きな相違が生じるであろう。少なくともそのような相違の生じる可能性が存在し、また、この直接的生産者が、こんどは自分で他人の労働を直接に搾取する手段をすでに手に入れているという可能性が存在

(804)

する。しかし、生産物地代の純粋な形態を取り扱わなければならないここでは、このことはわれわれには関係がない。同じくわれわれは、地代の異なる諸形態が結合され、変造され、融合されうる無限に異なる組み合わせにもまったく立ち入ることはできない。一定種類の生産物および生産自体に結びついた生産物地代の形態によって、生産物地代には不可欠な農業と家内工業との結合によって、農民家族がそれによって保持するほとんど完全な自給自足によって、農民家族の、市場からの独立、また彼らの外部にある社会部分の生産および歴史の変動からの独立によって、要するに、現物経済一般の性格によって、この地代形態は、静止的な社会状態の基盤をなすのにまったくふさわしいのであり、それはたとえばアジアにおいてわれわれが見るとおりである。この形態では、労働地代という以前の形態においてと同じように、地代は、剰余価値の、したがって剰余労働の正常な形態、すなわち、直接的生産者が無償で、したがって事実上強制的に――この強制はもはや古い残酷な形態で彼に相対することはないとはいえ――、彼のもっとも本質的な労働条件である土地の所有者にたいして行なわなければならない全超過労働の正常な形態である。もし誤った先取りをして、必要労働を超える彼の労働の超過部分のうち彼自身が取得する分け前を利潤と呼ぶとすれば、利潤が生産物地代を規定するのではなく、むしろ利潤は生産物地代の背後で成長し、生産物地代の大きさにその自然的限界をもつのである。この生産物地代は、労働諸条件の再生産、生産諸手段そのものの再生産を重大な危険におとしいれ、生産の拡大を多かれ少なかれ不可能にし、[*3] 直接的生産者たちを生活諸手段の肉体的最低限にまで引き下げるほどの大きさをもつことがありうる。とりわけ、この地代形態が、征服者である商業国民によって、たとえばインドにおけるイギリス人によってのように、発見され利用される場合には、そうである。

＊1〔草稿には「土地所有者において」はない〕
＊2〔草稿では、この丸括弧内は「たとえば、以前にドナウ諸侯国における夫役労働について述べられたことを参照」となっている〕
＊3〔草稿では、「再生産を重大な危険」以下は「再生産をおよびとくに拡大された規模でのその再生産を重大な危険におとしいれ」となっている〕

(805)

第四節　貨幣地代＊

＊〔草稿には節区分はなく、次のパラグラフの文頭に下線を引いて、英語で「貨幣地代《マネーレント》」と書かれている〕

ここで貨幣地代と言うのは――単に平均利潤を超える超過分にすぎない、資本主義的生産様式にもとづいた工業地代または商業地代とは異なって――、生産物地代の単なる形態転化から発生する地代のことであり、それは生産物地代そのものが労働地代の転化したものにすぎなかったのと同じである。この場合には、直接的生産者は、彼の土地所有者（それが国家であろうと私人であろうと）[＊1]にたいして、生産物の代わりに生産物の価格を支払わなければならない。したがって、生産物の超過分が現物形態にあるだけではもはや十分ではない。この超過分は、この現物形態から貨幣形態に転化されなければならない。直接的生産者が少なくともその生活維持諸手段の最大部分を依然として自身で生産し続けるとはいえ、いまや彼の生産物の一部分は商品に転化されなければならず、商品として生産されなければならない。したがって、生産様式全体の性格が多かれ少なかれ変えられる。生産様式全体がその独立性を、社会的連関からのその隔絶状態を失う。[*2] いまや、生産費のなかに、多かれ少なかれ貨幣支出がはいり込んでいく比率が決定的なものとなる。いずれにせよ、総生産物のうち、一方ではふたたび再生産手段として、他方では直接的な生活維持手段として使用されなければならない部分を超えて、貨幣に転化されるべき部分の超過分が決定的なものとなる。けれども、この種の地代の基盤は、それが解体に向かっているとはいえ、出発点をなす生産物地代の場合と同じままである。直接的生産者は相変わらず、相続による、そうでなければ伝統による土地の占有者であって、彼のこのもっとも本質的な生産条件の所有者である領主にたいして、超過の強制労働、すなわち等価物なしになされる不払労働を、貨幣に転化された剰余生産物の形態で支払わなければならない。[*3] 土地とは別の労働諸条件である農具やその他の動産の所有は、すでに以前の地代諸形態において、最初は事実上、次には法律上も、直接的生産者の所有に転化するのであって、このことは貨幣地代の形態にとってはなおのこと前提されている。最初は散発的に、次には多かれ少なかれ国民的な規模で行なわれる、生産物地代の貨幣地代への転化は、商業、都市の工業、商品生産一般が、したがって貨幣流通がすでにいちじるしく発展していることを前提とする。この転化はさらに、諸生産物が一つの市場価格をもつこと、また諸生産物が多かれ少なかれほぼその価値どおりに売られることを前提とするのであり、これは以前

(806)

の諸形態のもとでは必ずしもそうである必要はなかったことである。ヨーロッパの東部では、部分的にはなおこの転化が進行しているのを目にすることができる。労働の社会的生産力の一定の発展なしではこの転化がどれほど遂行されにくいかは、ローマ帝政のもとで行なわれたさまざまなこの転化の[*4]試みや、現物地代のうち少なくとも国税として存在する部分を一般的に貨幣地代に転化しようとしたあとの現物地代への逆もどりが、証明している。これと同様な移行の困難さは、たとえばフランスでは革命前に[*5]貨幣地代がそれ以前の諸形態の残滓[*6]によって融合され、変造されていたことが示している。

＊1〔草稿では、（　）の句は、この文の末尾におかれ、「(この貨幣地代がいまや国家に支払われようと私的所有者に支払われようと)」となっている〕

＊2〔草稿では、このあとに次の一文がある。「生産様式全体が市場関係に依存するようになる。」〕

＊3〔草稿では、この前に「剰余生産物に転化した剰余労働の形態で、また」と書かれている〕

＊4〔「この転化の」はエンゲルスによる〕

＊5〔草稿では、「革命前に」は「〝旧体制《アンシアン・レジーム》〟のもとで」となっている〕

＊6〔草稿では、「残滓」は「添加物」となっている〕

しかし、生産物地代の転化形態としての、またこれに対立するものとしての貨幣地代は、われわれがこれまでに考察してきた種類の地代――すなわち、剰余価値および生産諸条件の所有者に支払われなければならない不払いの剰余労働の正常な形態としての地代――の最後の形態であると同時に、その解消形態である。その純粋な形態においては、この地代は、労働地代や生産物地代と同様に、利潤を超える超過分を表わさない。それは、概念からすれば、利潤を吸収する。利潤が事実上超過労働の特殊な一部分として貨幣地代とならんで発生する限りでは、貨幣地代は、それ以前の諸形態での地代と同じように、相変わらず、この萌芽的利潤の正常な制限なのであって、この萌芽的利潤は、貨幣地代で表わされる剰余労働を提供したあとに残る超過労働――それが自分の超過労働であれ、他人の超過労働であれ――の搾取の可能性に比例して、はじめて発展しうる。したがって、利潤が現実にこの地代とならんで発生するとすれば、利潤が地代の制限なのではなく、逆に地代が利潤にとっての制限なのである。しかし、すでに述べたように、貨幣地代は同時に、これまで考察してきた、剰余価値および剰余労働と〝明らかに〟[*]一致する地代、剰余価値の正常で支配的な形態としての地代の解消形態である。

＊〔「〝明らかに〟」はエンゲルスによる〕

貨幣地代は、それがさらに発展すれば――あらゆる中間諸形態、たとえば小農民的借地農の形態は別として――、土地の自由な農民所有への転化に導くか、または資本主義的生産様式の形態に、すなわち資本主義的借地農場経営者の支払う地代に導くかせざるをえない。

貨幣地代とともに、必然的に、土地の一部分を占有して耕作する隷属農民[*1]と土地所有者とのあいだの伝統的で慣習法的な関係が、契約による、実定法の明文の規定に従って決定される、純粋な貨幣関係に転化する。したがって、耕作する土地占有者は、事実上、単なる借地農場経営者になる。この転
(807) 化は、一方では、他の点で適切な一般的生産諸関係のもとで、旧来の農民的占有者をしだいに収奪し

て、彼らを資本主義的借地農場経営者で置き換えるのに利用される。他方では、この転化は、これまでの土地占有者による自分の地代支払義務の買い取りに導き、自分の耕作地の完全な所有権をもつ独立農民への転化に導く。現物地代の貨幣地代への転化は、さらに、無産の、そして貨幣で雇われる、日雇い労働者という一階級の形成を必然的にともなうだけでなく、それによって先行されさえもする。だから、この新しい階級がまだ散発的にしか登場していないその生成期のあいだに、よりめぐまれた地位にあった地代支払義務を負う農民たちのあいだに、ちょうど封建時代にすでにより富裕な隷属農民たちがこれまたみずから隷農たちを保有したのと同じように、自分の計算で農村賃労働者たちを搾取する習慣が必然的に発展したのである。こうして彼らのもとでは、一定の財産をためて、自分自身を将来の資本家に転化する可能性がしだいに発展する。旧来の、みずから労働する土地占有者たち自身のあいだに、こうして資本主義的借地農場経営者たちの養成所が誕生するが、それが発展するかどうかは農村地域の外部での資本主義的生産[*2]の全般的な発展によって条件づけられており、また、この養成所は、一六世紀のイギリスでのように、それにとって特別に有利な事情――伝来の長期的借地契約のもとで土地所有者たちを犠牲にして借地農場経営者たちを富裕にした当時の貨幣の累進的な価値減少のような――に助けられる場合には、とくに急速に成長する。[*3]

＊1〔草稿では、「耕作する隷属農民」は「利用する隷属農民（国家のであれ私的所有者のであれ）」となっている〕

＊2〔草稿では、「資本主義的生産」は「資本主義的生産様式」となっている〕

＊3 〔本訳書、第一巻、一二九八ページ参照〕

さらに、地代が貨幣地代の形態をとり、それにともない地代を支払う農民と土地所有者とのあいだの関係が契約関係の形態をとるようになれば――この転化は、一般に世界市場、商業、および製造業がすでにある程度の相対的な発展をしている場合にだけ可能であるが――、資本家たちへの土地の賃貸しも必然的に登場する。この資本家たちは、これまでは農村地帯の境界の外部にいたが、いまや都市で獲得した資本を、そして諸都市ですでに発展していた資本主義的経営様式を、すなわち生産物を単なる商品として、また剰余価値取得の単なる手段として生産することを、農村および農業に移転するのである。この形態が一般的な通則[＊1]になりうるのは、封建的生産様式から資本主義的生産様式への移行にさいして世界市場を支配している国々においてだけである。土地所有者と現実に労働する耕作農民とのあいだに資本主義的借地農場経営者がはいり込むとともに、旧来の農村の生産様式から発生したすべての関係は引き裂かれることになった。借地農場経営者は、これらの農耕労働者たちの現実の指揮官となり、彼らの剰余労働の現実の搾取者となり、他方、土地所有者は、いまではもはや、この資本主義的借地農場経営者とだけ直接の関係を、しかも単なる貨幣‐契約関係をもつにすぎない。それとともに、地代の性質も、事実上および偶然に転化する――このことは部分的にはすでに以前の諸形態のもとでも行なわれたのであるが――だけでなく、正常的に、その公認された支配的な形態において転化する。地代は、剰余価値および剰余労働の正常な形態から、この剰余労働のうち、搾取する資本家によって利潤の形態で取得される部分を超える超過分になり下がる。同様に、剰余労働の全体、利潤と利潤を超える超過分が、いまや直接に彼〔資本家〕によってしぼり出され、全剰余生産物という形態で収得され貨幣に換えられる。彼が地代として土地所有者に引き渡すものは、いまではもはや、彼により、彼の資本の力によって、農業労働者たちにたいする直接の搾取を通じてしぼり出されたこの剰余価値の一超過部分にすぎない。彼が土地所有者にたいしてどれほど多く、またはどれほど少なく引き渡すかは、平均的には、限界としては、資本が非農業生産諸部面で生み出す平均利潤によって、またこの平均利潤によって規制される非農業生産価格によって、規定されている。したがって、いまでは地代は、剰余価値および剰余労働の正常な形態から、この特殊な生産部面である農業生産部面に特有な超過分に――すなわち、剰余労働のうち、資本によって最初から通例として自分に属するものとして要求される部分を超える超過分に――転化している。地代に代わって、いまでは利潤が、剰余価値の正常な形態となっており、地代はいまではもはや剰余価値一般の形態ではなく、剰余価値の一定の分枝である超過利潤の、特殊な事情のもとで自立化した形態として意義をもつにすぎない。この転化に生産様式そのものにおける漸次的な転化がどのように照応するかという点に、詳しく立ち入る必要はない。このことはすでに次のことから明らかになる。すなわち、この資本主義的借地農場経営者にとって正常であることは、土地生産物を商品として生産することであり、また、以前であれば彼の生活維持諸手段を超える超過分だけが商品に転化するのに、いまではこれらの商品のうちの相対的にごくわずかな部分だけが、直接に彼のための生活維持諸手段に転化するにすぎないことである。いまでは農業労働さえをも、自己および自己の生産性に直接に包摂したのは、もはや土地ではなく、資本である。

＊1〔草稿では、「一般的な通則」は「一般的」となっている〕
＊2〔草稿では、「剰余労働」は「超過労働」となっている〕

(809)
平均利潤およびそれによって規制される生産価格は、農村地域の諸関係の外部で、都市商業および製造業の圏内で形成される。地代支払義務を負う農民の利潤は、利潤の均等化には参加しない。というのは、土地所有者にたいする農民の関係は資本主義的な関係ではないからである。彼が利潤をあげる限りでは、すなわち、彼の必要な生活維持諸手段を超える超過分を実現する――自分の労働によってであれ、他人の労働の搾取によってであれ――限りでは、これは正常な関係の背後で起こるのであり、他の事情に変わりがなければ、この利潤の高さが地代を規定するのではなく、逆に、利潤の高さが地代によって利潤の限界として規定されているのである。中世における高い利潤率は、資本の低度な構成――そこでは、労賃に支出される可変的要素が優勢である――のせいだけではない。それは、農村地域で行なわれた詐欺行為のせいであり、土地所有者の地代と彼の従属農民の所得との一部分の取得のせいである。中世において、封建制度がイタリアでのように例外的な都市の発展によって打破されなかったところではどこでも、農村が都市を政治的に搾取するのにたいし、都市はどこでも例外なく農村を経済的に、その独占価格、その租税制度、その同職組合制度、商人によるその直接的な欺瞞およびその高利によって搾取するのである。

資本主義的借地農場経営者が農業生産に参加することだけでも、人は、次のようなことの証明であると思い込むかもしれない。すなわち、ずっと以前からあれこれの形態で地代を支払ってきた土地諸生産物の価格は、少なくともその参加の当時には――その価格が独占価格の高さに達するという理由からであろうと、土地諸生産物の価値にまで騰貴し、その価値が実際に平均利潤によって規制される生産価格[*1]よりも高いという理由からであろうと――製造業の生産価格よりも高くなっているはずであるということの証明であると。というのは、もしそうでなければ、資本主義的借地農場経営者は、土地諸生産物の目前の価格のもとで、この諸生産物の価格からまず平均利潤を実現し、次に同じ価格からさらにこの利潤を超える超過分を地代の形態で支払うことはできないことになるからである。そこで次のように結論づけることもできるであろう。すなわち、資本主義的借地農場経営者が土地所有者と結ぶ契約において借地農場経営者を規定する一般的利潤率は、地代を含めずに形成されており、したがって、一般的利潤率が農業生産に規制的なものとして参加するようになると、この超過分が見いだされ、土地所有者に支払われるのである、と。たとえばロートベルトゥス氏が事態を説明するのは、この伝統的な仕方によってである。[*2] しかし――

(810)
第一に。農耕への、自立的で指導的な力としての資本の参加は、一挙に、また一般的に行なわれるのではなく、漸次的に、また特定の生産諸部門において行なわれる。それが最初にとらえるのは、本来の農耕ではなく、牧畜、とくに牧羊のような生産部門であり、その主要産物である羊毛は、工業の興隆期には、まずはじめは、生産価格を超える市場価格の恒常的な超過分をもたらし、この超過分は、のちになってはじめて均等化される。一六世紀のイギリスではそうであった。

＊1〔草稿では、「生産価格」は「平均価格」となっている〕

＊2〔ロートベルトゥス『フォン・キルヒマン宛の社会的書簡。第三書簡』、ベルリン、一八五一年（山口正吾訳『改訂　地代論』、岩波文庫、一九五〇年）。なお、『資本論草稿集』6、大月書店、五一―一五四、二一一―二二七ページ、または邦訳『全集』第二六巻（『剰余価値学説史』）、第二分冊、三一―一三七、一八八―二〇四ページ参照〕

第二に。この資本主義的生産は最初は散発的にのみ登場するから、それはまず、その特別な豊度またはとくに有利な位置によって全体として差額地代を支払うことのできるような諸地所群だけを占領するという仮定にたいしては、決して反論を提示することはできない。

第三に。土地生産物の価格が、実際には都市需要の比重の増加を前提とする資本主義的生産様式が登場するさいに――たとえば一七世紀の最後の三分の一期にイギリスでは疑いもなくそうであったように――生産価格よりも高い状態にあったと仮定してさえ、この状態は、この生産様式が資本のもとへの農業の単なる包摂＊からある程度抜け出すなら、そして、この生産様式の発展と必然的に結びついた農業における改良と生産費の引き下げとが起こるなら、一八世紀前半にイギリスでそうであったように、土地生産物の価格の低下という反作用によって相殺されるであろう。

＊〔草稿では、「単なる包摂」は「単なる形式的包摂」となっている〕

したがって、この伝統的な仕方では、地代を、平均利潤を超える超過分として説明することはできない。歴史的に与えられたどのような事情のもとで地代がはじめて登場するとしても――それが一度根をおろしてしまえば、もはや地代は、先に展開された近代的諸条件のもとでしか成立できない。

最後に、生産物地代の貨幣地代への転化についてなお述べなければならないのは、次のことである。すなわち、この転化とともに、資本還元された地代、すなわち土地の価格が、したがって土地の譲渡可能性と譲渡とが本質的な契機になること、またこのことによって以前の地代支払義務者が独立した農民的所有者*に転化しうるだけでなく、都市その他の貨幣所持者たちが諸地片を買って、それを農民たちに賃貸しするなり、資本家たちに賃貸しするなりして、そのように投下した彼らの資本の利子の形態として地代を享受しうること、したがってこの事情も、以前の搾取様式の転化、所有者と現実の耕作者との関係の変化、また地代そのものの転化を助長することである。

＊〔草稿では、「独立した農民的所有者」は「独立農民」となっている〕

(811)

第五節　分益経営と農民的分割地所有*

＊〔草稿には節区分および表題はない〕

われわれはここで、地代についてのわれわれの展開序列の終わりに到達した。

これらすべての地代形態、すなわち労働地代、生産物地代、貨幣地代（生産物地代の単に転化した形態としての）においては、地代支払者はいつでも、その不払いの剰余労働が直接に土地所有者の手にわたる、土地の現実の耕作者*かつ占有者として前提されている。最後の形態である貨幣地代においてさえ――それが純粋である限り、すなわち生産物地代の単に転化した形態である限り――このことはありうるというだけでなく、事実そうなのである。

＊〔草稿では、「耕作者」は「利用者」となっている〕

地代の本源的形態から資本主義的地代への過渡形態とみなされうるのは、分益制度または刈り分け小作制度であり、この場合には、経営者（借地農場経営者）は、彼の労働（自分自身の、または他人の）[＊1]のほかに経営資本の一部分を提供し、土地所有者は土地のほかに経営資本の他の一部分（たとえば家畜）を提供し、そして生産物は、一定の、国が異なれば変動する割合で借地人と土地所有者とのあいだに分割される。この場合、完全な資本主義的経営を行なうためには、一方で、借地農場経営者には十分な資本がない。他方で、土地所有者がこの場合に受け取る分け前は、純粋な地代形態をとっていない。この分け前は、実際には、土地所有者によって前貸しされた資本にたいする利子と超過地代とを含んでいるかもしれない。それはまた、実際には、借地農場経営者の全剰余労働を吸収するかもしれないし、または、この剰余労働の大なり小なりの分け前を借地農場経営者に残すかもしれない。しかし本質的なことは、地代はこの場合には、もはや剰余価値一般の正常な形態としては現われないということである。一方では、借地人が、自分の労働だけを使用するにせよ、他人の労働をも使用するにせよ、生産物の一部分にたいする請求権をもつのは、労働者としてのその資格によってではなく、労働諸道具の一部分の所持者としての資格、自分自身の資本家としての資格によってであるはずである。他方では、土地所有者がその分け前を請求するのは、もっぱらその土地所有にもとづくだけでな

く、また資本の貸し手としてでもある。（四四a）

（四四〔a〕）　ビュレ、トクヴィル、シスモンディを参照。[*2]

*1 〔草稿では、「（彼自身いまや多数の労働者を用いようとそうでなかろうと）」となっている〕

*2 〔E・ビュレ『イギリスおよびフランスにおける労働諸階級の窮乏について』、所収『経済学講義』、ブリュッセル、一八四三年。A・トクヴィル『旧制度と革命』、パリ、一八五六年（井伊玄太郎訳『アンシァン・レジームと革命』、講談社学術文庫、一九九七年、小川勉訳『旧体制と大革命』、ちくま学芸文庫、一九九八年）。J・Ch・シスモンディ『経済学新原理』、第二版、第一巻、パリ、一八二七年（第三篇、第五章「分益小作または刈り分け小作制度について」、菅間正朔訳、世界古典文庫、上、日本評論社、一九四九年、一七二―一八二ページ）〕

自立的農民経営への移行ののちも、たとえばポーランドとルーマニアで[*1]保存されていた古い土地共同所有のなごりは、これらの地方では、地代のより低い諸形態への移行を達成する口実として役立てられた。[*2]土地の一部分は個々の農民たち[*3]のものになっており、彼らによって自立的に耕作される。土（812）地の他の一部分は共同的に耕作され、剰余生産物を形成し、この剰余生産物の一部は共同体支出の支払いに役立てられ、一部は凶作などのための予備として役立てられる。剰余生産物のこの最後の二つの部分は、そして最後には剰余生産物全体も、それを生み出した土地もろとも、しだいに国家の官吏たち[*4]や私人たちに横奪され、もともとは自由であった農民的土地所有者たち――この土地を共同耕作する彼らの義務は維持される[*5]――が、こうして夫役義務を負う者または生産物地代を支払う義務のある者に転化され、他方で、共有地の横奪者たちは、横奪した共有地の土地所有者に転化するだけでなく、農民所有地自体の土地所有者にも転化する。[*6]

*1〔ルーマニアにおける土地の共同所有については、本訳書、第一巻、四〇九―四一〇ページ参照〕
*2〔草稿では、「自立的農民経営への」以下は「自立的農民経営の本源的形態――しかし、これ自体がまた地代の低度な形態への移行を形成する――としては、たとえばルーマニア諸地方に本源的に現存したものが考察されるべきである。」となっている〕
*3〔草稿では、「農民たち」は「占有者たち」となっている〕
*4〔草稿では、「国家の官吏たち」は「国家」となっている〕
*5〔「この土地を」以下はエンゲルスによる〕
*6〔草稿では、「横奪した共有地」以下は「横奪した土地の土地所有者に転化するだけでなく、本来の耕作者の土地の占有者にも転化する」となっている〕

本来の奴隷経営（これにも、おもに自家用のための[*1]家父長制的なものから、世界市場のために仕事をする[*2]本来のプランテーション制度にいたるまでの段階がある）や、農場領主経営《グーツヴィルトシャフト》[*3]――土地所有者が自己の計算で耕作[*4]を営み、すべての生産諸用具を所持し、不自由な下僕たちであれ、自由な、現物給付または貨幣で支払いを受ける下僕たちであれ、彼らの労働を搾取する農場領主経営――についてはここでは詳しく立ち入る必要はない。この場合には、土地所有者と、生産諸用具の所有者――したがってまたこの生産諸要素のうちに数えられる労働者たちの直接的搾取者――とが一致する。同じく地代と利潤も一致するのであり、剰余価値が異なる諸形態に分離することもない。この場合に剰余生産物となって現われる労働者たちの全剰余労働は、すべての生産諸用具――それには土地と、奴隷制

[*5]の本源的形態では直接的生産者たちそのものとが数えあげられる――の所有者によって、直接に労働者たちからしぼり出される。アメリカのプランテーションでのように資本主義的観念が支配的なところでは、この剰余価値全部が利潤と解される。資本主義的生産様式そのものが存在せず、それに照応する見解も資本主義諸国から伝えられていないところでは、それは地代として現われる。いずれにせよ、この形態には、なんの困難も見られない。土地所有者の所得は、どのような名称がこれにつけられるにしても、彼によって取得されて自由に処分される剰余生産物は、この場合、不払いの全剰余労働が直接的に取得される、正常で支配的な形態であり、土地所有はこの取得の基盤をなす。

＊1〔「おもに自家用のための」はエンゲルスによる〕
＊2〔「世界市場のために仕事をする」はエンゲルスによる〕
＊3〔八世紀以降ドイツに成立した夫役による領主直営の荘園制度（グルントヘルシャフト）にたいし、一三世紀以降のドイツ東部植民地域に、一五―一六世紀に成立した夫役型の大規模な領主農場制（グーツヘルシャフト）をさす〕
＊4〔草稿では、「自己の計算で耕作を」は「同時に経営そのものを」となっている〕
＊5〔「奴隷制の」はエンゲルスによる〕

さらに[*]分割地所有。農民は、この場合には、同時に、彼の土地――彼の主要生産用具として現われ、彼の労働と彼の資本にとって欠かせない運用場面として現われる――の自由な所有者である。この形態においては、借地料は支払われない。したがって地代は、剰余価値の区分けされた形態としては現

（813）われない――とはいえ、地代は、資本主義的生産様式が他の点では発展している諸国においては、他の生産諸部門との比較を通して超過利潤として、ただし、一般に農民の労働の全収益が農民に帰属するのと同じように農民に帰属する超過利潤として、現われる。

＊〔草稿では、「さらに」は「自由な」となっている〕

　土地所有のこの形態は、以下のことを前提とする。すなわち、土地所有の以前のいっそう古い諸形態の場合と同じように、農村人口が都市人口よりも数的にいちじるしくまさっていること、したがって、たとえ他の点では資本主義的生産様式が支配的であっても、その発展が相対的に低いものでしかなく、だから他の生産諸部門においても諸資本の集中が狭い制限内で行なわれ、資本の分散が優勢である、ということである。当然ながら、この場合には、農村の生産物の圧倒的部分がそれの生産者である農民たち自身の直接的生活維持手段として消費されざるをえず、それを超える超過分だけが、商品として諸都市との商業にはいり込まざるをえない。土地生産物の平均的市場価格がこの場合にどのように規制されているとしても、差額地代、すなわち、優良地または優良な位置にある地所についての諸商品の価格の超過部分は、明らかにこの場合にも、資本主義的生産様式のもとでと同様に存在するはずである。この形態〔分割地所有〕が、およそ一般的市場価格がまだ発展していない社会状態のもとで見いだされる場合であっても、この差額地代は存在する。その場合、それは超過剰余生産物として現われる。ただし、それは、より有利な自然諸条件のもとで自分の労働を実現させる農民のポケットに流れ込むだけである。まさにこの形態においてこそ、土地価格は一要素として農民にとっての実際の生産費にはいり込む――というのは、この形態がさらに発展すれば、相続財産分割にさいして土地はある程度の貨幣価値と引き換えに受け継がれるか、あるいはまた所有地全体のであれ、その構成地片のであれ、その〔持ち主の〕頻繁な交替にさいして、土地は耕作者自身によって、大部分は抵当に入れて貨幣を調達することで、購入されるからである――のであり、したがってここでは、資本還元された地代にほかならない土地価格は一つの前提された要素であり、だからこそ地代は土地の豊度や位置のどのような格差とも関係なく存在するよう見えるのであるが、まさにこうした場合こそ、平均すれば、絶対地代は存在せず、したがって最劣等地は地代を支払わないものと解することができるのである。というのは、絶対地代は、生産物の価値のうち生産物の生産価格を超える超過分の実現されたものか、もしくは生産物の価値を超過する独占価格を想定するからである。しかしこの場合、農業は大部分が直接的生活維持のための農耕として存在し、また人口の大多数にとってその労働と資本の不可欠な運用場面として存在するから、生産物の規制的市場価格がその価値に達するのは、異常な状況のもとにおいてのみであろう。しかしこの価値は、生きた労働という要素が優勢であるために、通例は生産価格を超えているであろう――とは言っても、生産価格を超える価値のこの超過分は、分割地経営が優勢な諸国では非農業資本の構成も低度であることによって、これまた制限されているであろうが。分割地農民にとっては、一方で、彼が小資本家である限りでは資本の平均利潤が搾取の制限として現われることはないし、他方で、彼が土地所有者である限りでは地代の必要が搾取の制限として現われることもない。小資本家としての彼にとっての絶対的制限として現われるのは、本来の費

(814)

用を差し引いたのちに彼が自分自身に支払う労賃以外のなにものでもない。生産物の価格が彼にこの労賃を償う限り、彼は自分の土地を耕作するであろうし、しばしば、労賃が肉体的最低限度額に下がるまでそうするであろう。土地所有者としての彼の資格について言えば、彼にとっては土地所有の制限はなくなっているのであって、この制限は、それが資本の投下にたいする障害を生み出すことによって、この制限から切り離された資本（労働を含む）と対立してのみ、はっきりと現われうるのである。確かに、土地価格の利子――これもまた、たいていの場合、第三者である抵当権者にさらに支払われなければならない――は一つの制限である。しかし、この利子は、まさに、剰余労働のうち、資本主義的諸関係のもとでは利潤を形成するであろう部分から支払われうる。したがって、土地価格として、また土地価格に支払われる利子として先取りされる地代は、農民の生活維持に欠くことのできない労働を超える、彼の資本還元された剰余労働の一部分以外のなにものでもありえないのであって、この剰余労働〔の一部分〕は、商品のうち平均利潤全体に等しい価値部分として実現されることはないし、まして平均利潤の形で実現される剰余労働を超える超過分として、すなわち超過利潤として実現されることもないのである。地代は、平均利潤からの控除分でありうるし、または、平均利潤のうち実現される唯一の部分でさえありうる。したがって、分割地農民がその土地を耕作したり、または耕作のために土地を購入したりするためには、正常な資本主義的生産様式の場合のように、土地生産物の市場価格が彼に平均利潤をもたらすほど、ましてこの平均利潤を超えて地代の形態に固定された超過分をもたらすほど十分に高く騰貴する必要はない。したがって、市場価格が彼の生産物の価値までにせよ、その生産価格までにせよ騰貴することは必要ない。このことこそ、分割地所有が支配的な諸国の穀物価格のほうが、資本主義的生産様式の諸国の穀物価格よりも低いのはなぜかということの原因の一つである。もっとも不利な諸条件のもとで労働する農民たちの剰余労働の一部分は、無償で社会に贈与されるのであり、生産価格の規制には、または価値形成一般には、参加しない。このより低い穀物価格は、したがって、生産者たちの貧困の結果であって、彼らの労働の生産性の結果では決してない。

(815)

自営農民たちの自由な分割地所有というこの形態は、支配的で正常な形態としては、一方では、古典古代の最良の時代における社会の経済的基礎をなし、他方では、近代的諸国民の場合には、われわれは、封建的土地所有の解体から生まれてくる諸形態の一つとしてこれを見いだす。たとえば、イギリスのヨーマンリー[*1]、スウェーデンの農民身分、フランスおよび西部ドイツ[*2]の農民たちがそれである。植民地についてはここでは述べない。というのは、独立農民はそこでは別の諸条件のもとで発展するからである[*3]。

＊１〔本訳書、第三巻、一〇八四ページの訳注＊６参照〕
＊２〔草稿には「および西部ドイツ」はない〕
＊３〔本書、第一巻、第七篇、第二五章「近代的植民理論」参照。なお「諸植民地」以下は草稿では括弧にはいっている〕

自営農民の自由な所有は、明らかに、小経営にとっての、すなわち次のような一生産様式にとっての土地所有のもっとも正常な形態である。すなわち、土地の占有[*1]が労働者による自分自身の労働の生産物の所有にとっての一条件であるような、また、自由な所有者であろうと従属農民であろうと、農耕民がいつでも自分の生活維持諸手段を自分自身で、独立して、個々の孤立的労働者として、自分の家族と一緒に生産しなければならないような一生産様式にとっての。この経営様式の十全な発展のために土地の所有が必要であるのは、ちょうど手工業経営の自由な発展のために用具の所有が必要であるのと同じである。土地所有は、ここでは、人格的自立性が発展するための基盤をなす。それは、農業そのものの発展にとっては、必要な一通過点である。この土地所有の没落をもたらす諸原因は、この土地所有の制限を示す。その諸原因とは次のものである。すなわち、大工業の発展による、この土地所有の正常な補足物をなす農村家内工業の壊滅。こうした耕作のもとにある土地のしだいしだいの疲弊と消耗。どこでも分割地経営の第二の補足物となっており、またそれだけが分割地経営に家畜の飼育を可能にさせる共同所有地の、大土地所有者たちによる横奪[*2]。プランテーション経営として営まれる大規模耕作なり、資本主義的に営まれる大規模耕作なりによる競争[*3]。農業における諸改良[*4]——一方では土地諸生産物の価格の低下をもたらし、他方ではより大きな支出とより豊富な対象的生産諸条件とを必要とする諸改良——もまた、一八世紀の前半にイギリスでそうであったように、この没落にあずかって力がある。

＊1　〔草稿では、「占有」は「所有」となっている〕
＊2　〔草稿では、「どこでも」以下は「どこでもこの分割地所有の補足物をなす共同所有地の横奪」となって

いる〕

＊3〔草稿では、「プランテーション経営として」以下は「プランテーション経営によって営まれる耕作なり、資本主義的生産方法によって営まれる耕作なりの競争」となっている〕

＊4〔草稿では「対象的」は「客観的」となっている〕

分割地所有は、その性質上、労働の社会的生産諸力の発展、労働の社会的諸形態、諸資本の社会的集中、大規模な牧畜、科学の累進的応用を排除する。

高利と租税制度とは、いたるところで分割地所有を窮乏化せざるをえない。土地〔購入〕価格にお
(816) ける資本の支出は、この資本を耕作から奪い去る。生産諸手段の限りない細分化と生産者たち自身の孤立化。人間力の莫大な浪費。生産諸条件の累進的劣悪化と生産諸手段の価格騰貴――分割地所有の必然的な一法則。この生産様式にとっては不幸となる豊作。(四五)

(四五)　トゥックに引用されたフランス国王の開院式演説を見よ〔トゥックおよびニューマーチ『一八四八年より一八五六年にいたる九年間の物価および通貨流通状態の歴史』、第六巻、ロンドン、一八五七年、二九―三〇ページ（藤塚知義訳『物価史』、第六巻、東洋経済新報社、一九九二年、三一ページ）。なお、パンの価格統制を発表した一八五四年三月二日のナポレオン三世のこの演説については、マルクス「フランスにおけるパン価格統制計画」（邦訳『全集』第一二巻、六一二―六一六ページ）参照〕。

自由な土地所有と結びついているところでの小農業の独特な災いの一つは、耕作者が土地の購入に資本を支出することから生じる。（同じことは、大農場所有者が、第一に土地を買うために、第二に

自分自身の借地農場経営者として土地をみずから経営するために、資本を支出する過渡形態にもあてはまる。）この場合には土地が単なる商品として可動的性質を帯びるため、占有の変遷が増大し、(四六) その結果、世代が新しくなるたびに、相続財産分割のたびに、農民の立場からすれば、土地が新たに資本投下としてはいり込むのであり、すなわち、土地は彼によって買われた土地となる。土地価格は、ここでは、生産の個人的空費の、*または個別生産者にとっての生産物の費用価格の、主要な要素をなす。

(四六)　ムニエおよびリュビションを見よ〔L・ムニエ『フランスの農業について。公式文書による。リュビションの注解を付す』、パリ、一八四六年。M・リュビション『フランスおよびイギリスの社会機構について』、新版、パリ、一八三七年（四七ページ以下、六四、一〇五ページ）〕。

＊〔ガルニエ、セーなどのフランスの経済学者が生産に直接貢献しない費用をさすのに用いた術語〕

土地価格は、資本還元された、したがって先取りされた地代以外のなにものでもない。農業が資本主義的に経営され、その結果、土地所有者は地代を受け取るだけであり、借地農場経営者はこの年地代以外には土地にたいしてなにも支払わないとすれば、土地所有者自身によって土地の購入に投下された資本は、確かに彼にとっては利子をもたらす資本投下であるが、農業そのものに投下される資本とはまったく関係がないということは、明白なことである。この資本は、農業で機能する固定資本の一部分をなすものでもなければ、流動資本の一部分をなすものでもない。(四七) それはむしろ、買い手に年地代を受け取る権原を手に入れさせるだけで、この地代の生産とは絶対に関係がない。土地の買い手

(817)は、土地を売るその当人に資本を払い渡し、その代わりに売り手は自分の土地所有権を放棄する。したがってこの資本は、もはや買い手の資本としては存在しない。彼はもはやそれを持ってはいない。したがってそれは、彼が土地そのものになんらかの方法で投下できる資本には属さない。彼が土地を高く買ったか安く買ったか、またはそれを無償で手に入れたかどうかということは、借地農場経営者によって経営に投下される資本を少しも変化させないし、地代も変化させない。そのことが変化させるのは、ただ地代が彼にとって利子として現われるか、または利子でないものとして現われるか、高利として現われるか、または低利として現われるかということだけである。

(四七)　博士H・マローン氏（『粗放か集約か?』｛〔草稿では〕この小冊子について詳しいことは書かれていない*｝）は、彼の論争相手のまちがった前提から出発する。彼は、土地の購入に投下される資本は「投下資本」であると仮定し、次に投下資本と経営資本との、すなわち固定資本と流動資本との、それぞれの概念規定にかんして争う。資本一般についてのまったく幼稚な彼の諸観念――ついでに言えば、それらは経済学者でない人にとっては、ドイツの「国民経済学」の現状からすればやむをえないことであるが――のために、彼にはこの資本が投下資本でも経営資本でもないことがわからないのである。それは、ちょうどだれかが証券取引所で株式または国債証券の購入に投下する資本が、彼個人にとっては資本投下を表わすものではあっても、なんらかの生産部門に「投下」されるものでないのと同じである。

＊〔ヘルマン・マローン『粗放か集約か?』、オッペルン、一八五九年、五ページ以下〕

たとえば奴隷経営を取り上げてみよう。この場合に奴隷の代価として支払われる価格は、奴隷からしぼり出されるはずの剰余価値または利潤の、先取りされ、資本還元されたものにほかならない。しかし、奴隷の購入に支払われた資本は、奴隷から利潤、剰余労働をしぼり出すための資本には属さない。逆である。それは、奴隷所有者が手放した資本であり、彼が現実の生産において利用することができる資本からの控除である。それは、彼にとってはすでに存在しなくなったのであり、そのことは、ちょうど土地の購入に支出された資本がすでに農業にとっては存在しなくなったのと同じである。その最良の証明は、奴隷所有者または土地所有者が奴隷または土地をふたたび売れば、その資本が彼にとってふたたび存在するようになる、ということである。しかし、その場合には、同じ関係〔資本が存在しなくなること〕が買い手にとって生じる。彼が奴隷を買ったという事情だけでは、彼はまだ奴隷を搾取することはできない。この搾取は、奴隷経営そのものに彼がさらにそれ以上の資本を投入することによってはじめて可能になるのである。

同じ資本が、二度――一度は土地の売り手の手に、もう一度は買い手の手に――存在するのではない。それは買い手の手から売り手の手に移行するのであり、それで事態は終わりである。買い手はいまでは資本をもたず、その代わりに地片をもつ。ところで、この地片での資本の現実の投下から得られる地代が、新たな土地所有者によって、資本――彼が地片に投下したのではなく、地片の獲得のために手放した資本――の利子として計算されるという事情は、土地という要因の経済的性質にはいささかの変化も生じさせないのであり、それは、ちょうどだれかが三分利付きコンソル公債*に一〇〇〇ポンドを支払ったという事情が、資本――その収入から国債の利子が支払われる――とはなんら関係がないのと同じである。

＊〔イギリス政府が従来の各種公債を年三分利付きで一七五一年に整理した償還期限なしの永久公債〕

(818)

実際のところ、土地の購入のために支出された貨幣は、国債証券の購入に支出された貨幣とまったく同じく、単に即自的な資本であって、それは、どの価値額も資本主義的生産様式の基盤上では即自的な資本、潜勢的資本[＊1]であるのと同じである。土地の代価として支払われているものは、国債証券の代価やその他の購入商品の代価として支払われているものと同じように、ある貨幣額である。この貨幣額は、即自的資本である。なぜなら、それは資本に転化されうるからである。売り手が受け取った貨幣が現実に資本に転化するかどうかは、彼がそれをどう使用するかにかかっている。買い手にとってはその貨幣はもう資本としては機能しえないのであり、それは、ちょうど彼が終極的に支出した他のどの貨幣も資本として機能しえないのと同じである。彼の計算では、その貨幣は、彼にとっては利子生み資本として現われる。なぜなら、彼が土地から地代として、または国家から債務の利子として受け取る収得を、この収入取得の権原の購入に費やした貨幣の利子として計算するからである。この権原を資本として実現しうるのは、彼がそれをふたたび売ることによってのみである。しかしその場合には、他の一人、新たな買い手がもとの買い手と同じ関係にはいるのであり、持ち手が変わったからといって、このように支出された貨幣が、支出者にとって現実の資本[＊2]に転化することはできない。

＊1〔草稿には「潜勢的資本」はない〕

＊2〔草稿では、「現実の資本」は「資本」となっている〕

小土地所有の場合には、次のような幻想、すなわち、土地そのものが価値をもち、したがって、機械または原料とまったく同じように資本として生産物の生産価格[*1]にはいり込むという幻想が、さらにはるかに固く根をおろしている。しかしすでに見たように、地代が、したがって資本還元された地代である土地価格が、土地生産物の価格に規定的にはいり込むことができるのは、二つの場合に限られる。第一に、土地生産物の価値が、農業資本――土地の購入のために支出された資本とはなんの共通性もない一資本――の構成の結果、その生産価格よりも高く、しかも市場諸関係が土地所有者にこの格差を利用する可能性を与える場合。第二に、独占価格が生じる場合。そしてこのどちらの場合も、分割地経営[*2]および小土地所有の場合にはきわめてまれである。なぜなら、まさにここでは、生産はその大部分が自家需要を満たし、一般的利潤率による規制とはかかわりなしに行なわれるからである。分割地経営が賃借地で営まれる場合であっても、借地料は、他のどんな諸関係のもとにおけるよりもはるかに多く利潤の一部分を含み、また労賃からの控除分さえも含む。借地料は、その場合には、単に名目的にのみ地代なのであって、労賃と利潤とに対立する自立的カテゴリーとしての地代ではない。[*3]

＊1〔草稿では、「生産物の生産価格」は「生産過程そのもの」となっている〕
＊2〔草稿では、「分割地経営」は「小農業」となっている〕
＊3〔草稿では、「分割地経営が賃借地で」以下は「なぜなら、ここでは他のどの関係のもとでよりも多く、借地料が利潤の一部分を、また労賃からの控除分さえをも構成し、その場合にはこれは単に名目的にのみ地代なのであって、労賃および利潤と区別されるカテゴリーとしての地代ではないからである。」となっている〕

(819)

このように、土地の購入のための貨幣資本の支出は、農業資本の投下ではない。それは、小農民たちが彼らの生産部面そのもので自由に使用しうる資本を〝それだけ〟減少させる。それは、彼らの生産諸手段の大きさを〝それだけ〟減少させ、したがって再生産の経済的基盤をせばめる。それは小農民を高利に隷属させる。というのは、この部面では一般に本来の信用が比較的まれにしか見られないからである。それは、この土地購入が大農場経営のもとで行なわれる場合にも、農業にとっての一障害である。それは、実際には、資本主義的生産様式と矛盾するのであり、この資本主義的生産様式にとっては、土地所有者の負債は、彼がその農場を相続したにせよ買ったにせよ、およそどうでもよいことである。彼が地代を自分のポケットに入れるのか、それともこれをふたたび抵当権者に支払わなければならないのかは、賃借された農場そのものの経営自体にはなんの変化も生じさせない。

すでに見たように、地代が与えられている場合には、土地価格は利子率によって規制されている。利子率が低ければ土地価格は高く、その逆に、利子率が高ければ土地価格は低い。したがって、正常な場合には、高い土地価格と低い利子率は同一歩調をとるはずであり、その結果、もし利子率が低いために農民が土地に高く支払うならば、同じ低い利子率は、彼がまた有利な諸条件のもとで信用によって経営資本を調達できるようにするはずであろう。現実には、分割地所有が優勢な場合には、事態はそれとは異なる。まず第一に、信用の一般的諸法則は農民にはあてはまらない。というのは、これらの法則は、資本家としての生産者を前提するからである。第二に、分割地所有が優勢で――植民地についてはここではふれない――分割地農民が国民の根幹をなす場合には、資本形成すなわち社会的再生産は相対的に弱く、また先に展開された意味での貸付可能な貨幣資本の形成はさらにいっそう弱い。この貨幣資本の形成は〔資本の〕集中と富裕な不労資本家階級の存在とを前提する（マッシー[*1]）。第三に、土地の所有が生産者たちの最大部分にとっての生活条件をなし、また彼らの資本にとっての欠かすことのできない投下場面をなすこの場合には、土地所有にたいする需要が供給を凌駕することによって、土地価格は利子率にかかわりなく、またしばしばそれと反比例して高くなる。土地が分割地として売られるこの場合には、大きくまとまった土地として売られる場合よりも、はるかに高い価格をもたらす。なぜなら、この場合には、小さな買い手たちの数は多く、大きな買い手たちの数は少ないからである（〝不動産投機屋《バーンド・ノワール》[*2]〟、リュビション。ニューマン[*3]）。これらのすべての理由によって、この場合には、土地価格は、利子率が相対的に高くても騰貴する。ここで土地の購入に支出された資本から農民が得る相対的に低い利子（ムニエ[*4]）にたいしては、ここではその反対に、農民自身がその抵当権者たちに支払わなければならない高い高利貸的利子率が照応する。アイルランドの制度[*5]も、ただ形態を異にするだけで、同じ事態を示す。

＊1〔マッシー『自然的利子率を支配する諸原因にかんする一論』、ロンドン、一七五〇年、二三―二四ページ〕

＊2〔フランス革命中に、没収邸宅、農場、修道院を買い占め、それらを分割売却して暴利を得た投機師集団のこと。M・リュビション『フランスおよびイギリスにおける社会機構について』、新版、パリ、一八三七年より〕

＊3〔F・W・ニューマン『経済学講義』、ロンドン、一八五一年、一八〇―一八一ページ〕
＊4〔L・ムニエ『フランスの農業について』第一巻、パリ、一八四六年、二六七―二七三、二九五―二九七ページ〕
＊5〔アイルランドの農民、とくに小借地農場経営者については、本書、第一巻、第七篇、第二三章、第五節fを参照〕

だからこの場合には、生産自体とは無縁なこの要素すなわち土地価格が、生産を不可能にしてしまうほどの高さにまで騰貴しうる（ドンバール＊）。

＊〔M・ドンバール『ロヴィル農業年代記』、パリ、一八二四―一八三七年〕

（820）
土地価格がそのような役割を演じること、土地の売買、商品としての土地の流通がこの程度にまで発展するということは、資本主義的生産様式のもとでは、商品がすべての生産物およびすべての生産用具の一般的形態になるという限りでは、実際には、この生産様式の発展の結果である。他方では、この発展は、資本主義的生産様式が制限的にのみ発展し、そのいっさいの独自性を展開しない場合にのみ起こる。なぜなら、この発展は、まさに、農業がもはや、あるいはまだ資本主義的生産様式の支配下におかれてはおらず、すでに没落した社会諸形態から受け継がれた生産様式の支配下におかれているということにもとづくからである。したがってこの場合には、生産者をその生産物の貨幣価格に依存させることを含め、資本主義的生産様式の短所が、資本主義的生産様式の不十分な発展から生じる欠陥と重なり合う。農民は、自分の生産物を商品として生産しうる諸条件をもつことなしに、商人となり産業家となる。

生産者にとっての費用価格の要素としての土地価格と、生産物にとっての生産価格の非要素としての土地価格（地代が土地生産物の価格〔の形成〕に規定的にはいり込む場合でさえ、二〇年またはもっと長い年数にわたって前貸しされる資本還元された地代〔土地価格〕は、どのような場合にも、土地生産物の価格〔の形成〕に規定的にはいり込まない）とのあいだの衝突は、一般に、土地の私的所有と合理的な農業――土地の正常な社会的利用――との矛盾が示される諸形態のうちの一つにすぎない。しかし他方では、土地の私的所有、したがって直接的生産者たちからの土地の収奪――ある者の土地の私的所有、これは他の者の土地の非所有を意味する――は、資本主義的生産様式の基礎である。*

*〔「ある者の」以下の文はエンゲルスによる〕

この場合、すなわち小規模耕作においては、*1 土地の私的所有の形態であり結果である土地価格は、生産そのものの制限として登場する。大農業、および、資本主義的経営様式にもとづく大土地所有においても、所有はやはり制限として登場する。なぜなら、それは、借地農場経営者の生産的資本投下――究極的には借地農場経営者の利益にならずに、土地所有者の利益になる生産的資本投下を制限するからである。どちらの形態においても、土地――共同の永遠の所有としての、交替していく人間諸世代の連鎖の譲ることのできない生存および再生産の条件としての土地――の自覚的、合理的な取り扱いの代わりに、地力の搾取と浪費が現われる（この搾取が、社会的発展の到達水準に依存しないで、個々の生産者たちの偶然的で不均等な事情に依存するということは別として）。小所有においい

（821）

ては、このことは、労働の社会的生産力を使用するための諸手段と科学とが欠けていることから起こる。大所有においては、借地農場経営者たちと所有者たちとのできるだけ急速な致富のためにこれらの手段が利用されることによって起こる。どちらの場合にも、市場価格への依存[*2]によって起こる。

小土地所有にたいする批判はすべて、究極的には、農業にとっての制限であり障害である私的所有にたいする批判に帰着する。また大土地所有にたいする反論的批判もすべてそうである。ここではもちろん、どちらの場合にも、副次的な政治的考慮は度外視される。土地の私的所有のすべてが農業生産にたいして、また土地そのものの合理的な取り扱い、維持、および改良にたいして、対置するこの制限、この障害は、大土地所有と小土地所有とでは異なる形態で発展するにすぎないのであり、害悪のこれらの独特な形態についての論争では、その究極的原因は忘れられる。

小土地所有が前提するのは、人口のはるかに圧倒的な多数が農村人口であり、社会的労働ではなく孤立した労働が優勢であるということであり、したがって富も再生産の発展も、再生産の物質的ならびに精神的諸条件の発展も、こうした事情のもとでは排除されており、したがって合理的な耕作の諸条件も排除されているということである。他方で、大土地所有は、農業人口をますます減少していく最低限度にまで縮小させ、そしてこれに、諸大都市に密集するますます増大する工業人口を対置する。こうして大土地所有は、社会的な、そして生命の自然諸法則によって定められた物質代謝[*1]の連関のな

＊1〔「すなわち小規模耕作においては」はエンゲルスによる〕
＊2〔草稿では、「への依存」は「の顧慮」となっている〕

かに取り返しのつかない裂け目を生じさせる諸条件を生み出すのであり、その結果、地力が浪費され、この浪費は商業を通して自国の国境を越えて遠くまで広められるのである（リービヒ）。[*2]

＊1〔草稿では、「社会的な」以下は「社会的なそして自然的な、土地の自然諸法則によって命じられた物質代謝」となっている〕

＊2〔J・リービヒ『化学の農業および生理学への応用』、第七版、第一部、ブラウンシュヴァイク、一八六二年、二九二―三〇二ページ。吉田武彦訳、北海道大学出版会、二〇〇七年、第一部、「15　考察」参照〕

小土地所有は、原始的な社会諸形態のあらゆる粗野を文明諸国のあらゆる苦悩およびあらゆる悲惨と結合する、なかば社会の外にある未開の人たちの一階級をつくりだすのであり、他方、大土地所有は、労働力の自然発生的なエネルギーが逃げ込み、それが諸国民の生命力再生のための予備元本として蓄えられる最後の地域である農村そのものにおいて、労働力を徐々に掘り崩すのである。大工業と工業的に経営される大農業〔大規模な機械化農業〕とは、共同して作用する。大工業と大農業は、もともと、前者はむしろ労働力を、したがって人間の自然力を荒廃させ破滅させ、後者はむしろ直接に土地の自然力を破滅させ荒廃させるということによって区別されるが、その後の進展においては両者は手を握り合う。というのは、農村でも工業制度は労働者たちを衰弱させ、工業と商業のほうは農業に土地を枯渇させる諸手段を与えるからである。

マルクス　新版《しんぱん》 資本論《しほんろん》　第《だい》11分冊《ぶんさつ》

2021年5月20日　初　版
2022年6月10日　第2刷

監修者　日本共産党中央委員会社会科学研究所
発行者　角　田　真　己

郵便番号　151-0051　東京都渋谷区千駄ヶ谷4-25-6
発行所　株式会社　新日本出版社
電話　03（3423）8402（営業）
03（3423）9323（編集）
info@shinnihon-net.co.jp
www.shinnihon-net.co.jp
振替番号　00130-0-13681
印刷・製本　光陽メディア

落丁・乱丁がありましたらおとりかえいたします。

ISBN978-4-406-06385-2 C0033　Printed in Japan